LES FONDEMENTS DU *changement stratégique*

Les Éditions TRANSCONTINENTAL inc.
1253, rue de Condé
Montréal (Québec) H3K 2E4
Tél. : (514) 925-4993
(888) 933-9884

Données de catalogage avant publication (Canada)

Fabi, Bruno

Les fondements du changement stratégique

Comprend des réf. bibliogr.

ISBN 2-89472-042-4

1. Changement organisationnel. 2. Planification stratégique. 3. Chefs d'entreprise — Attitudes. 4. Culture d'entreprise. I. Hafsi, Taïeb. II. Titre.

HD58.8.F32 1997 658.4'06 C97-940501-7

Révision et correction : JACINTHE LESAGE, LOUISE DUFOUR
Mise en pages et conception graphique de la couverture : ORANGETANGO

Dépôt légal — 2e trimestre 1997
Bibliothèque nationale du Québec
Bibliothèque nationale du Canada

ISBN 2-89472-042-4

Les Éditions TRANSCONTINENTAL inc. est une maison d'édition agréée par les organismes d'État responsables de la culture et des communications.

Taïeb Hafsi
Bruno Fabi

Les fondements du *changement stratégique*

Note de l'éditeur

Indépendamment du genre grammatical, les appellations qui s'appliquent à des personnes visent autant les femmes que les hommes. L'emploi du masculin a donc pour seul but de faciliter la lecture de ce livre.

Dédicace

À Cheikh, Noria et Zohra.

À Antonio, Marietta, François et Marielle.

Remerciements

Quels que soient les mérites de ce livre, nous les devons à l'aide d'un grand nombre de personnes. Nous voudrions d'abord mentionner les responsables du CEFRIO et les nombreux consultants qui ont participé au projet Macroscope et qui ne peuvent tous être nommés ici. Nous voudrions cependant remercier Roger Fortin, un remarquable intellectuel, et François Meunier, un collègue sensible et intelligent, qui, en supervisant le projet de recherche, ne nous ont permis aucun raccourci mais n'ont ménagé aucun effort pour nous aider à effectuer une recherche de qualité.

Il faut aussi mentionner nos amis Marcel Côté et Danny Miller; ceux-ci ont réalisé une recherche complémentaire qui nous a servi de base et d'inspiration. Danny, dont les talents sont bien connus, a su nous guider dans la forêt, encore vierge, de la littérature sur le changement stratégique et critiquer à l'occasion nos efforts de structuration de celle-ci. Marcel a dirigé le petit groupe informel que nous avons alors constitué et s'est révélé égal à lui-même, enthousiaste et généreux. Le dernier larron de ce groupe était Philippe Carpentier, notre assistant de recherche, qui a fait sous la direction de Taïeb Hafsi, à l'école des HEC, un mémoire sur les effets des caractéristiques démographiques des dirigeants sur le changement stratégique. Philippe a été un aide précieux et dévoué et restera un ami pour toujours. Parlant d'amis, il convient aussi de souligner la contribution compétente et généreuse de François Lévesque, attaché de recherche à la chaire Bombardier de l'UQTR, de même que de collègues de cette institution qui nous ont fait bénéficier de leur expertise en changement organisationnel et en psychométrie : Réal Jacob, Richard Pépin et Normand Pettersen.

Nous voudrions également reconnaître la disponibilité et la patience du groupe de direction de DMR-Canada, qui nous a servi de cobaye, lorsqu'on a tenté de faire un prétest du modèle proposé au chapitre 9.

Ces gens ont aussi discuté des questionnaires qui nous ont servi à cet effet et n'ont pas ménagé leurs encouragements.

Une fois de plus, Susan Fontaine en a perdu son latin à essayer de produire le manuscrit final. Tiraillée par d'autres obligations que lui impose la participation au secrétariat du Service de direction et gestion des organisations de l'école des HEC, elle a fait preuve d'une disponibilité et d'un dévouement rares. De plus, malgré les obligations écrasantes que nous lui imposions, elle a toujours gardé sa bonne humeur et sa gentillesse. Merci Susan !

Les réalisations de ce genre se font toujours aux dépens des personnes les plus proches. Qaïs et François ont souvent protesté alors que Joëlle et Jovanne ont été plus discrètes, mais leur compréhension et leur affection ne se sont jamais démenties et nous ont permis de poursuivre nos efforts et en fin de compte de rédiger cet ouvrage. Nous leur serons éternellement redevables et aucune forme de remerciement ne suffirait à compenser tout ce qu'ils nous apportent. Nous voudrions tout de même leur dire, avec émotion, toute notre reconnaissance et notre affection.

Ce livre est dédié à des personnes spéciales dans nos vies. Cheikh, Noria et Zohra sont les frère et sœurs de Taïeb. Il partage avec eux non seulement l'amour qu'une vie familiale intense et une mère héroïque ont consolidé mais aussi la mémoire de temps plus sereins et plus civilisés. La séparation qu'ils ont subie mais qui a contribué à les faire grandir montre combien le changement est le destin inévitable de l'humanité mais aussi sa douleur et parfois la source de son épanouissement. Antonio, Marietta, François et Marielle sont les grands-parents et les parents de Bruno. Ce dernier se rend compte à quel point leur amour, leur affection et leurs efforts ont agi sur le cours de sa vie. Ces proches lui ont appris que la détermination et la passion nous permettent de réaliser nos rêves, de changer et d'améliorer le sort de ceux qui nous entourent. Ils lui ont appris qu'il avait le devoir de participer à l'amélioration de la société en acceptant les sacrifices et l'extraordinaire satisfaction, inhérents à un cheminement humain inspiré par l'excellence et la compassion. Ils lui ont appris que ces valeurs devraient guider tous ses comportements s'il aspirait à laisser un monde meilleur à ceux qui lui succéderont.

Si les qualités de ce livre sont attribuables à la contribution de beaucoup de personnes, ses défauts nous sont entièrement imputables.

Taïeb Hafsi
Bruno Fabi
12 mai 1997

Préface

COMPRENDRE LE CHANGEMENT

It seems to me unwise if not futile to urge the American people to make radical departures from their present political system and venture into relationships and ways of doing things that are completely foreign to their experience. This is not to urge conservatism in governmental reform on the ground that fundamental changes cannot be made to appear attractive and be sold to people. It is rather to say that a nation that is devoted to democratic government should, to the extent possible, forego revolutionary change in favor of gradual adaptation; that a quick installation of fundamental changes, even when we are caught flat-footed by the deficiencies of existing arrangements, is likely to defeat the very purposes which cause it to be advocated. The people, who must ultimately indicate their satisfaction or discontent with the way things are going, can only do so with confidence if they feel at home among the institutions available to them for exerting influence. If fundamental understanding about the form and methods of government are upset, the people will flounder in their efforts to participate in political life[1] *(p. 563-564).*

C.S. Hyneman (1950)

1. Il me semble peu avisé sinon futile de pousser le peuple américain à effectuer des modifications radicales du système politique actuel et à s'aventurer dans des relations et des façons de faire les choses qui sont complètement étrangères à leur expérience. Cela n'est pas une exhortation à un conservatisme en matière de réforme gouvernementale, sous prétexte que les changements fondamentaux ne peuvent être rendus attirants ni « vendus » au peuple. C'est plutôt dire qu'une nation qui se veut démocratique doit, autant que possible, éviter le changement révolutionnaire au profit d'un changement graduel ; que des changements fondamentaux rapides, même lorsqu'on est surpris par les déficiences des arrangements existants, risquent de remettre en cause la raison d'être même du changement envisagé. La population, qui doit ultimement indiquer sa satisfaction ou son mécontentement de la situation, ne peut le faire avec confiance que si elle se sent à l'aise avec les institutions qui exercent cette influence. Si la compréhension fondamentale des formes et méthodes du gouvernement est troublée, le peuple ne pourra assurer sa participation à la vie politique.

En matière de changement, les expériences des gouvernements et de leurs organisations associées sont souvent plus riches que celles des entreprises, mais leur mémoire ou plutôt la mémoire, parfois la culture générale aussi, des spécialistes du changement est souvent défaillante. Ce n'est pas pour rien que les nations ont traditionnellement évité les grands bouleversements. Les coûts ne sont acceptables que pour les esprits totalitaires. La plus grande révolution sociale et politique du XXe siècle, celle de l'Union soviétique, a présenté tous les signes du succès économique, surtout à partir de la prise en charge par Staline de l'État alors défaillant. Mais à quel prix! Nous savons aussi aujourd'hui que ce succès acquis à un coût humain inimaginable pour un pays civilisé était bien fragile. Le succès temporaire de l'économie s'est fait au détriment de l'équilibre de la société dans son ensemble. Hélas, l'homme ne vivant pas à la même échelle que les nations, on ne pourra jamais confronter les responsables des transformations révolutionnaires avec les effets de leurs actions.

Les dirigeants des entreprises complexes qui entreprennent aujourd'hui des transformations radicales tourneraient rapidement en ridicule toute tentative de comparaison entre les expériences des gouvernements et leurs propres expériences en ce qui concerne le changement. Mais les chercheurs en matière de gestion générale ne sont pas si convaincus qu'il existe une différence de nature entre les deux types d'organisation, bien qu'une différence de degré puisse être admise. En fait, les plus grandes avancées en matière de fonctionnement organisationnel sont le produit de recherches effectuées dans des secteurs public ou quasi public.

La plupart des transformations sont faites pour répondre à la concurrence, diraient les dirigeants, alors que les gouvernements ne sont pas exposés à cette situation. Cela est vrai en partie. En effet, les entrepreneurs sont confrontés à l'action de leurs concurrents et les gestes suicidaires de certains les mettent toujours devant le dilemme qui consiste soit à ne pas répondre de la même manière et donc à courir le risque de souffrir, voire de mourir, à court terme, soit à répondre du tac au tac et alors à s'affaiblir à long terme. En parlant de l'apparition d'une multitude de sociétés de transport aérien à escompte, comme la fameuse et aujourd'hui défunte

People Express, le président de la société Delta exprimait ainsi le choix auquel lui et ses collaborateurs devaient faire face :

> *A few years back, when People Express was getting all that attention, we came close to throwing a lot of seats into a DC-8 and running up and down the East Coast on a no-frills basis. But we scraped the idea in the end because we thought people had come to expect a higher level of service from Delta*[2].

Cependant, la transformation stratégique est une sorte de miroir aux alouettes. Elle est attirante parce qu'elle correspond à notre façon de penser habituelle : un problème doit être résolu de manière définitive (ou le paraître) et la vie est censée aller de résolution de problème en résolution de problème. Elle est attirante parce qu'elle promet le règlement, supposé définitif, du problème énoncé. Malheureusement, cela serait vrai si seulement nous connaissions les relations de cause à effet ; or, en situation de complexité, celles-ci ne sont pas linéaires et les dirigeants, quoi qu'ils en disent, ne les connaissent pas. La transformation stratégique est un grand pari, comparable par l'étendue de ses répercussions à la mise en jeu de sa maison au casino. Comme au casino, le petit nombre qui gagne beaucoup cache les foules qui perdent tout.

Ces propos sur la transformation stratégique ne sont pas seulement le résultat d'un acte de foi. Ils traduisent une sorte de consensus dans la littérature. Celle-ci est d'ailleurs tellement convaincante que nous croyons qu'il est impératif que les dirigeants et ceux qui les conseillent soient exposés à ses résultats. La légitimité de la transformation stratégique ne peut être défendue que si les dirigeants comprennent bien ce qu'elle est, ce qu'elle implique et la dynamique des relations de cause à effet qu'elle engendre. Ce livre est construit de manière à contribuer, même modestement, à cette compréhension.

Il est rassurant de noter que la synthèse de la recherche qui est présentée ici nous a été suggérée et demandée par des dirigeants d'entreprise.

2. Il y a quelques années, lorsque People Express retenait toute l'attention, nous avons failli mettre un tas de sièges dans un DC-8, pour l'envoyer le long de la côte Est à des prix rase-mottes. Mais finalement, nous avons abandonné cette idée parce que nous pensions que les gens en étaient venus à attendre de Delta un niveau de service plus grand.

En 1991, les responsables du Centre francophone de recherche en informatique et organisation (CEFRIO) ont transmis les préoccupations de beaucoup de dirigeants en nous demandant : « Que savons-nous du changement stratégique ? Que disent les recherches à ce sujet ? » Ils ont par ailleurs financé une imposante recherche qui s'est poursuivie jusqu'en 1993 et à laquelle les dernières études ont été ajoutées pour les besoins de ce livre.

Très vite, nous nous sommes rendu compte que, pour donner une image relativement satisfaisante sur le sujet, il nous fallait combiner des études qui s'étaient penchées sur les considérations micro du changement, dont l'accent était mis sur les personnes, et celles qui portaient sur les grandes questions stratégiques et organisationnelles qu'implique le changement. Cela correspondait aussi à nos compétences combinées : Bruno Fabi est professeur de psychologie organisationnelle et Taïeb Hafsi, professeur de stratégie des organisations.

La littérature est tellement importante en la matière que nous avons trouvé que la meilleure manière de la présenter était d'élaborer notre propre modèle du changement stratégique. Ce modèle devait constituer à la fois la conclusion et la structure même de notre travail. Pour en arriver là, nous avons élaboré un modèle préliminaire qui est sous-jacent à la littérature de base en matière de changement et qui est présenté aux chapitres 2 et 3. Ce modèle a été articulé au chapitre 4 et dit des choses qui au fond sont du domaine du bon sens pour quiconque a été déjà confronté au changement :

> *Si l'on considère que les facteurs les plus importants pour la gestion des organisations sont le leadership et les arrangements structurels, alors on peut dire que ces facteurs jouent des rôles différenciés selon le niveau de complexité de l'organisation ; le leadership exerce une influence décisive lorsque le niveau de complexité de l'organisation est simple ou élevé, tandis que les arrangements structurels sont plus déterminants lorsque le niveau de complexité est moyen.*

Ce modèle simple nous amenait ainsi à présenter les résultats des recherches de manière à révéler les effets précis du leadership ou de ce qui lui est traditionnellement lié, c'est-à-dire culture et personnes, et des arrangements structurels. Les chapitres 5 et 6 sont donc consacrés aux relations entre le changement stratégique et les caractéristiques psychologiques et démographiques des dirigeants ainsi qu'à l'effet des questions de culture et de relations avec les personnes. Quant au chapitre 7, il explique le rôle des arrangements structurels dans le changement. Dans ces chapitres, nous proposons une classification et une description des plus importants résultats de recherches rapportés par la littérature, surtout la plus récente.

Le chapitre 8 est consacré à des théories globales sur le changement stratégique, des théories qui combinent notamment les effets du leadership et des arrangements structurels. Ce chapitre est une préparation au chapitre 9, qui explique le modèle proposé dans ce livre pour comprendre la dynamique du changement stratégique. Ce modèle décrit notamment les effets des variables mentionnées aux chapitres précédents sur le déclenchement du changement et sur sa nature révolutionnaire ou évolutive.

Finalement, le chapitre 10 offre une réflexion sur la nécessité du changement et permet un retour sur les questions évoquées plus haut et sur la philosophie que tout chercheur ne peut manquer de développer lorsqu'il est confronté à la dynamique et aux effets du changement stratégique.

Ce livre a été conçu pour nous aider à mieux enseigner les fondements de la transformation stratégique dans les programmes d'études avancés et pour servir de soutien à la formation de spécialistes du changement. De manière générale, cet ouvrage est destiné à des spécialistes du changement : d'une part, à ceux qui, dans les organisations, sont engagés dans des changements importants et qui aimeraient avoir une vue d'ensemble sur ce que les recherches disent sur le sujet ; d'autre part, à ceux qui, dans les universités et les sociétés de consultants, les conseillent. Plus particulièrement, les consultants qui se spécialisent dans le conseil sur la stratégie des organisations et la gestion du changement stratégique trouveront ici des outils importants pour la construction de leurs interventions. Nous espérons que la lecture de ce livre procurera à ces personnes avisées autant de plaisir que nous en a apporté sa rédaction.

Taïeb Hafsi
Bruno Fabi
12 mai 1997

Table des matières

Les fondements du changement stratégique : une introduction

Il est normal que les praticiens confrontés aux périls du changement se demandent s'il existe un corpus de connaissances sur lequel ils pourraient s'appuyer pour réfléchir au changement, voire pour le conduire. S'ils posaient la question aux théoriciens du management général, le domaine le plus susceptible de leur apporter des réponses, ils seraient alors surpris de découvrir qu'il n'y a pas de réponse satisfaisante. Même si les recherches sur le changement ont été nombreuses, celles-ci ont été conduites dans des champs de connaissance différents et aucune synthèse n'est vraiment disponible. C'est pour combler cette lacune que ce livre a été conçu.

On ne peut parler de changement en général. On se perdrait facilement parce que le changement, c'est en fait la vie. Tout ce que font les gestionnaires contribue au changement. Parler du changement en général reviendrait alors à parler de toute la gestion, un programme que beaucoup de livres auraient du mal à épuiser. Nous avons donc décidé de concentrer notre attention sur des aspects circonscrits. Nous ne nous intéressons d'ailleurs qu'au changement organisationnel d'ordre stratégique et nous voudrions l'aborder sous un angle concret, tel que beaucoup de dirigeants nous l'ont suggéré, à savoir apprécier la capacité à changer.

Le changement organisationnel d'ordre stratégique se produit lorsqu'on modifie la stratégie d'une organisation (Andrews, 1987). Mais bien entendu, même cette définition simple n'est pas sans ambiguïté. En effet, lorsque McDonald's introduit des pizzas dans ses menus, s'agit-il d'un changement de stratégie ou non ? On peut défendre les deux prises de position. Nous reprendrons cette discussion plus en détail dans le chapitre suivant, mais pour l'instant nous pouvons admettre qu'il y a un changement de stratégie. Notons que, dans ce qui suit, nous utiliserons indifféremment les termes changement de stratégie, changement organisationnel d'ordre stratégique et changement stratégique.

Par ailleurs, l'étude de la capacité de changement est un fil d'Ariane utile, parce qu'elle nous force à examiner les effets des phénomènes organisationnels, en particulier lorsque ces effets sont susceptibles de mettre en cause la réalisation du changement. La capacité à changer est plutôt l'opposé de la résistance au changement. En tentant de la comprendre, on est forcé d'étudier tous les aspects qui touchent le changement.

Si le changement en général et le changement stratégique en particulier ne constituent un défi de taille, c'est qu'ils concernent des personnes. Sans les personnes, le changement ne poserait que des problèmes techniques, généralement faciles à résoudre. Il faut donc constamment garder à l'esprit que les personnes sont au cœur des considérations lorsqu'on parle de changement stratégique. Il sera donc inutile et même tautologique de vouloir parler des aspects humains du changement, ce qui cependant n'exclut pas une préoccupation quant au coût humain que le changement stratégique peut impliquer.

COMPRENDRE LA STRUCTURE DU LIVRE

Pour comprendre la structure qui a été adoptée dans ce livre, il est utile de rappeler quelques éléments de base de la gestion stratégique. Au niveau le plus général, on peut dire que les dirigeants d'organisation font face à deux grands défis stratégiques :

- Maintenir l'équilibre interne de l'organisation, c'est-à-dire la volonté de coopérer des personnes (Barnard, 1937);
- Maintenir l'équilibre entre les besoins et capacités de l'entreprise et les exigences de l'environnement.

Toute la documentation sur la gestion stratégique ne traite en fait que du changement stratégique. Elle propose des procédures et des démarches, ainsi que des exemples convaincants, qui permettent de concevoir et de réaliser de nouvelles stratégies ou des adaptations aux stratégies existantes, de manière à assurer le maintien des équilibres de base et la pérennité de l'organisation (Drucker, 1954; Andrews, 1987).

Les synthèses les plus reconnues de la littérature de base font la distinction, pour des raisons pédagogiques, entre la conception de la stratégie et la mise en œuvre de celle-ci. À l'étape de la conception de la stratégie, on détermine une direction claire qui permet de faire converger les efforts (de positionnement, de gestion fonctionnelle, de recherche et développement, etc.) et, ainsi, de réaliser une domination concurrentielle durable. Au moment de la mise en œuvre de la stratégie, on cherche à faire converger les efforts en utilisant de manière judicieuse et cohérente les outils de gestion disponibles (structure, culture, systèmes, attribution des ressources, etc.).

La distinction n'est vraiment utile que lorsqu'on veut étudier le changement dans une petite organisation. Dans ce cas, en effet, le dirigeant principal est généralement le seul concepteur et il veille directement à la mise en œuvre. Lorsque l'organisation est complexe, il n'est pas approprié de se focaliser sur ces questions de formulation et de mise en œuvre. Les dirigeants cherchent constamment à modifier les comportements. Pour cela, ils agissent sur des instruments de gestion plutôt que sur la stratégie au sens traditionnel du terme. Il est alors préférable et utile de découvrir les facteurs clés qui révèlent la stratégie et lui donnent forme. Il est aussi souhaitable que le gestionnaire puisse agir sur ces facteurs.

Ce sont ces facteurs de « caractérisation des organisations » qui ont été le plus étudiés par le milieu universitaire et ils ont notamment été résumés par Côté et Miller (1992). On peut dénombrer quatre éléments de base :

- Structure
- Culture et leadership
- Processus de décision
- Contexte

Par ailleurs, pour les besoins de l'étude du changement en situation de complexité, Hafsi et Demers (1989) ont indiqué qu'il est utile de considérer les quatre dimensions suivantes :

- Croyances
- Valeurs
- Stratégie (positionnement et configuration de la chaîne des valeurs)
- Arrangements structurels (comprenant notamment structure, systèmes, choix des gestionnaires)

Une autre classification a été proposée par Pascale et Athos (1983) dans le cadre de la recherche considérable, commanditée par McKinsey à la fin des années 1970 et au début des années 1980, qu'ils firent sur la gestion stratégique des organisations. Cette classification est connue sous le nom des « sept S », dont trois S dits durs :

- Stratégie (positionnement)
- Structure
- Systèmes

Et quatre S dits « mous » :

- Système de valeurs ou d'objectifs supérieurs (*superordinate goals, shared values*)
- Staff (qualité de la sélection et de la gestion du personnel clé)
- Style (de leadership notamment et donc de fonctionnement de l'organisation)
- Savoir-faire (*skills*) accumulé, qui distingue l'organisation de ses concurrents

Ces éléments ou dimensions sont très semblables et sont en fait les composantes principales de l'analyse stratégique traditionnelle (Hafsi et Toulouse, 1996). Dans ce livre, nous retiendrons la classification proposée par Côté et Miller parce qu'elle est basée sur une analyse de la recherche empirique sur le sujet. Elle nous permettra d'organiser la présentation de la synthèse de cette littérature, qui est l'objet de ce livre.

LES GRANDES QUESTIONS QUE POSE LE CHANGEMENT STRATÉGIQUE

Les questions que pose le changement stratégique sont de nature très pratique. Il y a un premier type de questions qui permettent de reconnaître et de distinguer les différents changements stratégiques et, éventuellement, les différences de gestion qui s'imposent. De nombreuses propositions ont été faites (Hafsi et Demers, 1989 ; Allaire et Firsirotu, 1985 ; Anderson, 1984 ; Miller, 1990), mais pour l'instant

nous allons nous contenter d'une classification très générale (Ginsberg, 1988) qui servira de base aux discussions que propose ce livre.

Ginsberg (1988) suggère de considérer deux dimensions pour apprécier les types de changement :

- Une dimension orientation, vers l'interne (Perspective) ou vers l'externe (Position)
- Une dimension importance du changement, de degré (magnitude) ou d'état (de pattern)

Ainsi lorsqu'on a un changement de degré de position, on peut parler de changement du nombre d'activités dans lesquelles l'organisation est engagée ou veut se développer ou inversement de l'intensité de sa spécialisation. Il peut aussi être question de changement dans le déploiement des ressources accordées aux différentes activités ou fonctions.

Lorsqu'on a un changement de nature de position, on parlera alors de changement de la nature des relations entre les activités dans lesquelles l'organisation est présente ou veut se développer. De même il pourra être question de changement dans la configuration du déploiement des ressources octroyées aux différentes activités ou fonctions.

Lorsqu'on a un changement de degré en matière de perspective, on évoque l'intensité des normes et valeurs qui déterminent le comment et le pourquoi des choix de domaines d'activités, de procédés de production ou de systèmes administratifs.

Lorsqu'on a un changement de nature en matière de perspective, il est question de changement dans la configuration des normes et valeurs qui déterminent le comment et le pourquoi des choix de domaines d'activités, de procédés de production ou de systèmes administratifs.

Le deuxième grand type de questions que pose le changement stratégique est lié à sa gestion. Comment peut-on changer le contenu ou les processus stratégiques sans perdre le contrôle du fonctionnement de l'organisation ? En d'autres termes, que savons-nous sur les changements de contenu ? Que savons-nous sur les relations de cause à effet entre mécanismes de gestion et patterns de comportement de l'organisation ? La littérature traditionnelle, plutôt normative, sur la stratégie des organisations, notamment sur les relations entre environnement, stratégie et performance (Thompson, 1967 ; Porter, 1991 ; Vankatraman et Camillus, 1984), et les relations entre ressources et avantages concurrentiels (Wernerfelt, 1984), apporte de nombreuses réponses à la première question. En revanche, la vaste documentation empirique en théorie ou en sociologie des organisations, en anthropologie et en psychologie apporte des réponses partielles à la seconde.

Dans ce livre, nous nous intéressons surtout au changement stratégique en situation de complexité et, par conséquent, nous mettons l'accent sur les mécanismes sur lesquels peuvent agir les gestionnaires. Nous pourrons ainsi grandement simplifier la gestion du changement et le processus. Néanmoins, à notre avis, cette démarche a le double avantage de décrire adéquatement les phénomènes de changement et d'avoir fait l'objet de recherches empiriques suffisantes pour que des conclusions générales puissent être dégagées.

QUELQUES RÉPONSES POUR COMMENCER

Comme nous l'avons évoqué plus haut, notre attention est portée sur le diagnostic. Nous allons donc nous efforcer de découvrir ce que les recherches nous apprennent à ce sujet. Nous tenterons de clarifier les grandes questions que pose le changement, puis d'y répondre. Nous allons répondre spécifiquement aux questions suivantes :

- Quelles sont les grandes réponses fournies par la documentation ? En particulier, quelles sont :
  - les grandes écoles ?
  - leurs perspectives ?
  - leurs recherches, notamment empiriques ?
  - leurs limites ?

La littérature sera divisée en littérature classique et en littérature empirique. La première permet de définir les fondements du domaine de la gestion stratégique; elle nous servira à préciser la structure du livre et en particulier le contenu des chapitres qui suivront. La seconde est celle qui documente les relations précises qui ont été examinées et testées; c'est elle qui nous donnera la possibilité de répondre aux questions posées.

- Quel modèle permettrait de décrire le processus par lequel le changement stratégique prend place? En particulier, quelles sont :
  - les dimensions à retenir?
  - l'importance relative de chacune des dimensions?
  - les interactions entre ces dimensions?

La spécification du modèle de changement stratégique nous amènera aussi à proposer un modèle complémentaire sur la nature, radicale ou évolutive, du changement stratégique et une définition convaincante de la capacité de changement des organisations.

UNE PRÉSENTATION SIMPLIFIÉE DU MODÈLE PROPOSÉ

En attendant les explications des chapitres qui suivent, il est d'ores et déjà possible de tenter de donner une idée du modèle auquel nous aboutirons après avoir proposé une synthèse de la littérature. L'examen de la littérature proposé par Côté et Miller (1992) suggère l'existence de trois grands types d'écoles. Le premier met l'accent sur l'importance des structures et du contexte. Cette école est généralement déterministe et est représentée notamment par les tenants de la « théorie du comportement de la firme » (Cyert et March, 1962), par les tenants de la « théorie de l'écologie des organisations » et par les tenants de la théorie du cycle de vie des organisations (Chandler, 1962; Greiner, 1967). Le deuxième grand type d'école nomme la culture et le leadership comme grands facteurs de changement. Ces écoles, généralement volontaristes, insistent surtout sur l'importance des valeurs et de leur transformation par le biais du leadership (Hambrick et Mason, 1984). Il y a aussi, comme troisième type, l'école qui met l'accent sur les micro-processus de réalisation du changement. Ces écoles insistent surtout sur les savoir-faire nécessaires à la réalisation concrète du changement. Le développement organisationnel est le plus représentatif de ce courant.

Bien entendu, il y a aussi des théories, plus holistiques, qui combinent les courants ou théories mentionnés auparavant. Ces théories sont pour beaucoup de raisons, notamment des raisons pratiques, celles qui nous intéresseront pour faire la synthèse de l'ensemble de ce travail. C'est d'ailleurs en nous appuyant sur ces théories que nous proposons un modèle général du changement stratégique.

Ce modèle est présenté dans cette introduction dans sa forme simplifiée. Il sera décrit et expliqué en détail avec l'exposé des principaux résultats des recherches soumis dans les chapitres qui suivent. Les éléments du modèle sont d'abord les dimensions principales considérées comme caractéristiques de la gestion stratégique des organisations, sous condition d'avoir fait l'objet d'une recherche. Ainsi, on a retenu la structure, le contexte, la culture et le leadership. Ces dimensions déterminent le niveau de stress (ce qui accroît le désir de changer) ou l'inertie (ce qui accroît la résistance au changement). L'équilibre entre le stress et l'inertie détermine la capacité à changer d'une organisation. Cette capacité est aussi touchée par une autre dimension de base qui est constituée des savoir-faire ou aptitudes disponibles, notamment en matière de gestion du changement. Connaissant la capacité de l'organisation à changer, on peut alors mettre le processus en marche pour modifier les anciens comportements et faire naître ceux que l'on souhaite.

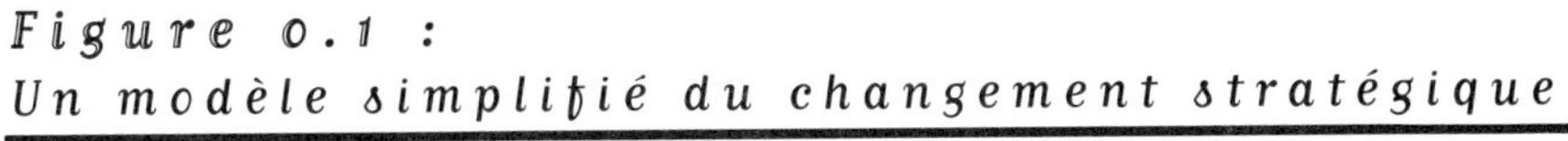
Figure 0.1 :
Un modèle simplifié du changement stratégique

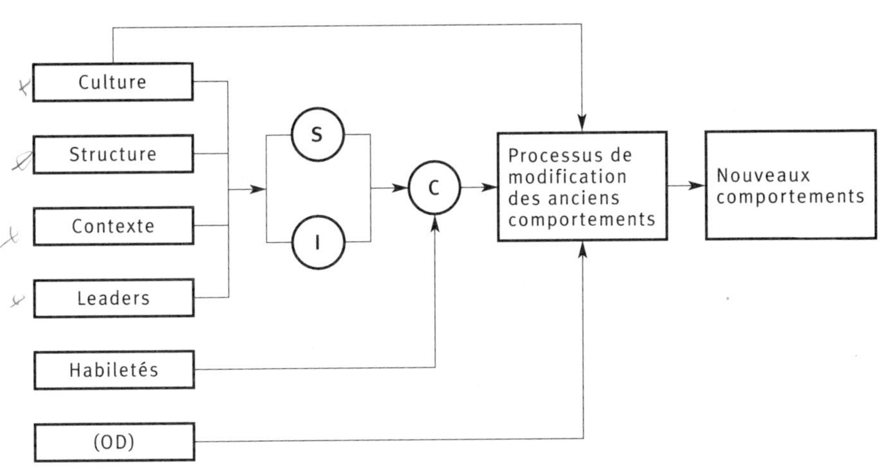

LA STRUCTURE DU LIVRE COMME TELLE

Le livre est divisé en dix chapitres. Le premier présente quelques fondements sur le changement stratégique, incluant les définitions d'un changement. À partir de la littérature classique, le chapitre 2 dégage les leçons que suggèrent en matière de changement les grands auteurs qui ont inspiré la stratégie des organisations. Le chapitre suivant fait de même en mettant l'accent sur la littérature du développement organisationnel qui, comme nous le savons, s'est beaucoup intéressée à la gestion des micro-processus de changement. Les leçons tirées de l'examen de ces deux types de documentation servent ensuite à élaborer un modèle préliminaire du changement stratégique. Ce modèle, nous le verrons, a une double utilité. Il nous permettra d'abord de justifier la structure de la synthèse proposée dans les chapitres qui suivent et, ensuite, de déterminer comment les variables retenues doivent être combinées pour apprécier la capacité de changement.

Les quatre chapitres qui suivent présentent les recherches, notamment empiriques, effectuées sur les effets de la culture et du leadership (chapitres 5 et 6), de la structure et du contexte (chapitre 7), et de leurs combinaisons (chapitre 8). Le chapitre 9 présente le modèle final décrivant la gestion du changement stratégique, une élaboration basée sur le modèle de la figure 0.1. On y discutera également du changement radical et on le comparera avec le changement évolutif. Y seront évoquées les conditions dans lesquelles un changement aura tendance à être plutôt radical qu'évolutif. Le chapitre 10, qui sert de conclusion, sera consacré à une discussion générale sur le changement stratégique, sa nécessité et sa gestion.

{ Chapitre 1 }

Les fondements du changement organisationnel (C.O.) stratégique

Patrick : Qu'est-ce que le changement stratégique ?
Rabia : C'est un changement majeur !
Patrick : C'est quoi un changement majeur ?
Rabia : C'est un changement radical !
Patrick : Mais qu'est-ce qu'un changement radical ?
Rabia : C'est un changement qui transforme le cadre de fonctionnement !
Patrick : C'est quoi la transformation du cadre de fonctionnement ?
Rabia : C'est ce qui modifie de manière profonde le comportement de l'organisation !
Patrick : Qu'est-ce que le changement du comportement profond de l'organisation ?
Rabia : C'est le changement stratégique !

Le dialogue entre Patrick et Rabia est typique. Il suggère combien le langage en matière de changement organisationnel (C.O.) d'ordre stratégique est ambigu et difficile. Le problème, c'est que la définition du changement d'ordre stratégique est contingente. En d'autres termes, même si nous proposions une définition précise de ce qu'est le changement d'ordre stratégique, cette définition ne serait valable que dans des conditions bien définies. Ou encore, ce qui est un changement organisationnel d'ordre stratégique pour une organisation à un moment donné peut ne pas l'être à un autre moment et peut ne pas l'être pour une autre organisation.

Il faut pourtant être en mesure de fournir un guide qui soit acceptable pour la recherche et pour la pratique. C'est ce que nous entreprenons dans ce chapitre. Nous allons étudier la nature du changement organisationnel d'ordre stratégique en trois temps : d'abord, en examinant les facteurs qui précipitent des changements « perçus comme importants » ; ensuite, en rapportant quelques définitions que propose la littérature ; finalement, en dégageant les caractéristiques qui sont généralement avancées pour apprécier la nature du changement.

1.1 LES FACTEURS MENANT AU C.O. D'ORDRE STRATÉGIQUE

Les organisations changent : c'est devenu presque un truisme chez les chercheurs et les praticiens en gestion. Sinon, elles risquent de mourir, victimes d'un environnement externe turbulent, exigeant, impitoyable. Il y a bien sûr des difficultés et des résistances inhérentes à ces changements organisationnels. Ceux-ci s'avèrent souvent coûteux et insécurisants. Ils nous forcent à abandonner ce qu'on connaît bien, ce avec quoi on se sent à l'aise, pour des pratiques nouvelles qu'on connaît mal, qu'on comprend mal et dans lesquelles on risque d'être peu compétent.

Pourtant, pareils changements se révèlent souvent nécessaires pour les organisations qui doivent s'ajuster à des pressions venant de leur environnement ou de leur fonctionnement. En fait, un nombre croissant d'observateurs parlent de transformations organisationnelles (Kilman et Covin, 1988). C'est par cette expression que certains nomment ce phénomène de remise en question de la raison d'être, de la stratégie, de la structure et de la culture organisationnelle. On reconnaît également que cette fin de deuxième millénaire constitue une époque particulièrement turbulente caractérisée par la croissance phénoménale des transformations organisationnelles dans les pays industrialisés.

Plusieurs facteurs sont évoqués lorsque l'on aborde la question de la pression de l'environnement. Certains mentionnent la mondialisation et la déréglementation des marchés, l'intensification de la concurrence, la constitution de marchés communs, l'augmentation des acquisitions et des fusions, l'implantation croissante de nouvelles technologies, la différenciation dans la consommation, de même que l'évolution rapide des valeurs et des comportements sociaux. Sur le plan organisationnel, d'autres soulignent l'évolution relative à certaines caractéristiques générales de la main-d'œuvre : vieillissement, féminisation, augmentation de la scolarité, attentes différentes à l'égard du travail (Fabi, 1991*b*).

À cet égard, on pourrait d'abord retenir la catégorisation de Mohrman et Mohrman (1989), qui, sans être exhaustive, reflète convenablement les tendances lourdes qui modifieront l'environnement des organisations au cours des prochaines années. Ces auteurs proposent en effet quatre catégories de pression : la première concerne une intensification de la concurrence; la seconde a trait aux changements d'attentes chez les interlocuteurs organisationnels, à savoir les employés, les actionnaires et les clients; une troisième catégorie englobe les développements technologiques qui touchent notamment la bureautique, la robotique et les systèmes informatisés de support à la gestion; finalement, une quatrième catégorie aborde les changements du contexte juridique, par exemple les droits des employés et des clients, les lois antitrust et les lois qui encouragent le partage des frais inhérents à la recherche et au développement.

Les effets de cette turbulence de l'environnement ont pris une telle ampleur que certains parlent maintenant de chaos (Peters, 1987). Dans ce dernier ouvrage, Peters énumère à son tour les forces qui influent sur les organisations contemporaines :

- Les révolutions technologiques dans la conception, la fabrication et la distribution des produits et services, telles que la conception et la fabrication assistées par ordinateur, ainsi que les liaisons électroniques entre producteurs, consommateurs et fournisseurs;
- La forte compétition étrangère venant de pays développés et nouvellement industrialisés tels que l'Allemagne, le Japon et la Corée;
- Le nombre record de fusions, d'acquisitions, de faillites, de prises de possession et de coentreprises (*joint ventures*);
- Les demandes des consommateurs pour des services et des produits qui comprennent plus d'options et qui offrent une meilleure qualité;
- La mondialisation du financement et des affaires avec des taux de change, des politiques commerciales et nationales qui deviennent de plus en plus confuses et sensibles;
- Les revendications d'une main-d'œuvre qui demande davantage de participation et de reconnaissance au travail, ainsi que l'augmentation rapide des foyers à double revenu;
- Les demandes du public à la fois pour la réduction des taxes et du contrôle de l'État et pour l'augmentation des services.

Toutefois, face aux réponses simplistes que suggèrent les vagues régulières de « restructuration », « réingéniering » et autres remises en cause hâtives et superficielles, Hamel et Prahalad (1995) donnent l'avertissement suivant :

> *Toute entreprise qui réduit sa taille plus qu'elle ne s'améliore renonce aux marchés d'aujourd'hui ; qu'elle s'améliore sans se transformer en profondeur et elle renonce à ceux de demain [...] (p. 24).*
>
> *Le problème qui se pose aujourd'hui à tant d'entreprises n'est pas celui de la concurrence « étrangère », mais celui d'une concurrence non traditionnelle [...]. La véritable bataille est celle qui oppose les retardataires aux challengers, les conservateurs aux innovateurs, les imitateurs aux imaginatifs [...].*

Ce n'est pas seulement le monde qui change vite qui incite au changement d'ordre stratégique, c'est aussi et surtout la véritable révolution dans les esprits qui se produit actuellement et qui force chacun à bouger ou à mourir. C'est cela qui arrache à Peters (1987) un cri du cœur : « Il faut aimer le changement ! »

Sur un plan théorique, nous le verrons au chapitre suivant de manière précise, le changement est un phénomène quasi naturel, que les tenants de la théorie de la contingence (Thompson, 1967 ; Lawrence et Lorsch, 1967) associent à la relation inévitable et presque organique que l'organisation et son environnement entretiennent. Les actions des autres, organisations, individus ou choses, apparaissent incertaines aux yeux des uns et les poussent à s'ajuster, faisant naître de nouvelles conditions auxquelles devront à leur tour s'adapter les autres. Ce mouvement infini, semblable au mouvement des vagues de la mer, est l'essence même de tous les changements. Il explique pourquoi le changement est à la fois inévitable et éternel.

Pourtant, autant la littérature contemporaine révèle un certain consensus concernant les turbulences de l'environnement organisationnel et la nécessité du changement, autant elle nous laisse une image confuse quant aux réactions des organisations pour s'ajuster à ces turbulences. Autrement dit, les auteurs ne semblent pas s'entendre sur la nature et les caractéristiques des changements organisationnels de grande envergure engendrés par les facteurs, internes ou externes, suggérés antérieurement. Cette situation nous incite à proposer ici quelques clarifications visant à mieux définir et à mieux caractériser la variable dépendante abordée dans ce projet : le changement organisationnel d'ordre stratégique. Commençons d'abord par quelques définitions.

1.2 LES DÉFINITIONS DU C.O. D'ORDRE STRATÉGIQUE

À la suite de quelques auteurs (Cummings et Huse, 1989; Ledford et autres, 1989; Levy, 1986), on relève que ce type de C.O. a été défini de différentes façons dans la littérature spécialisée. On y parle notamment de *double-loop learning* (Argyris et Schon, 1978), de *frame-breaking change* (Nadler et Tushman, 1986), de réorientation et de re-création (Nadler et Tushman, 1986), de changement de culture (Kilman, Saxton et Serpa, 1986), de changement stratégique (Tichy, 1983), de changement de grande envergure (Mohrman et autres, 1989), de *quantum change* (Miller et Friesen, 1984), de transformation corporative (Kilman et Covin, 1988) ainsi que de changement radical (Hafsi et Demers, 1989) ou de régénération stratégique (Hamel et Prahalad, 1995).

Bien qu'il soit difficile, voire impossible, d'établir les équivalences sémantiques et conceptuelles entre ces différents termes, ils semblent tous avoir trait à des changements fondamentaux en ce qui concerne autant les stratégies et les structures organisationnelles que les perceptions, les façons de penser et les comportements chez les membres de l'organisation. Ces changements vont bien au-delà de ceux qui visent une amélioration du statu quo. On fait plutôt référence ici aux modifications fondamentales des postulats de base ayant guidé jusque-là le fonctionnement de l'organisation de même que ses façons d'interagir avec son environnement.

Le processus de changement de ces postulats implique d'importantes remises en question relatives à la philosophie et aux valeurs de gestion, à la stratégie d'affaires ainsi qu'aux diverses structures et processus organisationnels modelant les comportements des membres de l'organisation. Nous avons affaire ici non seulement à des changements d'une magnitude particulière mais aussi à des changements qui altèrent la nature qualitative de l'organisation.

Des auteurs comme Hafsi et Demers (1989) parlent pour leur part de changement de nature et non seulement de degré. Ils mentionnent que ces transformations stratégiques apparaissent comme des réponses à l'un ou l'autre des déséquilibres suivants :

- Un déséquilibre entre les exigences de l'environnement et les pratiques de l'organisation ;
- Un déséquilibre entre les composantes de la stratégie : l'idéologie-croyances (concernant l'environnement, les personnes ainsi que l'état de nos connaissances et de notre compréhension du monde), l'idéologie-valeurs, la stratégie concurrentielle et les arrangements structurels.

Pour ces auteurs, un changement stratégique prend le caractère radical d'une transformation lorsqu'il y a changement de toutes les grandes composantes de la stratégie et qu'il est perçu comme discontinu par les membres clés de l'organisation dans au moins l'une de ces composantes. Un changement discontinu implique une remise en cause fondamentale et non seulement un ajustement en marge. Mais il peut arriver qu'un changement de degré important soit perçu comme radical par les membres de l'organisation. Dans tous les cas, Hafsi et Demers (1989) indiquent qu'un changement stratégique suppose une transformation (donc un changement discontinu) :

- des croyances ;
- des valeurs ;
- du domaine d'activité de l'organisation ou de la configuration de la chaîne de valeur de l'organisation ;
- des arrangements structurels de l'organisation.

Pour leur part, Ledford et autres (1989) définissent un changement de grande envergure comme étant un changement durable de la personnalité d'une organisation (*character of an organization*), au point d'altérer la performance de cette dernière. La première dimension de leur définition implique un changement des caractéristiques organisationnelles. Ils font ici référence aux aspects clés d'un système organisationnel, tels qu'ils sont définis par la théorie des systèmes ouverts (Katz et Kahn, 1978). Ils incluent des changements :

- concernant les modes d'interaction entre l'organisation et son environnement, notamment les modes d'importation de l'énergie et des matières premières ;
- dans le processus de transformation des intrants en extrants tels que les biens et les services ;
- dans la nature des extrants eux-mêmes ;
- dans les modes de différenciation, de coordination et d'intégration, par lesquels les ressources organisationnelles sont canalisées et structurées ;
- dans les pratiques de gestion des ressources humaines.

Ces auteurs soulignent que les changements de grande envergure exigent des changements qualitatifs, et non de simples changements continus et habituels. Pour donner une image, on compare aux changements constants des flots d'une rivière face à l'érection d'un barrage ou à la modification du cours de cette dernière. Un changement organisationnel de grande envergure nécessite selon eux des modifications du design et des processus de l'organisation. Le design organisationnel inclut les stratégies, les structures, les configurations technologiques, les systèmes formels d'information et de prise de décision ainsi que les systèmes de ressources humaines. Les processus organisationnels renvoient quant à eux aux flux d'information, d'énergie et de comportements, ce qui comprend la communication, la participation, la coopération, les conflits et les jeux politiques.

Pour ces auteurs, des changements de design organisationnel qui ne comportent pas des changements de processus ne peuvent être considérés comme des changements organisationnels de grande envergure.

Par exemple, des changements structurels demandant des révisions de l'organigramme, des modifications des systèmes d'évaluation du rendement ou l'introduction de nouvelles technologies ne constituent des changements organisationnels de grande envergure que dans la mesure où ils sont accompagnés de changements dans la nature des comportements. De la même façon, des changements dans les processus qui n'auraient pas de répercussions sur le design organisationnel ne seraient pas des changements de grande envergure parce que ces changements de processus ne seraient pas appuyés par des changements de design leur permettant de durer. Ainsi, une organisation peut motiver temporairement des gens par l'intermédiaire d'une campagne sur la qualité totale, mais si les nouveaux comportements désirés ne sont pas soutenus par des modifications du design organisationnel, les probabilités sont faibles pour que ces nouveaux comportements soient permanents.

Le deuxième élément de la définition de Ledford et autres (1989) concerne la performance organisationnelle. La performance, utilisée ici au sens générique, a trait à l'efficience du système organisationnel telle qu'elle est mesurée à partir de divers indicateurs. Dans la mesure où une organisation modifie ses interactions avec son environnement, ses modes de transformation des intrants en extrants, la nature de ces derniers, de même que son design et ses processus, l'on peut s'attendre à des changements sur le plan de sa performance. Elle peut, par exemple, passer d'un statut de compétiteur régional à celui de compétiteur international. Elle peut aussi commencer à produire des systèmes intégrés plutôt que des produits uniques.

Cette performance peut changer en fonction de diverses mesures économiques. À titre d'exemple, selon la phase du cycle de vie des produits, la part du marché international peut devenir plus importante que les profits à court terme. De même, la participation des employés au travail et dans la gestion peut prendre une place plus grande que la loyauté organisationnelle et le paternalisme. Les relations à long terme avec la clientèle peuvent également devenir plus importantes que les marges de profit. En bref, ces auteurs considèrent qu'un changement organisationnel de grande envergure modifie à la fois la nature de la performance organisationnelle et son efficience telle qu'elle est mesurée par divers indicateurs économiques.

Il va sans dire que cette définition, comme les autres proposées dans la littérature spécialisée, ne fait pas l'unanimité chez les intervenants, praticiens ou chercheurs, engagés dans le domaine du changement organisationnel. De l'aveu même des auteurs, cette définition a été longuement discutée lors d'une conférence américaine consacrée au changement organisationnel de grande envergure. Les actes colligés de certaines communications constituent l'ouvrage publié par Mohrman et autres (1989). Or, même au sein de ce groupe restreint d'individus, invités à cette conférence, la définition n'a pas fait l'unanimité ! Parmi les participants les plus connus, on retrouvait Thomas Cummings, Edward Lawler, Gerald Ledford, Allan Mohrman, Ian Mitroff, Robert Cole, Jay Galbraith, Ralph Kilmann, Paul Lawrence, David Nadler et Michael Maccoby, tous identifiés au domaine du comportement organisationnel.

Dans un travail récent, Hamel et Prahalad (1995) semblent d'accord sur l'importance du design et du processus, mais ils mettent surtout l'accent sur la transformation qualitative de l'organisation. Selon eux, il y aurait deux grandes phases dans la constante transformation des organisations. D'abord, la régénération des stratégies nécessaire pour se positionner dans le monde de demain. Cette phase constitue une transformation profonde basée sur les prévisions quant à l'avenir. Ensuite, inhérentes à un choix stratégique déterminé, les améliorations constantes destinées à démarquer constamment l'organisation de la concurrence et à répondre toujours mieux à la clientèle. Hamel et Prahalad précisent ainsi leur conception de ce qu'est l'essence même de la stratégie (p. 31) :

> *Notre conception de la stratégie [...] souligne la nécessité de désapprendre nombre de leçons du passé avant de pouvoir aborder l'avenir et d'affiner sa clairvoyance pour voir au-delà du brouillard d'incertitude qui enveloppe le présent [...]. Elle insiste [...] sur l'inutilité d'exécuter tous les ans une danse rituelle, accouchant d'une stratégie incrémentielle, et sur l'importance de se doter d'une véritable architecture stratégique qui représente une avancée majeure dans la construction des compétences nécessaires à la domination des marchés futurs. Dans cette optique, il s'agit moins d'assurer l'adéquation entre*

> *fins et moyens que de fixer des objectifs de dépassement qui incitent le personnel à tenter l'impossible [...].*
>
> *La concurrence, loin de se limiter à tel secteur d'activité, a pour objet et pour effet de redessiner les contours des différents secteurs. Pour nous la suprématie en matière de compétences fondamentales prime la supériorité dans le domaine des produits, l'entreprise étant un portefeuille de compétences autant qu'un portefeuille d'investissements. Nous considérons que la concurrence se déroule non seulement entre entreprises, mais aussi entre coalitions d'entreprises [...]*
>
> *[...] pour tirer pleinement parti de sa clairvoyance et de sa suprématie en matière de compétences fondamentales, il faut se placer avant ses concurrents sur les marchés qui comptent au niveau mondial ; c'est moins une question de délai de mise sur le marché que de délai de devancement mondial.*

1.3 UNE FORMALISATION OPÉRATIONNELLE DE LA DÉFINITION D'ORDRE STRATÉGIQUE

Si nous voulons tirer parti de la discussion précédente et ne pas nous limiter à dire que le changement stratégique est un changement de stratégie, il nous faut maintenant disséquer les éléments de la stratégie qui sont touchés par le changement. D'abord, il y a le contenu de la stratégie, tel qu'il ressort du processus de formulation. Le contenu de la stratégie est l'expression des objectifs. Il prend en considération la nature de l'environnement et les ressources particulières de l'organisation, celles qui lui permettent de se démarquer et de réussir dans son environnement. En particulier, les ressources sont à l'origine de l'avantage qu'on peut avoir sur les concurrents.

Du point de vue du contenu, donc, le changement de stratégie est celui qui modifie à la fois la perception qu'on peut avoir de l'environnement et les avantages que permettent les ressources et le savoir-faire. Nombre de facteurs, notamment l'histoire de l'organisation et sa culture, influent sur les perceptions de l'environnement ; mais pour l'essentiel ces éléments s'expriment à travers les acteurs clés en matière de développement stratégique, c'est-à-dire les dirigeants principaux. La nature du leadership est un élément crucial du changement. Dans certains cas, seul le changement de dirigeant peut-être considéré comme un changement stratégique.

Les ressources et le savoir-faire, et leur transformation, notamment leur dégradation ou leur développement, constituent un élément crucial de changement de la capacité de survie de l'organisation. Dans certains cas, ces ressources sont contrôlées par des segments importants de l'environnement institutionnel. Parfois, elles sont contrôlées par des acteurs internes. Dans les deux cas, la production et la protection de ces ressources sont un élément essentiel de la stratégie de l'organisation (Selznick, 1957). Cela nous amène à la première définition :

Définition 1

Un changement stratégique est un changement dont les manifestations peuvent être de quatre types : un changement de leadership, une modification de la perception que l'organisation a de son environnement, une modification de la nature et de la qualité des ressources dont elle dispose, et une modification des objectifs à long terme.

Le deuxième élément de l'analyse stratégique qui est important est le processus de mise en œuvre de la stratégie. Comme nous l'avons mentionné, la stratégie est actualisée par la mise en œuvre de mécanismes de gestion importants tels que la structure, les systèmes de gestion (mesure, contrôle, récompense ou punition, recrutement des personnels clés, formation, etc.), la culture ou les valeurs qui sous-tendent les relations à l'intérieur et avec l'extérieur de l'organisation. Comme l'ont suggéré de nombreux auteurs (Chandler, 1962, notamment), ces mécanismes agissent de concert. En conséquence, toute modification délibérée de l'équilibre entre ces mécanismes a tendance à faire changer le comportement des membres de l'organisation et donc la stratégie de cette dernière. D'où la deuxième définition :

Définition 2

Un changement stratégique est un changement dont les manifestations sont la modification de l'un ou l'autre des principaux mécanismes de gestion (structures, systèmes et culture ou valeurs), qui fait en sorte de rompre l'équilibre qui prévalait auparavant pour le remplacer par un équilibre nouveau.

Snow et Hambrick (1980) suggèrent qu'il est très important pour le développement de la théorie sur le changement stratégique de faire la distinction entre ajustement et changement, le premier étant peu significatif et le second plus profond. Cependant, il est évident que cette distinction est très difficile à opérationnaliser. Ainsi, dans sa synthèse de la littérature, Ginsberg (1988) affirme que les changements progressifs, les ajustements selon Snow et Hambrick, peuvent entraîner des réorientations fondamentales, ce qu'affirmait aussi Bower (1970). En conséquence, ce qui est stratégique est en fait un jugement situationnel (Mintzberg, 1987). Finalement, il est utile de ne pas négliger les aspects de la performance mentionnés à la section précédente lors de la discussion de la contribution de Ledford et autres (1989). Cela nous mène à une définition plus large :

Définition 3

On peut dire qu'un changement est stratégique lorsqu'il touche soit le contenu (objectifs, appréciation de l'environnement et nature et disponibilité des ressources et du savoir-faire), soit le processus (structure, systèmes, culture et valeurs), de manière à modifier de manière durable la performance de l'organisation, et qu'il est perçu comme une rupture par les personnes clés de l'organisation.

1.4 Les caractéristiques du C.O. d'ordre stratégique

Toujours dans le but de mieux comprendre le concept de C.O. d'ordre stratégique, nous avons analysé le contenu de la littérature spécialisée en essayant de dégager les principales dimensions qui semblaient caractériser les différents types de C.O. À cet égard, au-delà des divergences sémantiques, nous retenons les dimensions suivantes : la profondeur (*depth*) du changement, son ampleur (*pervasiveness*), la taille organisationnelle (avec ses conséquences sur la complexité organisationnelle, le stade de développement de l'organisation, son âge, la force de sa culture, son niveau de liberté stratégique, son pouvoir d'influence sur l'environnement), la rapidité avec laquelle on introduit un C.O., de même que ses principaux initiateurs : les cadres supérieurs.

1.4.1 La profondeur du C.O.

Cette première dimension peut se définir comme étant l'importance des modifications relatives aux croyances et aux valeurs des membres de l'organisation, ce qui change leur façon de comprendre cette dernière de même que les rôles qu'ils doivent y assumer. Cette dimension du changement implique bien sûr de profondes modifications d'ordre cognitif. À cet égard, Levy (1986), en parlant des changements de « deuxième ordre », propose quatre aspects associés à la profondeur du C.O.

Le premier aspect concerne les processus essentiels (*core processes*) tels que la structure organisationnelle, la gestion, les processus décisionnels et les systèmes de récompenses. Le deuxième aspect réside dans la culture organisationnelle, ce qui inclut les croyances, les valeurs, les normes, les symboles et la philosophie de gestion. La mission et la stratégie organisationnelles représentent le troisième aspect inhérent à la profondeur d'un C.O. Finalement, un quatrième aspect concerne le paradigme organisationnel, ce qui inclut les postulats de base qui façonnent les perceptions, les procédures et les comportements.

Ce dernier aspect prend ici une importance déterminante puisqu'il suppose le rejet de vieilles croyances pour de nouvelles. Ce concept de paradigme, introduit pas Kuhn (1970), a été par la suite adapté aux disciplines organisationnelles (Pfeffer, 1982). En résumé, les paradigmes présentent trois caractéristiques principales. La première concerne la matrice sociale constituée par l'ensemble des individus partageant une conception du monde et des façons de faire compatibles avec cette dernière.

La deuxième caractéristique du paradigme définit une façon de concevoir le monde, c'est-à-dire les approches cognitives et les réponses affectives de cette matrice sociale. Cela inclut les images que les membres ont de leur organisation, leurs croyances à l'égard du fonctionnement de cette dernière, de même que les valeurs relatives aux organisations et à leur mode de fonctionnement.

La troisième caractéristique du paradigme concerne la façon de faire les choses, des méthodes et des exemples qui guident les actions. Le concept de paradigme a déjà été utilisé pour décrire le C.O. À titre d'exemple, certains prétendent que le paradigme dominant dans les organisations américaines, jusqu'ici basé sur des besoins de contrôle hiérarchique et de stabilité organisationnelle, pourrait évoluer vers un nouveau paradigme fondé sur l'engagement des employés et le changement continu (Mohrman et Lawler, 1985 ; Mohrman et autres, 1986).

La profondeur du C.O. est un concept qui jette un éclairage différent sur le vieux phénomène de résistance au changement. Même si l'on met de côté les interprétations politiques de la résistance au changement, ce concept suggère que de nombreux acteurs d'une organisation résistent au changement parce que ce dernier menace leur façon de concevoir le monde, et remet en question leurs croyances, leurs valeurs, voire leur équilibre mental.

1.4.2 L'ampleur du C.O.

Une deuxième dimension du C.O., proposée par Ledford et autres (1989), traite de l'ampleur de ce dernier (*pervasiveness*). On pourrait définir cette dimension comme étant la proportion des éléments et des sous-systèmes organisationnels touchés par un C.O. Ainsi, l'ampleur du C.O. peut varier de différentes façons. Un C.O. peut se rapporter à la totalité ou à la majorité des sous-unités organisationnelles (divisions, fonctions, usines), des sous-systèmes organisationnels (récompenses, recrutement, technologie, information) ou des niveaux organisationnels.

En fait, un certain consensus permet d'établir qu'un C.O. d'ordre stratégique implique le changement de l'ensemble du système organisationnel. En effet, selon des auteurs comme Katz et Kahn (1978), un système organisationnel stable aura atteint un niveau de quasi-équilibre si les éléments et les sous-systèmes organisationnels se complètent et se renforcent mutuellement. Un C.O. qui ne toucherait que quelques sous-systèmes organisationnels s'avérerait insuffisant pour établir un nouvel équilibre susceptible de modifier le caractère de l'organisation et sa performance.

L'ampleur constitue probablement la dimension du C.O. la plus importante dans la documentation sur le développement organisationnel (D.O.). Différents auteurs y font référence lorsqu'ils utilisent des expressions telles que *multifaceted* ou *comprehensive interventions* (French et Bell, 1978), *large-scale multiple systems change* (Goodman et Kurke, 1982), ou *system-wide change*. Cette dimension du C.O. d'ordre stratégique a évidemment des conséquences importantes en ce qui concerne la gestion d'un tel changement :

- Un C.O. d'ordre stratégique prend des années à s'implanter. Il s'agit d'un processus à long terme, particulièrement lorsqu'il touche de grandes organisations complexes.
- Un C.O. d'ordre stratégique nécessite l'intervention d'une équipe multidisciplinaire. Aucun agent de changement ne peut prétendre avoir l'éventail nécessaire d'habiletés techniques, personnelles et de gestion pour conduire seul une intervention de cette envergure. Par ailleurs, on ne doit pas oublier les contacts et le pouvoir nécessaires à la réalisation d'un pareil changement. Même les auteurs ayant décrit des leaders exemplaires (*transformational*) reconnaissent que les leaders doivent recevoir du soutien pour planifier et implanter des C.O. d'ordre stratégique (Maccoby, 1989; Nadler et Tushman, 1989).

À titre d'exemple, on reconnaît que même un dirigeant de la trempe de Jack Welch chez General Electric n'a pas pu, seul, changer la stratégie et la structure de l'organisation, la technologie utilisée, le système de récompenses, les outils promotionnels, le processus de socialisation, le système de formation, etc. (Galbraith, 1989). Il a évidemment joué un rôle fondamental en instaurant et en appuyant le C.O., mais il a dû s'en remettre à des cadres et à des spécialistes, internes et externes, pour mettre en œuvre l'ensemble des changements apportés dans son organisation.

Un C.O. d'ordre stratégique nécessite de la coopération et de la coordination entre les groupes concernés. C'est ainsi que le changement survient souvent dans des unités qui étaient séparées dans l'ancienne structure organisationnelle. Les mécanismes du changement peuvent donc concerner des unités organisationnelles qui avaient historiquement une conception du monde différente, des critères d'évaluation différents ainsi que des objectifs différents. Le processus de changement exige par ailleurs la construction d'un consensus, la dissémination d'idées et de techniques, de même que la constitution d'équipes multifonctionnelles.

De la même façon, on comprendra facilement que l'étude adéquate d'un C.O. de cette envergure appelle la constitution d'équipes de recherche multidisciplinaires. Pareilles équipes semblent s'imposer tant pour comprendre l'ensemble des interventions impliquées dans ces C.O. que pour recueillir et mesurer correctement les divers indicateurs propres à ces changements. À cet égard, Ledford et autres (1989) font ressortir les limites inhérentes aux recherches réalisées par des chercheurs ou des équipes de chercheurs ayant des schèmes de référence trop limités. Ces limites conceptuelles risquent d'empêcher la réalisation de recherches intégrant les multiples variables qui constituent la complexe dynamique organisationnelle. Certains spécialistes peuvent ainsi ne pas tenir compte de variables contextuelles pouvant expliquer le succès ou l'échec de leurs interventions (Fabi, 1992).

1.4.3 La taille organisationnelle

Une troisième dimension du C.O. d'ordre stratégique réside dans la taille de l'organisation. Le raisonnement peut se résumer à ceci : plus l'organisation est grande, plus le C.O. devra être important pour modifier les caractéristiques et la performance organisationnelles. Ainsi, un changement des caractéristiques de General Motors s'avère incomparablement plus important que le changement nécessaire dans une organisation comptant une seule usine de production.

Même si la pertinence de cette dimension semble indiscutable pour comprendre le C.O. d'ordre stratégique, il en va autrement pour sa définition. On retrouve en effet, selon Kimberly (1976), différentes façons de mesurer la taille organisationnelle, la plus habituelle étant le nombre d'employés. Mais on pourrait aussi utiliser la capacité physique (par exemple, la capacité de production d'une usine ou le nombre de lits d'un hôpital), le volume des extrants (par exemple, les ventes), ou les actifs.

Quoi qu'il en soit, on réussit généralement à camper les extrémités d'un continuum relatif à la taille organisationnelle. Par exemple, on peut postuler qu'il existe des différences entre une mégacorporation multinationale comme Exxon, avec ses activités intégrées, et une PME minuscule qui vend de l'essence au détail dans une station-service. Mais à quels égards précisément Exxon est-elle différente de sa petite compétitrice ? Comment la nature du C.O. peut-elle varier dans ces deux types de systèmes organisationnels ? Nous ne pouvons qu'offrir des réponses très incomplètes à ces questions étant donné la relative stérilité de la recherche à cet égard. Dans l'état actuel de nos connaissances, il ne semble possible que de formuler quelques hypothèses relatives à l'influence de la taille organisationnelle sur la nature et la gestion du C.O.

La taille organisationnelle a une influence sur la **complexité organisationnelle**. Tout comme l'ont fait certains spécialistes en gestion stratégique (Allaire et Hafsi, 1989), on ne peut que constater l'absence de cadres conceptuels convaincants nous permettant de comprendre de manière globale et complète cette complexité et ses effets. Nous en sommes encore à une étape de description et de conceptualisation de situations complexes spécifiques. Il faudra attendre que l'accumulation de données et de cadres théoriques nous amène graduellement à un niveau de compréhension supérieur. Toutefois, Ledford et autres (1989) suggèrent que les grandes organisations diffèrent des petites à divers égards, notamment en ce qui a trait à la complexité. En effet, il existe une corrélation positive entre la taille de l'organisation et son niveau de différenciation.

Il semble donc que plusieurs organisations croissent en créant de nouveaux rôles et de nouvelles sous-unités. Il en résulte une plus grande complexité et la création de nouvelles structures pour répondre aux besoins de coordination et de communication. À cet égard, certains auteurs mentionnent la croissance du niveau de formalisation, de délégation des responsabilités ainsi que des possibles économies administratives, ces dernières pouvant toutefois être annulées par les problèmes inhérents à la complexité administrative.

Les conséquences pour le C.O. semblent assez évidentes. D'une part, la stratégie de changement doit s'avérer suffisamment complexe pour s'adapter à ce haut niveau de complexité organisationnelle. Plus l'organisation sera complexe, plus il sera difficile d'implanter un C.O. profond qui atteindra un grand nombre de sous-unités et de sous-systèmes fortement différenciés. D'autre part, on comprendra facilement que des forces d'inertie sont souvent présentes dans les grandes organisations. Cela s'explique par la prolifération de pratiques et de procédures développées en vue de faciliter la coordination et d'assurer un certain équilibre organisationnel. Or, les habitudes prises en ce qui concerne ces pratiques et ces procédures constituent souvent d'importantes sources de résistance au changement.

Dans le même ordre d'idées, on observe que la croissance de la taille organisationnelle peut être reliée à son **stade de développement**. C'est ainsi que plusieurs organisations modifient leur structure à mesure qu'elles évoluent, passant de simples structures fonctionnelles à des structures complexes comme celles que l'on retrouve dans des entreprises fortement diversifiées (*holding*) ou multidivisionnelles (Chandler, 1962).

Ces caractéristiques organisationnelles auront évidemment un effet important sur la stratégie de C.O. À titre d'exemple, une organisation diversifiée dans des secteurs d'activité fort différents aura avantage à privilégier une stratégie de changement décentralisée qui respectera l'autonomie de fonctionnement des diverses unités. À l'inverse, une stratégie de changement davantage centralisée pourrait s'avérer fructueuse auprès d'une équipe de direction responsable d'une grande entreprise ayant maintenu une structure fonctionnelle centralisée qui coordonnerait des opérations plus fortement intégrées.

L'analyse empirique révèle également que les grandes organisations ayant un certain **âge** ont souvent développé des habitudes et des procédures standardisées qui ont été renforcées par le succès dans leur environnement respectif (Hambrick et Finkelstein, 1987). Dans ces situations, un C.O. d'ordre stratégique nécessite des interventions suffisamment puissantes pour amener les membres de l'organisation à remettre en question leurs connaissances et leur mode de fonctionnement. L'implantation de changements profonds risque de s'y avérer difficile puisque les postulats sous-jacents à ces pratiques organisationnelles peuvent avoir graduellement sombré dans l'inconscient des membres de l'organisation.

De la même façon, les grandes organisations, particulièrement celles qui ont connu du succès pour des périodes prolongées, peuvent avoir progressivement développé de **fortes cultures organisationnelles** (Peters et Waterman, 1982). Étant donné que ces fortes cultures reposent sur un ensemble partagé de normes, de critères décisionnels et de modes de fonctionnement, elles risquent par le fait même d'entraver les approches innovatrices ne s'intégrant pas dans ces cultures organisationnelles.

On observe également une relation positive entre la taille organisationnelle et son **degré de liberté stratégique**, c'est-à-dire sa capacité à s'introduire dans de nouveaux marchés avec de nouveaux produits. Bien que cette liberté stratégique ne puisse jamais être totale même pour les très grandes entreprises (barrières à l'entrée, réglementations), on pourrait postuler que ces dernières auront tendance à s'ajuster aux modifications de l'environnement externe en changeant d'abord leur stratégie de marché plutôt que les caractéristiques de l'organisation elle-même. À cet effet, Ledford et autres (1989) suggèrent qu'une grande entreprise comme General Motors peut s'adapter en faisant l'acquisition de grandes organisations comme EDS et Hughes Aircraft, ces acquisitions ayant peu d'influence sur les caractéristiques fondamentales de cette multinationale. On peut donc en déduire que l'implantation de C.O. d'ordre stratégique y sera beaucoup plus difficile que dans des organisations de plus petites tailles ayant de plus faibles niveaux de liberté stratégique.

Le même raisonnement pourrait s'appliquer lorsque l'on considère la **capacité des organisations à modifier leur environnement**. En effet, selon certaines théories relatives à la dépendance à l'égard des ressources, les organisations ne se contentent pas toujours de réagir passivement à leur environnement pour assurer leur survie (Pfeffer et Salancik, 1978). On observe, au contraire, certaines actions proactives visant à gérer cet environnement : acquisitions d'entreprises ou fusions avec des compétiteurs, des fournisseurs, des clients (intégrations verticales ou horizontales), des collaborations avec des compétiteurs (*joint ventures*), et même des échanges de personnel clé entre organisations. Encore ici, il s'avère que ces possibilités s'offrent davantage aux grandes organisations ayant les ressources nécessaires (Aldrich, 1979).

Pour illustrer ce principe, on observe par exemple que les grandes organisations américaines possèdent un pouvoir politique démesuré par rapport à leur contribution au PNB américain, ce pouvoir politique reposant en grande partie sur leurs capacités financières à soutenir des activités de « lobbying » et de financement des campagnes politiques. On peut donc postuler que la taille organisationnelle tend à augmenter la capacité à modifier l'environnement externe. Par conséquent, la taille est une dimension qui risque de diminuer la tendance des organisations à apporter de profonds changements dans leurs caractéristiques organisationnelles.

1.4.4 La rapidité d'introduction du C.O.

L'analyse de la documentation spécialisée permet de dégager une quatrième dimension du C.O. d'ordre stratégique. Il s'agit de la rapidité avec laquelle on introduit ce dernier. Cette dimension est implicitement intégrée dans la typologie du C.O. proposée par Nadler et

Tushman (1986). Pour les besoins de la cause, nous nous limiterons ici à une brève description de cette typologie fréquemment retrouvée dans la documentation spécialisée en développement organisationnel.

Cette typologie repose en fait sur deux dimensions fondamentales : la première, qui est qualifiée de *scope of change*, regroupe les dimensions d'ampleur et de profondeur du C.O. telles que nous les avons présentées plus haut ; la deuxième dimension concerne la position temporelle du changement par rapport aux événements externes. C'est ici qu'intervient la dimension relative à la rapidité avec laquelle on introduit un C.O. Sur la base de ces deux dimensions (figure 1), Nadler et Tushman proposent quatre types de C.O., qu'ils étiquettent de la façon suivante : mise au point (*tuning*), adaptation, réorientation et re-création.

Figure 1.1 :
La rapidité du changement stratégique

	Envergure du changement	
Nature du changement	Incrémental	Stratégique
Proactif	mise au point (*tuning*)	réorientation
Réactif	adaptation	re-création

La première dimension du modèle, l'envergure du changement (*scope of change*) suppose une distinction entre le changement incrémental et le changement stratégique. Pour ces auteurs, le changement incrémental concerne habituellement un nombre limité de dimensions (fonctions) et de niveaux organisationnels. Ce type de changement vise à améliorer le statu quo en respectant toutefois la stratégie, la structure et la culture en place. On pourrait par exemple penser à l'introduction de cercles de qualité, à l'amélioration des services aux clients ou à la mise en place d'un système de bureautique. Quant au changement stratégique, Nadler et Tushman le décrivent comme une modification importante des modes de fonctionnement organisationnel et des interactions avec l'environnement externe. Ce type de C.O. implique plusieurs dimensions organisationnelles, incluant la structure, la culture, les systèmes de récompense et d'information ainsi que l'organisation du travail. Les changements stratégiques exigent aussi souvent des changements à différents niveaux hiérarchiques, en commençant par la haute direction.

La deuxième dimension du modèle de Nadler et Tushman (1986) concerne la position temporelle du changement par rapport aux événements externes. On oppose ici le changement proactif au changement réactif. Le changement proactif caractérise un changement qui précède et qui vise à s'ajuster à des modifications de l'environnement externe. Quant au changement réactif, il caractérise plutôt un changement qui ne constitue qu'une réponse à des événements passés. On retrouve souvent ici un caractère d'urgence qui limite le temps disponible pour procéder à l'implantation du C.O. Il s'agit souvent de situations où de grandes organisations doivent assurer leur survie en apportant des C.O. profonds et étendus en très peu de temps. Ces changements, que ces auteurs qualifient de re-création, s'avèrent souvent les plus populaires dans les médias, lesquels ont activement couvert des cas célèbres comme ceux de Chrysler, de Bank of America, de Motorola et, plus près de nous, d'Hydro-Québec, de Steinberg et de diverses papetières.

Malgré l'attrait de cette typologie du C.O., elle ne nous paraît intéressante que dans la mesure où elle nous sensibilise à une autre dimension fondamentale du C.O. d'ordre stratégique : la rapidité avec laquelle un C.O. doit être introduit selon sa position temporelle par rapport à d'importantes modifications de l'environnement externe. À cet égard, comme l'ont fait des auteurs comme Cummings et Huse (1989), on peut s'interroger sur la pertinence de procéder à des re-créations plutôt qu'à des réorientations. Ces dernières, proactives par définition, impliquent en effet des C.O. profonds et importants, mais des changements où les échéances permettent de rendre plus compétentes les ressources humaines, de faire participer davantage les employés et les cadres à la résolution de problèmes et à l'innovation, ainsi que de promouvoir la flexibilité et la communication ouverte.

Il n'en va pas toujours ainsi pour les re-créations, où les organisations apportent également de profonds C.O. mais sans avoir nécessairement le temps de développer ces capacités d'apprentissage et de viser à la fois une meilleure performance organisationnelle et une meilleure qualité de vie au travail. On pourrait penser ici à des organisations qui se voient dans l'obligation de modifier leur gamme de produits, de services et de clients, de réduire radicalement leurs effectifs ainsi que certaines activités périphériques, ou de resserrer fortement leurs contrôles financiers et de gestion.

1.4.5 Les initiateurs du C.O.

L'analyse de la documentation spécialisée nous amène à proposer une cinquième et dernière caractéristique primordiale du C.O. d'ordre stratégique. Il s'agit du rôle actif et fondamental que doivent assumer les membres de la haute direction ainsi que les cadres opérationnels dans l'implantation du C.O. Plus spécifiquement, on convient généralement que non seulement ils devraient être les principaux initiateurs du C.O. d'ordre stratégique mais qu'ils devraient également préciser la nature de ce dernier, son mode d'implantation ainsi que la répartition des responsabilités relatives à cette implantation.

Étant donné que les cadres en place peuvent ne pas avoir les habiletés, l'énergie ou l'engagement nécessaires à cette opération, on se retrouve parfois dans des situations où le recrutement externe s'impose. À cet égard, certaines études indiquent que des cadres supérieurs recrutés à l'externe ont une propension trois fois plus grande que l'équipe en place à procéder à des changements de grande envergure (Tushman et Virany, 1986).

Cette importance critique du leadership semble graduellement s'imposer dans la littérature consacrée au C.O. d'ordre stratégique. Ainsi, on pourrait mentionner l'ouvrage de Tichy et Devanna (1986), qui présente une description intéressante de ce qu'ils appellent des dirigeants transformationnels (*transformational leaders*). À titre d'exemple, ils expliquent comment des dirigeants, tels que Iacocca chez Chrysler et Welch chez General Electric, ont activement géré les dynamiques à la fois personnelles et organisationnelles inhérentes au C.O. d'ordre stratégique. Par ailleurs, certains auteurs proposent trois rôles fondamentaux que devraient assumer les dirigeants engagés dans ce processus (Tushman et autres, 1988) :

i. **Proposer une vision** (*Envisioning*)
Ce rôle implique l'articulation d'une vision claire et crédible de la nouvelle stratégie et de l'organisation nécessaire pour la soutenir. Il s'agit également d'établir de nouveaux et difficiles standards de performance, tout en attachant une certaine fierté à l'égard des accomplissements passés et de l'enthousiasme pour la nouvelle stratégie.

ii. **Énergiser** (*Energizing*)
Les cadres supérieurs doivent démontrer personnellement de l'enthousiasme à l'égard des changements proposés tout en présentant un modèle des comportements attendus. Ils doivent communiquer les exemples des premiers succès pour mobiliser l'énergie nécessaire au C.O. proposé.

iii. **Rendre capable** (*Enabling*)
Ce rôle implique l'apport des ressources exigées par l'implantation du changement. Les dirigeants doivent prévoir les récompenses nécessaires au renforcement des nouveaux comportements. Ils doivent également s'entourer d'une équipe de direction capable de gérer la nouvelle organisation et de développer des pratiques de gestion soutenant le processus de changement.

On comprendra facilement l'importance de ces rôles dans le succès de l'implantation de C.O. d'ordre stratégique. Ces observations ne viennent en fait que confirmer d'autres tendances lourdes dégagées dans la documentation empirique consacrée à des changements d'ordre incrémental tels que les cercles de qualité. On y relève en effet ce même effet déterminant du soutien et du leadership des cadres supérieurs (Fabi, 1991*a*).

1.5 CONCLUSION

Ces dernières données nous permettent peut-être de comprendre les difficultés inhérentes aux C.O. d'ordre stratégique. On est en effet en droit de se demander quelle proportion des hauts dirigeants actuels possèdent les qualités humaines et intellectuelles nécessaires pour gérer un processus aussi délicat, exigeant, complexe, imprévisible et émotivement intense. On pourrait penser que des C.O. de cette envergure sont plus fréquents que certains ne seraient portés à le croire. Des auteurs comme Miller et Friesen (1984) avancent, par exemple, que les organisations passent à travers des périodes traumatiques de modifications révolutionnaires caractérisées par une panoplie de changements. Selon eux, ces cycles semblent correspondre assez fidèlement à l'évolution des organisations.

Ce qui semble en tous cas certain, c'est que des C.O. de cette envergure peuvent menacer la survie même de l'organisation. Dans cette perspective, certaines études indiquent que les réorganisations structurelles augmentent le taux de mortalité organisationnelle (Hannan et Freeman, 1984), la même tendance s'observant dans l'industrie des médias écrits à la suite de changements de cadres supérieurs (Carroll, 1984). Il s'agit évidemment là de données peu rassurantes pour les organisations envisageant des C.O. de grande envergure. Cependant, l'observation sur la scène internationale révèle que, dans l'environnement actuel, il peut s'avérer encore plus dangereux de vouloir s'accrocher au statu quo.

{ Chapitre 2 }

Le changement stratégique selon les classiques

Le champ de la gestion stratégique est un champ de rencontres. Plusieurs disciplines ont servi à la compréhension des problèmes complexes du fonctionnement général des organisations. Les contributions contemporaines ont été apportées par des praticiens comme Barnard, alors qu'il était président du New Jersey Bell, par des sociologues comme Selznick, Crozier, Thompson et d'autres, par des politologues comme Simon, Allison ou Lindblom, par des économistes comme Cyert, par des théoriciens de la gestion comme March ou Bower et même par des philosophes comme Braybrooke.

On peut bien sûr mentionner et étudier beaucoup d'auteurs. Nous avons décidé de retenir ceux qui, sans être nécessairement les plus importants, nous semblent les plus représentatifs des courants d'idées, pertinents pour la gestion générale, qui ont secoué ce siècle. Notamment, nous avons retenu Barnard comme représentant des grands débats intellectuels qui ont suivi les expériences Hawthorne, à Western Electric, et ont mené à l'établissement de l'école des relations humaines, puis aux efforts de réconciliation du management scientifique avec le domaine des relations humaines.

Sur la lancée de Barnard, Simon a enrichi les recherches sur les organisations en proposant l'étude du processus de prise de décision comme instrument pour comprendre le comportement de ces organisations. Cet apport méthodologique s'est aussi accompagné d'autres travaux importants, qui ont abouti au développement en particulier de la « théorie du comportement de la firme » par Cyert et March et en général d'un courant intellectuel dominant, qu'on appelle aujourd'hui l'école de Carnegie de la prise de décision. La contribution de Cyert et March est cependant suffisamment grande pour mériter une considération particulière. Les travaux de Simon et de l'école de Carnegie ont inspiré beaucoup d'autres recherches d'importance.

Grâce à l'étude remarquable qu'il a faite sur l'importance des valeurs et de l'idéologie, Selznick, un sociologue, a apporté une contribution utile à la direction des organisations et à leur survie à long terme. Selznick a en particulier étudié, pour les besoins de la Rand Corporation, le fonctionnement des partis communistes d'Europe dans les années qui ont suivi la

Deuxième Guerre mondiale. Il a appelé « institution » une organisation infusée de valeurs, ce qui en fait le père de l'école institutionnaliste.

Braybrooke, un philosophe, s'est allié à Lindblom, un politologue, pour proposer une vision incrémentaliste de la prise de décision dans les systèmes gouvernementaux complexes. L'incrémentalisme disjoint est une vision qui reconnaît que dans un système complexe, l'incertitude et la non-connaissance des relations de cause à effet forcent une approche dans la prise de décision qui admet l'apport incrémental et disjoint d'un grand nombre d'individus et de groupes. Cette approche est selon les auteurs plus souhaitable qu'une approche « synoptique ».

Thompson a proposé la synthèse la plus complète du fonctionnement des organisations. En acceptant le paradoxe de l'organisation comme système à la fois ouvert et fermé, il propose une théorie du fonctionnement organisationnel qui a dominé le champ de la stratégie. Cette théorie, dite de la contingence, confirmée par les travaux de Lawrence et Lorsch (1967), est encore au cœur des développements conceptuels en stratégie.

Allison, un autre politologue, propose dans une remarquable étude de « la crise des missiles de Cuba » une analyse de la prise de décision selon trois modèles : le modèle rationnel, caractérisé par le modèle économique classique, le modèle organisationnel, qui souligne l'importance des systèmes organisationnels dans la détermination des comportements, et enfin le modèle politique, qui révèle le rôle que des acteurs importants jouent dans les choix qui sont ultimement faits.

Bower, un chercheur en politique générale d'administration, a étudié le processus de décision qui permet la répartition des ressources à l'intérieur des grandes organisations complexes. Son modèle, un peu comme celui d'Allison, est une combinaison des modèles décrits précédemment. Cependant, son modèle est une combinaison dynamique des modèles en relation avec l'action, au lieu de constituer des lunettes différentes pour observer et interpréter cette action. De ce point de vue, son apport est très convaincant. Bower a donné naissance à une école de pensée qui allie habilement le concept de stratégie traditionnel à une perspective simonienne de la prise de décision.

Crozier est quant à lui le père moderne de la théorie de la bureaucratie. Son étude de quelques organisations du secteur public l'a amené à révéler l'importance de l'acteur dans le développement et le fonctionnement des systèmes bureaucratiques. Sa théorie du pouvoir, fondée sur le contrôle des incertitudes critiques pour l'organisation, a été à l'origine de découvertes capitales dans l'étude des systèmes complexes.

Zaleznik a intégré ses intérêts en comportement organisationnel à une formation de psychanalyste pour proposer une perspective nouvelle sur le comportement dans les organisations et en particulier sur le leadership et ses effets. Ses travaux ont donné naissance à une véritable école de pensée dont l'influence est croissante.

Argyris, un spécialiste du comportement des personnes dans les organisations et un consultant recherché, a beaucoup travaillé sur la réconciliation entre les besoins des personnes et les exigences du fonctionnement organisationnel. En particulier, il a étudié le rôle du leadership dans la réalisation de cette réconciliation.

Pettigrew a été un grand chercheur dans le domaine du changement organisationnel, d'abord sous l'angle du développement organisationnel, mais surtout sous la perspective stratégique. Il est connu en particulier pour ses efforts de documentation concrète à propos du processus par lequel le changement se produit. Il propose d'ailleurs un modèle général d'étude du changement qui est basé sur le triptyque : contexte, contenu, processus.

Nous allons examiner tour à tour les travaux de ces auteurs et mettre en lumière les leçons que nous pourrions en retenir dans le cadre de l'étude du changement stratégique.

2.1 BARNARD

L'un des premiers travaux modernes sur le changement stratégique des organisations peut être attribué à un grand penseur et dirigeant d'entreprise : Barnard (1938). Barnard s'est intéressé aux « fonctions des dirigeants» (*The Functions of the Executive*) et a proposé une vision du monde organisationnel qui met en évidence les défis que présente tout changement radical.

L'organisation n'est rien d'autre qu'un système de coopération. Sans la volonté de collaborer des membres, il n'y a pas d'organisation et cette volonté est bien sûr constamment remise en cause par les événements que vit l'organisation. Le défi pour la direction d'une organisation consiste donc à assurer la coopération.

Les membres coopèrent lorsqu'ils ont le sentiment que les contributions qu'ils apportent à l'organisation sont en équilibre avec les compensations qu'ils reçoivent. Contributions et compensations sont définies de manière générale et peuvent être tangibles ou intangibles. On peut ainsi dire que le changement requiert une collaboration importante de la part des membres de l'organisation. Cette collaboration est probablement de nature différente selon l'élément ou le facteur stratégique (Côté et Miller, 1992) dont il est question.

Les éléments de culture (croyances et valeurs) et de leadership étant profondément enracinés chez les personnes, on peut naturellement juger considérable, dans un changement fondamental, le coût individuel du changement. La contribution la plus grande possible est alors exigée. Les changements de stratégie, de structure et de processus comportent aussi des contributions et des coûts importants de la part des personnes parce qu'ils supposent le réapprentissage de nouvelles façons de fonctionner. Finalement, les changements d'environnement n'agissent pas de manière directe. Ils rendent évidente la nécessité des autres changements et de ce fait aggravent ou allègent la perception du coût qui est supporté par les personnes concernées.

La compréhension de ces coûts doit, selon Barnard, amener les dirigeants à gérer au mieux la volonté de coopérer des membres de l'organisation. Cette gestion repose sur deux types d'outils : les stimulants matériels (*incentives*) et les stimulants idéologiques (persuasion). Aucune organisation n'est capable de répondre aux exigences matérielles des personnes qui la composent. Ses dirigeants se doivent donc d'abord de convaincre les membres de l'organisation que les buts qu'elle poursuit ont une valeur en soi, puis de vaincre les dernières résistances et les derniers conflits par le biais de stimulants matériels.

Il ne faut cependant pas oublier que le coût perçu (et donc réel pour les personnes concernées) est directement relié à la nature des changements envisagés. Cela veut dire que la conception des changements et la gestion de leur perception est un élément essentiel dans la résistance que les membres de l'organisation peuvent opposer au changement envisagé. Un changement ne doit être introduit que s'il est absolument nécessaire et il doit être conçu pour ne pas engendrer de perturbation trop grande chez les membres.

Pour Barnard, le changement, comme la gestion, devient surtout un processus. Le dirigeant doit en quelque sorte comprendre que le changement ne peut que rarement se faire de manière radicale. Il faut constamment gérer le processus par lequel la volonté des personnes de coopérer et de permettre à l'organisation de s'ajuster est stimulée. Dans ce processus, les éléments techniques sont les moins importants et Barnard insiste sur le fait que ce sont les aspects éthiques qui sont les plus importants :

> *The essential executive functions [...] are, first, to provide the system of communication; second, to promote the securing of essential efforts; and, third, to formulate and define purpose [...]. They are parts or aspects of a process of organisation as a whole [...]. This general executive process is not intellectual in its important aspects; it is aesthetic and moral. Thus its exercise involves the sense of fitness, of the appropriate, and that capacity which is known as responsibility — the final expression for the achievement of cooperation*[3] *[...].*

3. Les fonctions essentielles du dirigeant [...] sont, d'abord, de fournir le système de communication, ensuite de promouvoir la mise en œuvre des efforts essentiels, enfin de formuler et de définir la finalité [...]. Ils sont les parties d'un processus d'organisation global [...]. Les aspects importants de ce processus de direction ne sont pas intellectuels, mais esthétiques et moraux. En conséquence son exercice implique qu'on ait le sens de ce qui est adapté, de ce qui est approprié, et cette capacité est ce qu'on appelle la responsabilité — l'expression finale pour la réalisation de la coopération [...].

2.2 SIMON

Barnard (1938) a inspiré la plupart des grands courants intellectuels dont se réclame la gestion stratégique moderne. Le premier de ces courants est représenté par « l'école de Carnegie ». Deux grandes contributions peuvent être mentionnées. La première est celle de H. Simon (1945) : *Administrative Behavior*, pour laquelle il a reçu le prix Nobel d'économie. La seconde est celle de Cyert et March (1963) : *The Behavioral Theory of the Firm*.

Simon s'est intéressé en particulier à la prise de décision. Sa préoccupation était de déterminer comment les décisions dans l'entreprise sont prises et comment on peut en améliorer la qualité (en améliorer la rationalité, disait-il). Pour lui, tout le comportement de l'entreprise peut être compris si l'on arrive à expliquer comment chacune des décisions est prise. On peut même dire que le fonctionnement de l'organisation n'est qu'un ensemble de décisions qui sont reliées les unes aux autres dans une chaîne ou une série de chaînes fins-moyens.

Seuls, les individus ne peuvent atteindre des niveaux de rationalité très élevés. En d'autres termes, ils ne peuvent déterminer ni faire les choix les meilleurs pour réaliser leurs objectifs. Cela vient du fait que le cerveau humain a des limites qui ne lui permettent pas de prendre en considération tous les aspects, liés aux valeurs, aux connaissances et aux comportements, qui seraient pertinents. Ces limites de nature psychologique constituent l'environnement qui contraint la décision. En revanche, la rationalité des décisions des individus peut être plus grande grâce aux organisations :

> *The deliberate control of the environment of decision permits not only the integration of choice, but its socialisation as well. Social institutions may be viewed as regularization of behavior to stimulus-patterns socially imposed on them. It is in these patterns that an understanding of the meaning and function of organisation is to be found*[4].

4. Le contrôle délibéré de l'environnement de la décision permet non seulement l'intégration des choix mais aussi sa socialisation. Les institutions sociales peuvent être vues comme des régulatrices de comportement avec des relations stimulus-patterns qui leur sont socialement imposées. C'est dans ces patterns que peut être trouvée une compréhension du sens et de la fonction de l'organisation.

Toutefois, dans tous les cas la rationalité des décisions des individus reste limitée. L'action des organisations consiste justement à accroître le niveau de rationalité en exerçant une influence sur l'environnement des décisions. Lorsque cette influence est adéquate, elle permet une convergence et une coordination des efforts qui accroît la rationalité de l'ensemble.

L'art de la gestion et donc du changement est ici, comme chez Barnard, lié à la capacité d'agir sur l'environnement des décisions. Pour qu'un changement puisse prendre place, il faudra surtout travailler à modifier l'environnement des décisions et donc les prémisses (faits ou valeurs) qui vont s'imposer à elles. De manière concrète, Simon propose le cheminement suivant :

1. Établir chez l'employé lui-même les attitudes, les habitudes et l'état d'esprit qui vont l'amener à prendre la décision qui serait la plus avantageuse pour l'organisation. Cela se fait généralement en développant :
   - la loyauté organisationnelle (identification aux objectifs de l'organisation),
   - la communication (qui sert à fournir information et conseils),
   - la formation.
2. Par ailleurs, imposer à l'employé des décisions qui ont été prises ailleurs dans l'organisation et cela par :
   - l'utilisation de l'autorité,
   - l'acceptation d'un critère d'efficacité comme base de l'évaluation.

2.3 CYERT ET MARCH

En suivant les traces de Simon et en particulier sa théorie de la rationalité limitée, Cyert et March ont essayé d'extrapoler de l'individu à l'organisation. Ils voulaient à la fois proposer autre chose que les modèles des économistes, considérés comme peu représentatifs de la réalité, et élaborer un modèle qui puisse être testé.

L'organisation est alors perçue comme une coalition et son fonctionnement est intimement lié au fonctionnement de la coalition.

L'ensemble de la théorie est une description du processus par lequel l'organisation prend ses décisions. Pour cela, les objectifs de l'organisation, ses attentes et la façon dont elle fait les choix parmi les possibilités qui s'offrent à elle sont les dimensions (ou l'ensemble de variables clés) de la théorie. Le fonctionnement de la coalition, la résolution des conflits et les ajustements pour tenir compte de l'expérience viennent ensuite compléter la théorie en offrant un cadre dans lequel les variables prennent vie.

La théorie est basée sur des variables, considérées comme exhaustives, qui doivent définir trois grandes dimensions :

1. **Les objectifs de l'organisation**
   Les objectifs sont liés à :
   - la composition de la coalition organisationnelle,
   - la division du travail en matière de prise de décision,
   - la définition des problèmes auxquels fait face l'organisation.

   Par ailleurs, il faut aussi prendre en considération le niveau d'aspiration en matière d'objectif, qui est lié à trois autres variables :
   - les objectifs passés de l'organisation,
   - les performances passées de l'organisation,
   - les performances passées d'organisations similaires.

2. **Les attentes de l'organisation**
   Les attentes de l'organisation déterminent le niveau et l'intensité de la recherche permettant de comprendre les problèmes et de trouver des solutions. L'intensité et le succès de la recherche sont généralement affectés par le degré de réalisation des objectifs. Par ailleurs, la direction dans laquelle se fait la recherche est souvent liée à la nature des problèmes qui la stimulent et à la localisation dans l'organisation.

3. **Le choix organisationnel**
   D'après Cyert et March, le choix, généralement cohérent avec les objectifs, se fait en réponse à un problème (et non à une occasion), à l'aide de procédures opératoires standard.
   On combine ces variables en prenant en considération quatre

concepts relationnels fondamentaux tirés des travaux de Simon en psychologie de la connaissance. En d'autres termes, on considère que l'organisation, une coalition de personnes, se comporte un peu comme se comportent les individus eux-mêmes :

a) Il y a quasi-résolution des conflits.
On ne cherche pas à résoudre complètement les conflits. On fait plutôt appel à des règles de décision acceptables (sans rechercher nécessairement l'optimum). La rationalité dominante est locale. Ou encore, on ne cherche pas à résoudre les problèmes dans leur ensemble, on ne s'intéresse qu'à la résolution des problèmes localement. Finalement, on ne cherche pas à aborder tous les objectifs en même temps, comme le suggèrent les économistes. On prête une attention séquentielle aux objectifs, les plus urgents recevant l'attention disponible. Pour faciliter les choses, il y a aussi dans le processus de négociation (par exemple, autour des objectifs) des « paiements » indirects (*side payments*) qui sont faits à des groupes ou à des individus qui jouent un rôle critique dans la résolution des conflits.

b) Comme les individus, l'organisation cherche à éviter l'incertitude.
On met donc l'emphase sur les réactions à court terme et sur la mise en place d'un environnement négocié.

c) La recherche (de solutions) est guidée par les problèmes qui se posent.
Il n'y a pas de « surveillance permettant de tirer profit de la situation » ; on ne fait que réagir aux problèmes. En conséquence, la recherche obéit toujours à des préoccupations simples et elle est biaisée. On ne cherche pas partout ; on est attiré par ce qu'on connaît le mieux et ce qui est le plus facile à faire.

d) Il y a finalement apprentissage.
Comme les personnes, les organisations présentent une

certaine « docilité ». Elles apprennent de leurs expériences, notamment en apportant des ajustements aux objectifs, lorsqu'ils se révèlent inadéquats (trop élevés ou trop faibles). Elles savent aussi adapter les règles auxquelles on porte attention et celles que vise la recherche de solution.

Le changement, selon Cyert et March, ne peut être vraiment stratégique. Il ne peut être que marginal. Il ne sert à rien de vouloir le provoquer de manière volontariste, avec des préoccupations opportunistes. Il ne peut venir que de l'accumulation de problèmes. En d'autres termes, l'organisation ne change vraiment de manière importante que lorsqu'elle est obligée de le faire pour survivre. Attendre ou provoquer la crise devient une recette obligée. Même en situation de crise, seuls des changements qui ne bouleversent pas les choses ont des chances de succès acceptables. Un changement radical serait, d'après Cyert et March, inévitablement condamné à l'échec.

Pour susciter le changement, il faut surtout veiller à modifier les règles et procédures, les « procédures opératoires standard », et espérer que les relations de cause à effet prévues soient les bonnes et que le résultat souhaité soit obtenu.

2.4 SELZNICK

Selznick (1957) a étudié des organisations qui étaient capables de s'adapter de manière spectaculaire à des environnements agressifs. Il a étudié en particulier, pour les besoins de la Rand Corporation, les partis communistes d'Europe, puis la Tennessee Valley Authority. Il a notamment écrit un livre sur le leadership administratif : *Leadership in Administration*, qui a été une source d'inspiration pour beaucoup de praticiens.

L'idée de Selznick est que les organisations prennent un caractère particulier lorsque leurs membres partagent des valeurs. Elles deviennent alors des institutions. Le processus d'institutionnalisation (il n'a pas ici le sens rigide qu'on lui prête aujourd'hui), qui donne une personnalité à l'organisation, permet de transformer un groupe de personnes relativement neutres en un groupe de personnes engagées, déterminées à servir les intérêts de l'organisation comme si c'étaient les leurs.

Une vraie institution d'après les études de Selznick est capable de s'adapter et de survivre même à des perturbations importantes. Mais pour cela, il faut veiller à ce qu'elle demeure une institution. C'est là que le leadership intervient. Le leader s'intéresse surtout à la promotion et à la protection des valeurs qui font la personnalité de l'organisation.

Dans les décisions qui doivent être prises, il faut constamment faire la distinction entre les décisions critiques, celles qui influent sur le caractère de l'organisation et les autres. Le leader doit surtout prêter attention aux décisions critiques. En particulier, il doit veiller à :

1. la définition du rôle et de la mission de l'institution,
2. la personnification institutionnelle de la finalité,
3. la défense de l'intégrité institutionnelle,
4. la gestion des conflits internes.

Il n'est pas possible de définir la mission et le rôle de l'institution sans tenir compte de l'état du groupe ou des attentes. En particulier, il serait dangereux de viser des changements stratégiques qui ne correspondent pas aux besoins, aux inhibitions et aux compétences internes, ou qui négligent les facteurs externes qui peuvent mettre en cause la survie de l'institution.

Selznick met en garde les leaders contre ce qu'il appelle « une orientation prématurée ou excessive vers la technologie » :

> *This posture is marked by a concentration on ways and means. The ends of action are taken for granted, viewed as essentially unproblematic « givens » in organization-building and decision-making.*
>
> *The retreat to technology occurs whenever a group evades its real commitments by paring its responsibilities, withdrawing behind a cover of technological isolation from situations that generate anxiety.*

> *This withdrawal from institutional responsibility finds comfort in a positivist theory of administration. A radical separation of fact and value — too often identified with the logical distinction between fact statements and preference statements — encourage the divorce of means and ends*[5].

La réalisation des buts suppose des décisions critiques notamment pour : (1) la sélection d'une base sociale ou encore la clientèle qu'on veut servir, (2) la construction du noyau institutionnel et (3) le degré de formalisation. En particulier, les décisions stratégiques sont prises en fonction de la structure sociale de l'organisation, telle qu'elle est définie par les attributions de rôles et de responsabilités, la nature des groupes d'intérêts, la stratification sociale, les croyances, le niveau de participation et de dépendance des membres et des élites.

Le maintien de l'intégrité des valeurs de l'institution dépend de manière significative de l'autonomie des élites, c'est-à-dire de leur capacité à développer et à maintenir une identité distincte. Cette autonomie est d'autant plus importante que l'on a affaire à des valeurs précaires. L'autonomie des élites est étroitement liée (1) au caractère sélectif du recrutement, (2) à une formation spécialisée et ultimement (3) au rejet des préoccupations terre-à-terre (*withdrawal from everyday pursuits of mankind*).

Les idées de Selznick complètent ainsi celles de Simon (1945). En effet, pour lui il est important d'aller au-delà de « l'ingénierie humaine » et des préoccupations d'efficacité étroite, si l'on veut construire quelque chose qui va durer. Le changement ne doit donc en aucun cas privilégier ce qui est expéditif au détriment de ce qui est durable. Un changement demandera de porter une attention particulière aux valeurs nouvelles qui doivent être infusées dans l'organisation et aux groupes qui devront les adopter. Une attention particulière doit aussi être prêtée

5. Cette posture est marquée par une focalisation sur les voies et moyens. Les finalités sont tenues pour acquises, vues essentiellement comme des « données » placides dans la prise de décision et la construction organisationnelle.
La retraite vers la technologie se produit lorsqu'un groupe évite ses engagements réels et ses responsabilités, se retirant derrière une couverture d'isolement technologique pour ne pas affronter des situations qui font naître de l'anxiété. Ce retrait des responsabilités institutionnelles est conforté par une théorie de l'administration positiviste. Une séparation radicale des faits et des valeurs — trop souvent identifiée à la distinction logique entre les faits et les préférences — encourage le divorce entre les moyens et les fins.

aux valeurs existantes et aux problèmes que leur abandon engendrerait. Il est de ce fait possible qu'un changement stratégique qui implique un changement de valeurs pour les élites concernées (voir le cas Hydro-Québec dans Hafsi et Demers, 1989) requière un changement des élites elles-mêmes.

2.5 BRAYBROOKE ET LINDBLOM

Braybrooke et Lindblom (1963) se sont principalement intéressés à expliquer la nature des processus de décision et de changement lorsqu'ils sont très complexes et que le niveau de compréhension des problèmes est très faible. Cela est une caractéristique, par exemple, des problèmes de politique nationale (qui intéressent les auteurs). Dans ces cas-là, à moins d'aventurisme dangereux que ne justifient que les situations révolutionnaires, les guerres, les crises ou grandes occasions, le changement le plus approprié est ce que ces auteurs appellent l'incrémentalisme disjoint (*disjointed incrementalism*).

Pour conduire des changements majeurs, il est illusoire et à la limite naïf de vouloir adopter la méthode synoptique ou radicale. La seule chance de succès réside dans la capacité à garder l'objectif en tête et à accepter une progression constante même si parfois elle est lente. Il faut considérer que dans un système complexe les décisions stratégiques s'appuient sur des données qui émergent partout dans le système, ce qui donne cet aspect disjoint à l'ensemble du processus. Bien entendu, une pareille « stratégie de décision » exige beaucoup de temps en consultation et en négociation :

> *It is true that requiring small steps, the strategy demands extra time for consultation and negociation. It is sensible to suppose that so far as the strategy is exploratory and experimental, some time will be required between each two steps to inspect the results of the latest move*[6].

6. Il est vrai qu'exigeant des petits pas, la stratégie nécessite plus de temps pour la consultation et la négociation. Il est raisonnable de penser que tant que la stratégie est exploratoire et expérimentale, du temps sera requis pour examiner les résultats de chaque pas.

On pourrait penser que ce genre de stratégie de changement est une stratégie conservatrice et un peu timide :

> *Let us not conclude from this that the strategy is conservative. Whether allowing for time in this way means moving so slowly that only conservatives will keep their patience depends on the accustomed rate of change in the particular society considered. In a society suddenly launched on the path of change, after centuries of somnolence, it might not prevent things from moving with alarming rapidity. Even in a society like that of the United States which is used to change, to allow no more than is required to evaluate the last step before moving to the next may well mean moving much faster than the accustomed rate of change*[7].

La théorie de l'incrémentalisme disjoint est tout à fait intéressante lorsqu'on a affaire à des organisations très complexes, mais elle pourrait ne pas être la plus appropriée lorsque le niveau de complexité est plus faible, comme celui d'une petite ou moyenne entreprise.

2.6 THOMPSON

> *Most of our beliefs about complex organizations follow from one or the other of two distinct strategies. The closed-system strategy seeks certainty by incorporating only those variables positively associated with goal achievement and subjecting them to a monolithic control network.*
>
> *The open-system strategy shifts attention from goal achievement to survival, and incorporates uncertainty by recognizing organizational interdependence with environment. A newer tradition enables us to conceive of the organization as an open*

7. Ne concluons pas que la stratégie est conservatrice. Prendre le temps de cette manière signifie se déplacer lentement, de sorte que seuls les conservateurs peuvent le supporter, ou vite, selon la nature de la société considérée et du rythme de changement auquel elle est habituée. Dans une société lancée soudain sur une voie de changement après des siècles de somnolence, elle n'empêchera pas les choses de se mouvoir avec une rapidité alarmante. Même dans une société comme les États-Unis qui est habituée au changement, ne pas permettre plus que ce qui est requis pour évaluer le dernier pas avant d'aller vers le suivant peut signifier se déplacer bien plus vite que ce à quoi on est habitué.

> *system, indeterminate and faced with uncertainty, but subject to criteria of rationality and hence needing certainty*[8] (p. 13).

C'est ainsi que Thompson introduit sa formidable contribution à la compréhension du fonctionnement des organisations. Ce conflit entre le besoin de certitude du fonctionnement interne et la réalité incertaine de l'environnement est au cœur de la problématique du fonctionnement des organisations. La rationalité traditionnelle est celle qui requiert une fermeture du système, mais comme cette fermeture n'est pas possible, les organisations travaillent à protéger leur noyau technologique des influences qui viennent de l'environnement. Cet effort de protection est fonction du type de technologie qui caractérise l'organisation. Thompson suggère notamment trois types de technologie : une technologie de relation en chaîne (*long-linked*) utilisée par les organisations qui ont besoin de traitement séquentiel pour fabriquer leur produit; une technologie de médiation (*mediating*) pour les organisations qui servent d'intermédiaires entre deux besoins, comme c'est le cas des banques; et une technologie intensive, dans laquelle les relations de cause à effet sont imbriquées avec nécessité de feedback, comme c'est le cas dans les installations à haut contenu technologique de l'industrie chimique. En règle générale, il y a alors protection directe et isolement du noyau; toutefois, dans certains cas, il arrive qu'il y ait anticipation des variations de l'environnement et de l'adaptation à celles-ci par lissage, et, ultimement, par rationnement.

La protection du noyau pose immédiatement la question de la conception même de l'organisation. Les questions importantes sont celles qui consistent à réduire la dépendance de l'organisation par rapport à son environnement. Il est alors évident que les efforts vont tendre à faire accroître le pouvoir qu'on peut avoir sur « l'environnement-tâche » (celui pertinent pour les activités de l'organisation), et à faire réduire la dépendance qu'on a à l'égard des éléments de cet environnement. Ces

8. La plupart de nos croyances à propos des organisations sont dominées par l'une ou l'autre de deux stratégies. La stratégie des systèmes fermés recherche la certitude en n'incorporant que les variables qui sont associées positivement avec la réalisation des buts et en les soumettant à un réseau de contrôle monolithique.
La stratégie des systèmes ouverts attire l'attention vers la survie plutôt que vers la réalisation des objectifs et incorpore l'incertitude en reconnaissant l'interdépendence entre l'organisation et son environnement. Une nouvelle tradition nous permet de concevoir l'organisation comme un système ouvert, indéterminé et soumis à l'incertitude, mais sujet à des critères de rationalité et donc ayant besoin de certitude.

efforts mènent à une définition plus ou moins large du domaine d'activité. En général, les organisations vont avoir tendance à croître de façon, d'une part, à réduire l'importance des contingences qui sont considérées comme cruciales et, d'autre part, à utiliser pleinement leurs composantes de base.

La définition du domaine d'activité, l'essence même de l'organisation, est soutenue par celle de la structure. En règle générale, pour le noyau, la technologie amène une division des tâches et des interdépendances différentes qui requièrent des modes de coordination adaptés. Ainsi, l'interdépendance généralisée est coordonnée par la standardisation, l'interdépendance séquentielle est coordonnée par la planification et l'interdépendance réciproque est coordonnée par l'ajustement mutuel. Les regroupements sont alors faits de façon à minimiser les coûts de coordination. Pour les unités « de périphérie », de relations avec l'environnement (*boundary-spanning components*), la structure doit permettre de faire face (pour le service ou la surveillance) à l'environnement et par conséquent à son degré de stabilité et à son degré d'homogénéité. Les unités de noyau ou de périphérie peuvent être autonomes ou interdépendantes, ce qui implique des regroupements adaptés.

Toutes les activités de l'organisation et son évaluation sont touchées par ces éléments de construction. La relation à l'environnement domine la vie des organisations. Par exemple, si l'on pense à l'évaluation, les tests utilisés peuvent être des tests d'efficience, préférés par les organisations soucieuses des normes de rationalité. Lorsque les tests d'efficience ne sont pas possibles, les organisations tentent de bien paraître sur des tests instrumentaux (réalisation d'objectifs) ou des tests sociaux (en référence à des évaluations restreintes par des groupes spécifiques ou par comparaison avec des organisations similaires).

Cette imposante construction est complète lorsqu'on introduit « la variable humaine » et les questions de direction. La variable humaine est toutefois déterminante et difficile à cerner. Thompson adopte alors la théorie de l'échange de Barnard pour gérer les relations et le contrat entre les personnes et l'organisation.

La direction des organisations est éprouvante pour ceux qui en sont responsables. L'utilisation du jugement est difficile et requiert souvent l'intervention d'un grand nombre de personnes :

> *Although the pyramid headed by an all-powerful individual has been a symbol of organizations, such omnipotence is possible only in simple situations where perfected technologies and bland task environments make computational decision processes feasible. Where technology is incomplete or the task environment heterogeneous, the judgmental decision strategy is required and control is vested in a dominant coalition*[9] (p. 143).

Les organisations complexes sont toujours dirigées par des coalitions, bien que le fonctionnement d'une coalition soit facilité par l'émergence d'un cercle restreint de direction. Lorsque le pouvoir est dispersé, le dirigeant principal prend alors une importance particulière s'il est capable de gérer la coalition.

Toute cette construction aboutit finalement au grand défi de la gestion des organisations complexes :

> *The basic function of administration appears to be co-alignment not merely of people (in coalitions) but of institutionalized action — of technology and task environment into a viable domain, and of organizational design and structure appropriate to it. Administration when it works well keeps the organization at the nexus of the several necessary streams of action. Paradoxically, the administrative process must reduce uncertainty, but at the same time search for flexibility*[10] (p. 157-158).

9. Bien que la pyramide surmontée d'un individu tout-puissant a été un symbole des organisations, un tel pouvoir n'est possible que dans des situations simples où des technologies parfaites et des environnements placides permettent des processus de décision dominés par le calcul. Lorsque la technologie est incomplète ou l'environnement-tâche hétérogène, la stratégie de décision par jugement est requise et le contrôle est assuré par une coalition dominante.
10. La fonction de base de l'administration semble être le co-alignement non seulement des personnes (en coalitions) mais de l'action institutionnelle — de la technologie et de l'environnement-tâche en un domaine viable, et des conceptions et structures organisationnelles qui leur sont appropriées. L'administration lorsqu'elle fonctionne bien maintient l'organisation au centre de plusieurs courants d'action nécessaires. Paradoxalement, le processus administratif doit en même temps réduire l'incertitude et rechercher la flexibilité.

La synthèse de Thompson nous exhorte à l'étude. En effet, il n'est pas sûr que nous ayons actuellement ou plus tard le niveau de connaissances pour utiliser et contrôler les organisations, surtout lorsqu'elles sont très complexes, hétérogènes et turbulentes.

Pour les besoins du changement en situation de complexité, il est essentiel de comprendre la logique du fonctionnement des organisations si l'on veut exercer une influence sur ces dernières et les amener à se transformer. En particulier, il faut retenir que technologie et environnement sont les facteurs clés. Leur influence est déterminante. La technologie est pour l'essentiel une décision de management, tandis que l'environnement est une constatation que la surveillance systématique permet d'apprécier. La technologie oblige à une certaine rigidité, génératrice de certitude, pour fonctionner, mais l'environnement ne cesse d'engendrer des incertitudes. Pour faciliter le mécanisme d'adaptation, Thompson propose un ensemble de règles dont la puissance descriptive est impressionnante.

2.7 ALLISON

Allison, un politologue, s'était familiarisé avec les travaux que nous avons déjà mentionnés. Il reconnaissait les travaux de l'école de Carnegie mais il savait aussi que, dans le fonctionnement du gouvernement américain, il y avait des aspects, notamment politiques, que Simon avait sous-estimés et qui pouvaient prendre une importance considérable.

Allison entreprit une grande recherche pour expliquer comment les décisions avaient été prises dans la fameuse crise des missiles de Cuba. Le gouvernement américain devait à l'époque réagir à des renseignements qui indiquaient que l'URSS avait commencé à installer des missiles nucléaires à Cuba. Le secrétaire général du Parti communiste soviétique, le poste le plus important à l'époque en URSS, était Khroutchev et le président américain était J. F. Kennedy.

Les décisions qui devaient être prises ne pouvaient être plus importantes pour les États-Unis. Une erreur pouvait facilement entraîner une guerre nucléaire. Pourtant, Allison découvre, à sa grande surprise, que si le monde a échappé à une guerre nucléaire, ce n'est que par chance. En effet, on se serait attendu dans le cas d'une décision aussi importante que tout soit mis en œuvre pour que rien ne vienne interférer avec la conception et la mise en application des décisions à prendre (une vue rationnelle).

Allison se rend compte que d'autres aspects, notamment d'ordre organisationnel et politique (interpersonnel), interviennent de manière cruciale. Lorsque le président des États-Unis demandait de l'information aux grandes bureaucraties du ministère de la Défense et des services de renseignements américains, les réponses étaient en fait le produit du fonctionnement de ces bureaucraties. Personne ne songeait que, la situation étant exceptionnelle, les routines habituelles des organisations devaient être « by-passées ». En conséquence, les renseignements étaient souvent incorrects parce que vus à travers les lunettes des routines et des ajustements que la bureaucratie imposait habituellement. Allison indique que la même chose s'est produite du côté soviétique.

De la même manière, les interactions des acteurs principaux qui entouraient le président et le secrétaire général ont joué un rôle essentiel. Des solutions ont souvent été écartées parce qu'elles ne correspondaient pas aux valeurs de l'un ou l'autre des conseillers. Robert Kennedy, le frère du président, a par exemple tout fait pour qu'aucune action radicale ne soit entreprise. Il ne voulait pas que son frère passe à l'histoire pour avoir provoqué un drame monstrueux.

Allison définit la prise de décision dans les situations de grande complexité comme étant le résultat de l'interaction de logiques différentes qui s'expliquent grâce à trois modèles : rationnel, organisationnel, politique. Pour agir sur une organisation en situation de complexité, il ne faut pas croire qu'il suffit de bien concevoir ce qu'on cherche à réaliser. Encore faut-il prendre en considération les éléments qui interviennent de manière décisive dans la mise en œuvre, comme les préférences des acteurs principaux et leurs interactions, ainsi que le fonctionnement des appareils en place.

Ces trois logiques sont clairement présentes dans toutes les situations de complexité, mais leur façon d'interagir n'est pas claire dans les travaux d'Allison. Pour cette raison, le travail de Bower est très utile.

2.8 BOWER

Travaillant en parallèle avec Allison (1971), mais sur des entreprises plutôt que sur les gouvernements, Bower (1970) vient clarifier le fonctionnement d'une organisation réelle et non plus seulement théorique comme l'avaient fait Cyert et March. Bower ne s'est intéressé qu'aux organisations dont le niveau de complexité était comparable à celui des gouvernements, étudiés par Allison.

Ce chercheur a quelque peu réconcilié les tendances étudiées par Selznick (1957) et celles que Simon (1945) et Cyert et March (1963) avaient mises de l'avant. Il a décrit le processus par lequel les décisions importantes sont prises quotidiennement dans les grandes entreprises. La prise de décision comprend trois étapes : (1) la définition, de nature technico-économique ; (2) l'impulsion, qui est le processus par lequel un projet ou une idée reçoivent un soutien suffisant pour être soumis à l'approbation des dirigeants au sommet ; ce processus est dominé par les relations interpersonnelles et il est essentiellement politique ; (3) la gestion du contexte, qui est un processus invisible mais essentiel ; elle permet de créer, comme le suggérait Simon, un contexte qui exerce une influence sur la décision. Le contexte comprend à la fois les éléments de structure, le choix des personnes, les valeurs (au sens de Selznick) et la finalité.

Dans le processus de décision interviennent différentes couches de dirigeants. Notamment, il y a ceux qui agissent au niveau de l'introduction des décisions, ceux qui interviennent au niveau institutionnel et ceux qui sont au niveau intermédiaire d'intégration. Les trois niveaux participent aux différents processus de la prise de décision, définition, impulsion et gestion du contexte, même si leurs rôles sont plus importants pour certains aspects que pour d'autres. Ainsi, le niveau d'introduction jouera un rôle critique dans la définition, le niveau d'intégration, un rôle décisif dans l'impulsion et le niveau institutionnel, un rôle critique dans la gestion du contexte.

C'est dans la gestion du contexte que les dirigeants institutionnels jouent le rôle que mentionne Selznick, mais ils doivent prendre en considération le fait que le comportement organisationnel sur lequel ils doivent agir est celui qui est décrit par Simon et précisé par Cyert et March. Le rôle des dirigeants intermédiaires a été décrit par Braybrooke et Lindblom (1963). Il est de nature politique et cherche constamment à réconcilier les exigences du sommet avec les besoins de la « base ». La base, c'est-à-dire les dirigeants qui agissent au niveau du marché et de la technologie, a des préoccupations de nature stratégique qui sont décrites dans la littérature traditionnelle du domaine de la stratégie (Andrews, 1987). C'est en effet sur ce plan que la recherche du positionnement concurrentiel le plus favorable, compte tenu des ressources disponibles ou accessibles, est dominante.

C'est ainsi que les trois modèles d'Allison apparaissent dans le fonctionnement normal d'une grande entreprise. La logique du niveau institutionnel est une logique organisationnelle : c'est la logique dominante. La logique du niveau de direction opérationnelle est une logique stratégique (ou rationnelle) de positionnement dans un marché face à des concurrents. Finalement, entre ces deux logiques, il y a une réconciliation au niveau intermédiaire, qui est alors un niveau où domine la logique interpersonnelle ou politique.

Les résultats de Bower, qui ont été confirmés par toute une série de recherches ultérieures (Ackerman, 1971 ; Zysman, 1973 ; Gilmour, 1973 ; Schartz, 1973 ; Hamermesh, 1976 ; Doz, 1978 ; Prahalad, 1975 ; Hafsi, 1981), montrent que le changement doit tenir compte d'une spécialisation verticale du processus de décision dans les grandes organisations. En particulier, les dirigeants au sommet ne peuvent généralement pas intervenir directement dans les choix stratégiques de l'organisation. Ils ne peuvent qu'approuver ou désapprouver les propositions qui leur sont faites par des dirigeants intermédiaires, sur la base des performances précédentes de ces derniers (leurs « moyennes au bâton »). Ils peuvent cependant agir pour modifier et ajuster l'environnement de la prise de décision d'une part en changeant le cadre structurel et d'autre part en choisissant les personnes jouant les rôles d'introduction et d'intégration. Finalement, ils peuvent aussi veiller, comme le suggérait Selznick, à la clarté des valeurs et de la finalité de l'organisation.

Ainsi, logiquement, le changement stratégique ne peut être que provoqué et non décrété. Les dirigeants institutionnels vont chercher à susciter les bonnes attitudes et les motivations chez les dirigeants au niveau d'introduction grâce à l'aide des dirigeants intermédiaires. On verra les dirigeants supérieurs attirer l'attention des dirigeants à la base sur des changements majeurs qui se produisent dans l'environnement en suggérant à ces derniers les attitudes nécessaires. Jack Welch, de General Electric, nous a récemment donné un bel exemple de ce qui peut être fait dans une organisation aussi complexe (HBR, 1989).

En un sens, Bower donne raison à Cyert et March, mais à l'inverse de ceux-ci il n'exclut pas la possibilité d'une intervention volontariste faite par le biais des valeurs et de la clarification de la finalité. Cette intervention volontariste ne peut cependant avoir lieu sans l'aide des dirigeants intermédiaires.

Dans les entreprises à haut niveau de complexité, trois facteurs interviennent de manière essentielle pour provoquer ou stimuler le changement. D'abord, la structure ou le contexte structurel influe de manière directe sur les comportements des responsables clés. Le niveau institutionnel doit comprendre pertinemment les relations qui existent entre les modifications du contexte structurel et le comportement des personnes concernées.

Par ailleurs, le niveau institutionnel a besoin d'être simplifié pour pouvoir agir; c'est pour cela que les dirigeants de ce milieu ont un rôle décisif. Ils jouent le rôle de la direction générale dans leurs domaines respectifs. D'où le caractère critique du choix de ces responsables. Finalement, comme l'action doit être guidée, il faut concevoir et communiquer un grand objectif ou la direction choisie. Cela peut prendre la forme d'une vision ou d'une mission ou d'autres formes d'expression.

Dans le changement, le rôle de la haute direction est de nature essentiellement organisationnelle et stratégique : concevoir la direction à suivre, choisir les personnes et concevoir le contexte structurel pour aller dans la direction choisie.

2.9 CROZIER

Le français Michel Crozier est l'un des plus grands sociologues des organisations. Sa théorie de la bureaucratie (1963) est encore considérée comme l'une des contributions les plus importantes, depuis celle de Weber, pour la compréhension des organisations complexes.

En travaillant sur la fonction publique française, Crozier a élaboré un modèle fondé sur une définition claire du concept de pouvoir et sur les fondements du comportement des personnes. D'après cet auteur, les personnes ont deux préoccupations principales :

- La sauvegarde d'une certaine indépendance, ou liberté de mouvement, face aux autres;
- La recherche d'un minimum de sécurité personnelle.

Dans le fonctionnement des organisations, cela engendre :

i. des règles impersonnelles, pour ne pas brimer les préoccupations mentionnées;
ii. une intolérance aux relations en face à face et une résistance à la coopération de groupe, ce qui favorise et explique l'existence des structures strictement hiérarchiques de la fonction publique française. En fait, des strates se constituent et sont isolées les unes des autres :
    — elles ont des règles égalitaires pour réglementer les relations entre personnes à l'intérieur d'une même strate,
    — elles rejettent toute velléité de leadership personnel aux différents niveaux hiérarchiques.

La bureaucratie qui en résulte est conforme à la théorie de Weber, une véritable machine, dans laquelle chacun est un rouage anonyme. Cependant, cette situation est aussi le résultat des tendances naturelles dans le comportement des personnes. Chacun se sent en sécurité dans un système comme celui-là et travaille à le protéger. Cohen (1968) en a fourni une magnifique description dans son livre sur les fonctionnaires de la Société des nations : *Belle du seigneur*.

Un certain nombre de caractéristiques permettent de préciser la nature de ce système. D'abord, le pouvoir est l'expression du niveau de discrétion et d'autonomie dont dispose la personne concernée. Ainsi, une personne a du pouvoir sur les autres lorsqu'elle contrôle les incertitudes cruciales qui les touchent. En retour, les autres ont du pouvoir sur elle, lorsqu'elles ont un contrôle sur ses propres incertitudes. En d'autres termes, le pouvoir est le caractère d'une relation. Il n'y a pas de pouvoir sans relation. La relation de pouvoir a toujours un but ; elle est réciproque, non transitive et déséquilibrée. Elle se modifie constamment lorsque les personnes essaient de réduire leur dépendance à l'égard des autres et d'accroître la dépendance des autres vis-à-vis d'elles-mêmes.

Le leader n'est rien d'autre qu'une sorte de législateur, ou peut-être même un juge, qui dispose d'une loi claire et précise et qui est capable de porter des jugements factuels. Rien ne peut être laissé à l'initiative. Tout, dans la mesure du possible, doit être clairement spécifié. Les changements sont impossibles sans des interventions extérieures. Il faut qu'il y ait crise pour que le changement puisse être instauré. Dans ce cas, le leader peut avoir temporairement un peu plus d'influence que d'ordinaire. Dans tous les cas, il y toujours décalage entre les besoins de changement et les possibilités de changement. Une bureaucratie à la Crozier est une bureaucratie qui est toujours en décalage ou en déséquilibre par rapport aux exigences de l'environnement.

Le fonctionnement de l'organisation est ainsi un fonctionnement mécanique où chaque strate essaie d'agir de manière aussi autonome que possible. Les objectifs de l'organisation sont élaborés au sommet seulement et communiqués aux différentes strates pour être mis en application. Cependant, pour que ces objectifs ne constituent pas des incertitudes cruciales, on admet un certain niveau d'interprétation (ou de déplacement des cibles) qui est facilité et exacerbé par l'absence de communication entre les strates.

La bureaucratie de Crozier se renforce et continue à se centraliser grâce à un système de cercles vicieux dont les éléments sont les suivants :

a) Étendue du développement de règles impersonnelles;
b) Centralisation des décisions;
c) Isolement des strates et, en même temps, pression à la soumission sur les individus par les groupes;
d) Développement de relations de pouvoir parallèles autour des zones d'incertitudes.

Avec ces éléments, la seule arme dont on dispose pour prendre les décisions est de préciser les règles et de centraliser davantage.

Crozier, probablement par préférence, fait paraître effroyable la bureaucratie à la française, mais ses données indiquent qu'elle est très fonctionnelle. Elle répond à des besoins humains très précis et le seul moyen de faire autrement est d'abord de comprendre les mécanismes qui animent ce genre de fonctionnement puis d'agir en en tenant compte. Ce n'est qu'en répondant aux besoins principaux des personnes et en se rendant compte de la nature, politique (de pouvoir), des relations qu'elles entretiennent qu'on peut espérer trouver les formules les plus efficaces pour changer l'organisation.

On pourrait presque affirmer que les recommandations de Crozier, généralement radicales et orientées vers la destruction de cette bureaucratie et la libération des énergies à la base, se rapportent plus à l'horreur qu'il a de ce qui lui semble effroyablement contraignant qu'au fonctionnement véritable de la bureaucratie et à sa capacité à s'adapter. En effet, la bureaucratie française existe depuis plus de six siècles, disons depuis Louis XI, et la France démontre une capacité historique d'innovation et d'adaptation stupéfiante, ce qui indique que ce n'est pas tant l'apparente rigidité mais plutôt la réelle flexibilité qui fait le vrai fonctionnement de l'organisation que décrit Crozier. Cela nous incite à nous méfier des formes et de l'apparence pour mieux comprendre, au fond comme le fait Crozier, la substance du fonctionnement d'une organisation.

2.10 ZALEZNIK

Zaleznik a combiné la psychanalyse à la théorie des comportements dans l'organisation. Il suggère, à la suite de Freud, que les comportements dans l'organisation sont mus par des pulsions profondes d'amour et de rage, et que les personnes vivent selon des images internes qui leur viennent de leur enfance.

L'organisation crée souvent des conditions qui justement réveillent ou révèlent ces pulsions. Ainsi, le modèle de travail habituel est un modèle stable en trois stades :

1. Développement de tension
2. Action
3. Relâchement de la tension

Cependant, le fonctionnement de ce modèle est perturbé par la nature particulière du fonctionnement organisationnel. Ainsi :

a) Il y a toujours un certain décalage temporel entre l'action et les résultats ;
b) Les feed-back sont souvent indirects ;
c) Le contrôle est diffus ;
d) Il y a interdépendance entre les personnes ;
e) Il y a constamment possibilité d'obsolescence technique et de vieillissement des rôles.

De ce fait, les organisations accentuent les déséquilibres des personnes et les amènent à revivre les tensions qu'elles portent en elles. Ces tensions sont réglées au mieux lorsque les personnes sont capables de vivre convenablement les expériences de rivalité, de trouver un équilibre entre indépendance et dépendance, gratification et déception (donner et recevoir, contrôler et être contrôlé, rivaliser et coopérer, produire et faciliter).

Parmi les manifestations des conflits internes, on peut reconnaître :

i. L'anxiété de statut. « L'amour fuit l'autorité », dit le dicton et c'est ce que vivent les personnes. On a peur de perdre le statut qu'on a, de ne pas suffisamment le mériter. On a peur des représailles lorsqu'on agit sur les autres, etc.
ii. L'anxiété de compétition. La peur de l'échec facilite l'anonymat dont parlait Crozier. Il y a aussi la peur du succès, une sorte de complexe de Macbeth, qui terrorise et peut paralyser les personnes en position d'autorité.

De même, les situations de subordination sont propices à l'émergence des conflits. En effet, cette situation recrée des situations que chacun d'entre nous a vécues plus ou moins bien, notamment les relations avec les figures d'autorité de l'enfance que sont les parents. Trois types de conflits semblent réapparaître alors :

i. Le conflit de subordination, qui est généralement fort au moment de l'adolescence ;
ii. Le conflit d'intimité (protection de sa personnalité et de ses secrets) ;
iii. Le conflit d'initiative, mieux connu sous le nom de complexe d'Œdipe.

Ces conflits affectent la personnalité d'une manière qui est reconnaissable. On aboutit, comme l'indique la figure 2, à quatre tendances comportementales :

- Une tendance impulsive
- Une tendance compulsive
- Une tendance masochiste
- Une tendance au retrait

Figure 2.1 :
Modèles de subordination

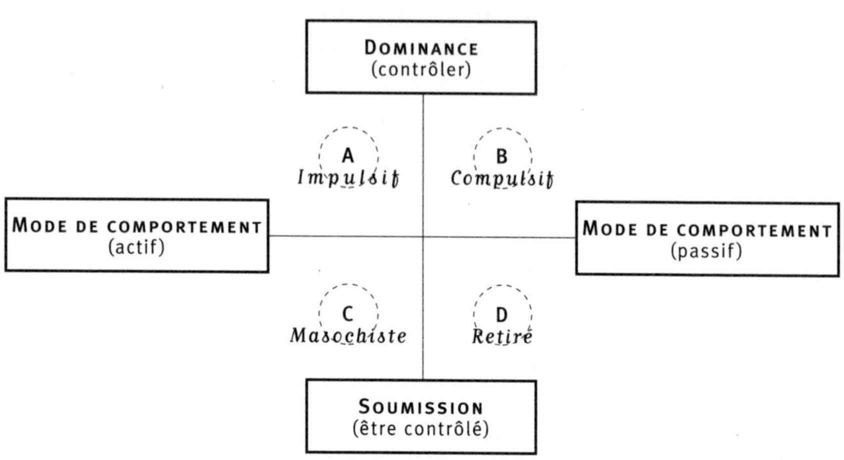

Zaleznik indique que les personnes portent en elles toutes ces tendances et que la dominance de l'une ou l'autre correspond aux troubles de personnalité qu'on considère comme pathologiques.

La rivalité réveille la peur du traitement de faveur que des frères et sœurs ont pu vivre tôt dans leur vie. La rivalité entre jeunes enfants favorise l'attention à l'égalité des traitements et l'inquiétude du traitement de faveur. Ainsi lorsqu'une personne a l'impression d'être bien traitée, elle peut aussi se sentir vulnérable. En effet, on craint toujours que la famille exclue ceux qui violent les règles de conduite fondamentales, d'où tour à tour des sentiments d'anxiété et de remords, voire d'indignité. Cette tension, entre le désir d'être différent (qui pousse à la concurrence) et le désir d'être semblable, caractérise le comportement des personnes depuis leur jeune âge et se reproduit aussi dans le fonctionnement de l'organisation.

Ces éléments se retrouvent en effet souvent dans la vie des organisations. En particulier, ils se manifestent lorsqu'il y a discontinuité des rôles, par exemple pour des personnes qui se trouvent entre deux fonctions (gestionnaires intermédiaires) ou entre l'organisation et son environnement (acheteurs, vendeurs). On les relève aussi chez toutes les personnes en position d'autorité.

Le changement, surtout lorsqu'il est important, est propice à l'apparition de déséquilibres et de conflits qui viennent des tensions que vivent les personnes. Pour le mener à bien, il faut en être conscient et fournir des conditions que la personne peut reconnaître et gérer sans drame personnel. Le talent interpersonnel des dirigeants est alors critique, puisqu'il permet de faire l'éducation des personnes concernées et d'agir au mieux pour les aider à vivre convenablement les changements envisagés.

2.11 ARGYRIS

Argyris a toujours été préoccupé par l'intégration des besoins de l'individu et ceux de l'organisation ainsi que par le rôle que le leadership peut jouer pour réaliser cette intégration. Il est considéré comme un précurseur dans l'approfondissement des caractéristiques psychologiques qui concernent le travail. Récemment, il a attiré l'attention sur une caractéristique de l'apprentissage qui a fait écho. Il a mentionné qu'il y a deux niveaux d'apprentissage, le premier dit *single loop* est l'apprentissage direct habituel, dans un cadre déjà bien balisé, qui facilite la familiarisation progressive. Le second dit *double loop* suppose une rupture dans le niveau de compréhension, le passage à un niveau supérieur. Ce dernier est bien entendu plus radical.

C'est sa préoccupation envers l'individu et l'organisation, puis par association à l'égard du leadership qui est importante. Argyris a fait l'hypothèse intéressante de l'existence d'une « énergie psychologique » qui permet d'expliquer le comportement des personnes. Cette énergie, qu'on ne peut pas mesurer comme l'énergie physiologique, est présente chez toutes les personnes et elle ne peut être réprimée de manière durable. La quantité d'énergie est liée à « l'état d'esprit » de la personne et elle n'est ni fixe ni limitée.

Par ailleurs, la personne a des idéaux, *the ideal self*, qui peuvent lui venir de son éducation ou des influences de la culture dans laquelle elle est immergée. Par ailleurs, l'individu a un *self-concept*, qui est composé des aspects de soi (*self*) dont il est conscient. L'individu a aussi une certaine « compétence », associée (1) à la conscience qu'il a des problèmes (internes et en relation avec les autres) auxquels il est confronté, (2) à sa capacité à apporter des solutions durables à ces problèmes, (3) à une consommation minimale d'énergie au moment de la résolution de problèmes.

Pour interagir avec les autres, en particulier pour assurer une certaine stabilité et efficacité à ces rapports, une personne doit avoir un certain degré de conscience de soi, *self-awareness*, qui mène à un certain niveau d'estime de soi, *self-esteem*. Pour Argyris, le niveau d'estime de soi chez une personne augmente lorsque augmentent (1) sa capacité à définir ses buts, (2) la relation entre ses buts et ses valeurs et besoins centraux, (3) sa capacité à définir le cheminement vers les buts, (4) le niveau de réalisme de ses aspirations.

Ces facteurs sont à la base du « succès psychologique », c'est-à-dire du mécanisme qui facilite l'accroissement de l'estime de soi. Cela implique plus de responsabilité et de contrôle de soi, plus d'engagement, la productivité au travail et l'utilisation de ses capacités les plus importantes. Dans les relations avec les autres, il est clair que plus les personnes ont de succès psychologique et d'estime de soi, moins elles sont portées à déformer la réalité et donc à entrer en conflit. Cela fait dire à Argyris que « plus le comportement d'une personne offre d'occasions aux autres d'accroître leur estime de soi et plus son estime de soi sera grande ». De même, dans une organisation, « plus le dirigeant est directif, orienté vers la production, orienté vers la structure, moins il y aura de possibilités pour les subordonnées de vivre des succès psychologiques », même si un climat de confiance peut agir de manière favorable.

Argyris va jusqu'à suggérer que la « santé mentale » est conditionnée par l'estime de soi, l'acceptation de soi et le succès psychologique. Malheureusement, les besoins du fonctionnement des organisations formelles ne peuvent pas toujours répondre aux besoins des individus. Les études empiriques à l'époque montraient que la santé mentale était meilleure parmi ceux qui avaient un niveau d'éducation et un niveau d'occupation élevés et plus faible parmi ceux qui avaient des niveaux d'occupation et d'éducation faibles (Kornhauser, 1965).

Pourtant, le fonctionnement de l'organisation n'est vraiment efficace que si l'on est capable (1) de réaliser les objectifs, (2) de maintenir l'intégrité du système interne, (3) de s'adapter à l'environnement. Pour maintenir cela, il faut que les personnes vivent le plus de succès psychologiques possible. Si la santé mentale décline, alors l'inefficacité se manifeste. Ainsi, « c'est le désordre et le stress qui compulsivement et de manière récurrente mènent à plus de désordre et de stress, ce qui implique de l'inefficacité ».

Le stress organisationnel apparaît lorsque les parties dépassent leurs capacités à donner ou à recevoir, de sorte que cela entraîne un déséquilibre dans les relations entre ces parties. En général, « le stress engendre de l'inefficacité lorsque les capacités à donner et recevoir sont inadéquates, que la nature de l'aide reçue ou donnée par chaque partie est modifiée de manière inattendue, que le temps disponible pour réaliser les tâches est trop petit ou trop grand, que les ressources nécessaires à la tâches sont radicalement augmentées ou diminuées, et que de nouvelles fonctions apparaissent spontanément et de manière inattendue ». Le stress peut alors faire naître de l'inconfort organisationnel, c'est-à-dire des sentiments négatifs irrépressibles et non désirés, qu'un groupe peut ressentir.

Argyris utilise des métaphores et des concepts puissants pour suggérer que le fonctionnement d'une organisation doit passer par l'équilibre psychologique des personnes et des groupes qui en font partie. Pour lui, la résistance qu'on peut trouver au changement vient surtout de l'ignorance de ces éléments importants dans la conduite d'une organisation.

En fait, une organisation en santé, dans laquelle la santé mentale des personnes est bonne, c'est-à-dire lorsque les personnes vivent des succès psychologiques réels et ont un niveau d'estime de soi et un niveau d'énergie psychique élevés, est une organisation capable de changer et de s'adapter sans difficultés. Argyris attire notre attention sur le fait qu'on peut systématiser l'évaluation de la santé mentale en proposant l'indice de santé mentale de Kornhauser (1965), qui comprend les éléments suivants :

i. L'indice d'anxiété et de tension émotive
ii. L'indice d'hostilité
iii. L'indice de participation sociale et d'attitude amicale
iv. L'indice d'estime de soi
v. Un indice de moral personnel
vi. Un indice de satisfaction générale en ce qui concerne la vie

Lorsqu'on veut apprécier la capacité de changement de l'organisation, le diagnostic doit mettre l'accent sur ces aspects-là.

2.12 PETTIGREW

> *Beware of the singular theory of process, or indeed of social and organisational change. Look for continuity and change, patterns and idiosyncrasies, the actions of individuals and groups at various organisational levels, and processes of structuring. Give history and social processes the chance to reveal their untidiness*[11] *(The awakening giant, p.444).*

Cette citation résume bien l'entreprise de ce grand chercheur anglais de l'université de Warwick. Pettigrew, qui a commencé sa carrière comme chercheur et spécialiste du développement organisationnel, s'est rapidement orienté vers une vision complète du changement, qui incorpore non seulement le niveau micro de l'individu mais aussi le niveau macro de l'organisation dans son ensemble et le niveau encore plus macro du contexte dans lequel le changement se produit. Ses travaux révèlent d'ailleurs le fouillis qui résulte d'une entreprise aussi ambitieuse.

Dans son étude sur le changement à ICI, Pettigrew met en pratique ses théories sur l'étude du changement stratégique. son modèle se résume au triptyque : « CONTEXT-CONTENT-PROCESS[12] ». Celui-ci signifie que pour comprendre le changement il faut d'abord bien comprendre le contexte dans lequel il se produit. Dans l'idée de Pettigrew,

11. Prenez garde à la grande théorie du processus, ou mieux encore du changement social et organisationnel. Cherchez la continuité et le changement, les patterns et les comportements idiosyncratiques, les actions des individus et groupes à différents niveaux organisationnels, et les processus de structuration. Donnez à l'histoire et aux processus sociaux l'occasion de vous révéler leur désordre.
12. CONTEXTE-CONTENU-PROCESSUS

le contexte pertinent n'est pas seulement physique. Il y a surtout le contexte culturel et l'histoire de l'organisation. Le contexte peut aussi inclure les « a priori » des dirigeants et le climat politique dans lequel les décisions doivent se prendre. En général, le contexte est en quelque sorte à imaginer dans chaque situation de changement et doit correspondre à tous les facteurs non directement reliés aux décisions de changement mais qui influent sur elles.

Le contenu du changement aussi est important. C'est celui auquel les analyses stratégiques traditionnelles ont consacré le plus d'énergie. Le contenu doit souvent être justifié par rapport à des canons de rationalité reconnus, généralement économiques. C'est pour cela que Pettigrew ne s'intéresse que marginalement au contenu. Il n'y porte d'ailleurs attention qu'en raison des relations qui peuvent exister entre le contenu et le contexte. Le contenu est en interaction avec le contexte. Il est influencé par lui et en retour peut contribuer à le modifier. Aussi, Pettigrew ne s'intéresse qu'aux changements qui ont une grande influence sur l'organisation et sa capacité à survivre, ce qui porte sa conception du contenu au niveau de la conception qu'il a du contexte.

Finalement, le processus est la vie concrète du changement. Il est fait de toutes les actions à différents niveaux et à différents moments dans la vie de l'organisation qui transforment l'organisation. Pettigrew apprécie la contribution de Bower en matière d'analyse du processus. Tous deux donnent de la genèse du changement des descriptions très similaires, mais Pettigrew estime que, dans le processus, il faut inclure bien d'autres acteurs que les gestionnaires de l'organisation. C'est pour cela que le processus non seulement est situationnel, c'est-à-dire spécifique à chaque situation, mais il est surtout fait des interactions entre les personnes, donc essentiellement politique.

Contexte, contenu et processus ne peuvent cependant être séparés les uns des autres. Le changement requiert « l'enracinement de nouveaux concepts de réalité, l'attention à de nouveaux enjeux, le débat sur de nouvelles idées et les résolutions qui en résultent, la mobilisation des préoccupations et des énergies et la génération de l'enthousiasme souvent de manière additive et évolutive pour s'assurer que ces pensées initiales illégitimes gagnent un soutien puissant et résultent en des actions appropriées du point de vue contextuel[13] ». C'est ainsi que « le contenu du changement stratégique est [...] ultimement un produit du processus de légitimation que les considérations politiques et culturelles façonnent, bien qu'il soit exprimé souvent en des termes rationnels/analytiques[14] ». Pourtant le changement stratégique apparaît sous des formes reconnaissables. Ainsi :

> *Patterns of strategic change at the level of the firm may be understood in terms of long periods of continuity, learning and incremental adjustment interspersed with hiatuses or revolutions featuring high levels of change activity*[15] *(1987, p. 440).*

Pettigrew s'attarde cependant surtout aux descriptions. Pour lui, le test du chercheur est son enracinement dans la réalité. Il accorde aux données et à la réalité toute l'importance requise. Il rejette toute conceptualisation qui sacrifie les données. Ses travaux sont, de ce fait, chargés de détails. Son livre sur ICI, par exemple, est une dissection digne de la recherche biologique. Par ailleurs, c'est là que se situe toute la contribution de Pettigrew. Il a montré l'insignifiance des études sur le changement qui sont « a-historiques », « a- processuelles » et « a-contextuelles ».

Ses enseignements pour la compréhension du changement sont de ce fait précieux. Il faut travailler à préciser le contexte, donc les arrangements structurels, les idiosyncrasies locales, et leur évolution à travers le temps et l'histoire, pour mieux apprécier la définition du contenu et le jeu des acteurs. C'est cela qui permettra de donner un sens au processus et ultimement d'apprendre les secrets qui font la différence entre la réussite d'un changement stratégique et son échec.

13. anchoring new concepts of reality, new issues for attention, new ideas for debate and resolution, and mobilising concern, energy, and enthousiasm often in an additive and evolutionary fashion to ensure these early illegitimate thoughts gain powerful support and eventually result in contextually appropriate action (1987, p. 439).
14. The content of strategic change is [...] ultimately a product of a legitimisation process shaped by political/cultural considerations, though often expressed in rational/analytic terms (1987, p. 443).
15. Les patterns de changement stratégique en ce qui concerne les firmes peuvent être compris sous l'angle de longues périodes de continuité, apprentissage et ajustements incrémentaux, séparées par des hiatus ou révolutions qui se manifestent par des niveaux élevés d'activités de changement.

2.13 CONCLUSION

Nous n'avons étudié ici que quelques-uns des plus importants auteurs classiques du domaine de la stratégie. Beaucoup d'autres mériteraient d'être mentionnés dans un document plus exhaustif.

En particulier, cela paraît surprenant qu'on puisse passer à côté du travail des pionniers en matière de stratégie d'entreprise, comme Andrews (1971) et Ansoff (1967). Nous pensons que ces recherches constituent, à leur manière, une sorte de synthèse des classiques que nous avons choisis ici. Nous y reviendrons à l'occasion dans les autres chapitres. Par ailleurs, le travail de Chandler (1962) est non seulement classique mais particulièrement important pour la compréhension et la gestion du changement. Nous avons supposé que cet auteur était suffisamment connu pour ne pas nécessiter un examen dans cette partie, mais nous reviendrons sur ses réalisations au moins en partie lorsque nous parlerons des cycles de croissance des entreprises au chapitre 6.

Beaucoup d'autres auteurs n'ont pas été mentionnés. Nous pensons, par exemple, aux auteurs de la théorie de l'écologie des populations d'organisations, Hannan et Freeman, ou au père du développement organisationnel, Warren Bennis. Nous avons préféré les présenter dans les autres chapitres de ce document.

En fait, il faut retenir que les classiques ont abordé le problème du fonctionnement de l'organisation dans son ensemble. Ils étaient préoccupés par le phénomène de la gestion de l'organisation dans son ensemble et non pas seulement par une partie ou un aspect de celle-ci.

Ces auteurs sont importants pour nous parce qu'ils mettent en évidence la substance même du problème de la gestion des organisations, lequel peut être résumé comme suit :

> *Comment peut-on faire converger une communauté diversifiée de personnes et l'amener à aller vers des objectifs qui ne sont pas nécessairement ceux que chacune d'entre elles auraient choisis, si elles ne prenaient en considération que leurs préférences ?*

Au fond, le problème du changement pourrait être articulé de la même manière. Il s'agit d'amener un groupe, une communauté à aller dans une direction donnée, différente de celle qui est poursuivie jusque-là, sachant que les personnes préféreraient faire autrement.

Les classiques nous permettent par ailleurs de répondre à la question que nous venons de poser de manière suffisamment générale pour que nous puissions utiliser nos réponses comme des outils de mise en ordre des recherches les plus récentes.

On pourrait résumer ce chapitre en disant que, pour amener les personnes à aller dans une direction donnée, à coopérer selon Barnard, il faut d'abord clarifier la direction à prendre. Ensuite, il faut créer autour d'elles un contexte (Simon), à la fois structurel (Bower, Cyert et March) et culturel (Selznick), qui les pousse à aller dans la direction choisie (Tichy, 1983). Il faut aussi les faire participer à la conception de la direction à suivre (Bower, Braybrooke et Lindblom) et admettre que la compréhension de la nouvelle direction peut prendre du temps. La mise en place du contexte est un processus (Barnard, Bower, etc.) lent et nécessairement incrémental (Braybrooke et Lindblom) qui demande des qualités de leadership qui sont non seulement techniques mais morales et éthiques (Barnard, Selznick). Les dirigeants exercent une influence au moins autant par ce qu'ils sont que par ce qu'ils font.

Cependant, les approches des différents auteurs peuvent mener à des compréhensions totalement différentes sur le changement stratégique. Par exemple, si le changement implique un apprentissage, Barnard ou Selznick percevraient l'apprentissage comme étant une sorte de mémoire collective, transmise systématiquement aux individus, qui est développée et protégée, comme une caractéristique critique, par les leaders de l'organisation. Cyert et March et (dans une moindre mesure) Simon voient l'apprentissage comme étant le résultat du fonctionnement, et donc de la modification, des routines de l'organisation. La construction des routines donne automatiquement un certain type d'apprentissage. Si l'on veut un autre type d'apprentissage, il faut changer de routines.

Braybrooke et Lindblom voient l'apprentissage comme le résultat des interactions entre les groupes et les individus. Ce qu'il est possible de faire et le comportement des autres sont le résultat d'une expérimentation permanente et lente. À la limite, on apprend surtout à comprendre comment l'intervention des autres va agir sur le processus de décision. On apprend aussi à admettre beaucoup d'imperfections dans l'intégration des différents systèmes qui interviennent dans le processus.

Bower dirait que l'apprentissage est ou devrait être guidé par le niveau institutionnel, mais que cela se fait à travers la construction des routines (le contexte structurel), à travers le choix des personnes en position de direction et à travers le travail de négociation et de réconciliation qui est géré par les dirigeants au milieu. Chez Bower, l'apprentissage est un acte conscient qui vise constamment des objectifs supérieurs. L'accent est bien entendu mis sur l'apprentissage des dirigeants aux différents niveaux.

La synthèse de Thompson nous rappelle combien la tâche reste paradoxale. On travaille constamment à la réaliser, mais sa nature même fait qu'on ne peut jamais la réussir ; on doit constamment négocier des solutions certes imparfaites mais ultimement les mieux à même de réconcilier le besoin de certitude et le besoin de flexibilité.

{ Chapitre 3 }

LES CLASSIQUES ET LE CHANGEMENT STRATÉGIQUE : LE DÉVELOPPEMENT ORGANISATIONNEL (D.O.)

Le chapitre précédent a présenté, dans une approche « macro », la position respective d'auteurs classiques face au changement stratégique. Dans cette optique, on brossera maintenant un portrait d'un champ disciplinaire historiquement associé aux éléments micro du changement organisationnel (C.O.) : le développement organisationnel (D.O.).

Le D.O. a comme particularité le fait que beaucoup de praticiens interviennent dans ce champ. D'ailleurs, dans la littérature certaines critiques font état de la carence en données en la matière justement attribuable au fait que les praticiens interviennent sans nécessairement colliger les renseignements qui permettraient au D.O. de s'enrichir. Il n'en demeure pas moins que le D.O. en attire plus d'un lorsqu'il est question de changement, que l'on soit praticien ou théoricien. En effet, le D.O. recoupe une multitude d'aspects différents et complémentaires qui évoluent dans un environnement dynamique et vivant : l'organisation.

Dans le cadre de cet ouvrage, le rapprochement possible avec le changement stratégique consiste à considérer l'importance des caractéristiques changeantes internes et externes. Dans une perspective stratégique globale, le D.O. doit en effet tenir compte de l'environnement interne et externe. D'ailleurs, Jacob et Ducharme (1995) parlent du développement stratégique de l'organisation en ce sens que le développement de l'organisation doit être géré d'une façon stratégique pour prendre en considération les nouvelles caractéristiques des environnements interne et externe et plus particulièrement les caractéristiques liées à l'horizon temporel.

Pour leur part, Porras et Robertson (1992) mentionnent, comme hypothèse de base, qu'un changement dans le comportement de l'individu membre d'une organisation est au cœur du changement organisationnel ; par conséquent, tout changement réussi persistera à long terme seulement si, en réponse aux changements des caractéristiques organisationnelles, les membres modifient leurs comportements au travail de manière appropriée.

Avec cette perspective stratégique en mémoire, le présent chapitre s'oriente surtout sur les savoir-faire nécessaires à la réalisation concrète du changement stratégique où le D.O. est le plus représentatif de ce courant qui met l'accent sur les processus micro de cette réalisation.

On présentera donc successivement l'évolution du D.O., une définition du D.O., quelques-uns de ses modèles classiques et leurs auteurs, une typologie des interventions pouvant être associées au D.O. ainsi qu'une typologie et une analyse des théories du D.O.

3.1 L'ÉVOLUTION DU DÉVELOPPEMENT ORGANISATIONNEL (D.O.)

L'émergence du D.O. a eu lieu dans un contexte social de prospérité d'après-guerre, surtout au cours des années 60; le D.O. a constitué une réponse managériale à ce contexte socio-économique en mouvement (Mirvis & Berg, 1977). Il représente l'application pratique de la science des organisations et y contribue par des connaissances acquises de l'étude des dynamiques de changements complexes. Il se concentre également sur le changement planifié des systèmes humains (Porras et Robertson, 1992).

Comme le D.O. est relativement récent comme champ didactique (un peu plus de trois décennies), certains problèmes subsistent : des bases théoriques incertaines, des conceptualisations floues de processus, des doutes sur la validité de plusieurs résultats de recherche, une base de données faible, car on privilégie l'action à une évaluation systématique du D.O. ; enfin, pour certains, ce champ est plus « messianique » que scientifique en raison de ses valeurs fondamentalement normatives et humanistes (Porras et Robertson, 1992).

Le D.O. reposait fondamentalement sur une philosophie humaniste, un ensemble de valeurs et de croyances, qui visait le développement du potentiel humain en contexte organisationnel (Maslow, 1954 ; McGregor, 1960) et qui pouvait avoir des répercussions sur les modes de gestion et les structures organisationnelles à privilégier (Bennis, 1966; Likert, 1961; Likert, 1967). L'évolution de l'environnement aidant, le D.O. s'est adapté aux demandes des organisations et a intégré, au cours des années 80, davantage de préoccupations d'ordre stratégique. On a graduellement intégré la perspective contingentielle et certains auteurs ont commencé à inclure dans leurs modèles des variables telles que l'environnement externe, les structures ainsi que la culture (Lawrence et Dyer, 1983).

En bref, le D.O. s'est graduellement tourné vers un objectif de gestion stratégique du changement (Beer, 1980; Tichy, 1983).

3.2 LA DÉFINITION DU D.O.

La pratique du D.O. englobe une grande diversité d'activités qui peuvent inclure l'amélioration du travail d'équipe (*team building*) auprès de cadres supérieurs, des changements structurels ou l'enrichissement de tâches dans une organisation. Dans un cadre d'analyse globale, le C.O. peut être vu de manière différente soit par l'approche systémique, où il peut être assimilé à un intrant ou à une force contraignante, soit du point de vue du D.O., où le changement peut être identifié à une occasion de développement. En somme, les tenants du D.O. reconnaissent que l'individu s'insère dans une culture organisationnelle qui a un rôle normatif dans l'organisation et que, pour le mieux-être de l'organisation, celle-ci est indirectement modifiable.

Dans leur recension de la littérature sur le D.O., Porras et Robertson (1992) font le tour des définitions de différents auteurs pour ensuite proposer leur propre définition inspirée de ces dernières. Voici dans un premier temps les éléments qui reviennent dans ces définitions.

D'abord l'**objectif** est l'amélioration de l'efficacité d'une organisation, son habileté à s'adapter, ses processus d'autorenouvellement ou sa capacité de s'autorenouveler, sa santé et son élaboration de solutions organisationnelles créatives et nouvelles. La **portée** du D.O. est le changement global, organisationnel ou touchant l'ensemble des systèmes. Les **bases conceptuelles** dérivent des théories, recherches et technologies en sciences du comportement. Le **processus** du D.O. est planifié, fondé sur des valeurs, orienté vers la recherche-action, aidé par des consultants et dirigé ou appuyé par les dirigeants tout en incluant la technologie. Les **cibles** sont la culture organisationnelle, la structure, la stratégie, les processus et la pertinence parmi les divers facteurs clés organisationnels.

En regard des définitions de ces auteurs, le D.O. ne semble pas susciter le consensus ; bien qu'il existe de nombreuses conceptions du D.O., conceptions qui se chevauchent dans la majorité des cas, la définition qui suit intègre les vues les plus courantes sur le sujet :

> *Le développement organisationnel constitue un ensemble de théories, de valeurs, de stratégies et de techniques basées sur les sciences du comportement, visant un changement planifié de l'environnement de travail afin d'améliorer le développement individuel et la performance organisationnelle à travers la modification des comportements au travail chez les membres de l'organisation.*
>
> (Porras et Robertson, 1992)

Ce concept met l'accent sur plusieurs caractéristiques qui distinguent le D.O. des autres approches de changement et d'amélioration des organisations. Il comporte trois idées clés : une importance des comportements individuels, un large éventail des variables organisationnelles pouvant être changées grâce aux interventions en D.O. et le double *focus* sur la performance organisationnelle et le développement individuel. On distingue deux buts dans cette définition : d'abord l'amélioration des habiletés de l'organisation pour avoir de bonnes performances ; ensuite, l'amélioration du développement des membres de l'organisation. Porras et Robertson (1992) croient que les efforts de changement doivent inclure plus de variables organisationnelles que seulement celles qui se rapportent à la culture, à la structure, à la stratégie et au processus. On perçoit que le comportement individuel des membres de l'organisation est un préalable à un C.O. durable et significatif.

Finalement, le D.O. vise l'amélioration de la performance, de l'efficacité organisationnelle (Porras et Robertson, 1987), et ce, en poursuivant l'objectif ultime « de concilier les objectifs individuels et ceux de l'entreprise, de façon à rendre les organisations à la fois plus productives, plus humaines et plus démocratiques» (Tellier, 1992). Cela implique deux hypothèses capitales.

Premièrement, une organisation efficace est capable de résoudre ses propres problèmes. Le D.O. aide les membres de l'organisation à acquérir les connaissances et les aptitudes nécessaires pour solutionner ces problèmes. En ce sens, le D.O. diffère des autres formes de changement planifié dans lesquelles des experts externes soit solutionnent directement les problèmes de l'organisation, soit recommandent à la firme des solutions à ses problèmes.

Deuxièmement, une organisation efficace possède une qualité de vie au travail ainsi qu'une productivité élevées. Elle est capable d'attirer et de motiver des employés efficaces qui performent alors à des niveaux élevés.

Cette définition permet de distinguer le D.O. de certains autres domaines de connaissance appliqués à la gestion des organisations. Elle fournit également un certain éclairage sur le changement organisationnel (C.O.), bien que la démarcation conceptuelle entre le C.O. et le D.O. demeure pour le moins imprécise. Selon Cummings et Huse (1989), le C.O. est un vaste phénomène qui comporte diverses applications et approches, incluant des perspectives économiques, politiques, techniques et sociales.

Le D.O. s'inscrit dans le cadre du C.O. qui peut être de deux sources : extrinsèque (récession économique, mondialisation des marchés, etc.) ou intrinsèque (nouvelle technologie, fusion ou acquisition, changement de structure, etc.). Indépendamment de ses origines, le C.O. affecte les gens ainsi que leurs relations dans l'organisation et peut entraîner pour ces raisons des conséquences importantes au niveau social. Par exemple, le changement peut faire l'objet de résistances et de sabotages qui pourraient sérieusement compromettre son implantation.

Il est possible d'appliquer les concepts et les méthodes du D.O. pour gérer le C.O. Cependant, le D.O. s'intéresse tout d'abord au changement qui permet à l'organisation d'améliorer sa capacité à solutionner ses propres problèmes. Il vise à mener l'organisation dans une direction particulière, vers une meilleure résolution des problèmes, une meilleure capacité de réaction, une meilleure qualité de vie au travail et une efficacité améliorée. Le C.O., par contre, aborde théoriquement une problématique plus vaste et peut s'appliquer à tout type de changement, incluant les innovations technologiques, managériales et sociales. Ces changements peuvent ou non être destinés à développer l'organisation dans le sens où l'entend le D.O.

3.3 Quelques modèles classiques en D.O.

La rapidité des changements qui touchent les organisations modernes fait du changement une caractéristique inévitable de la vie organisationnelle. Cependant, il convient de distinguer le changement qui survient dans une organisation de celui qui est planifié par les membres. Le D.O. vise à implanter un changement planifié qui puisse augmenter l'efficacité organisationnelle. Le changement est habituellement instauré et mis en œuvre par les gestionnaires, souvent avec l'aide de consultants internes ou externes en D.O.

Toutes les approches de D.O. sont associées à une théorie du changement planifié. La théorie décrit les différentes phases au cours desquelles il est possible d'implanter le changement planifié dans les organisations et explique le processus temporel de l'application des méthodes de D.O. qu'on peut utiliser pour aider les membres à gérer le changement. Dans cette section, nous présenterons tout d'abord trois modèles du changement planifié : le modèle de Lewin, le modèle de planification et le modèle de recherche-action. Par la suite, nous présenterons un modèle intégrateur du changement planifié qui comprend les développements conceptuels récents en D.O.

3.3.1 Le modèle de Lewin

Principal pionnier du D.O. (Burke, 1987 ; Cummings et Huse, 1989 ; Mirvis, 1988), Lewin a dirigé les premiers travaux de formation en laboratoire visant à permettre aux participants d'apprendre, à partir de leurs propres interactions, des concepts tels que les relations interpersonnelles, le leadership et la dynamique de groupe (ayant d'ailleurs abouti entre autres aux *training groups* ou *T-groups*). Il a contribué (avec John Collier et William White) à mettre au point les techniques de recherche-action. Kurt Lewin est également considéré comme le premier chercheur à proposer un modèle fondamental du changement planifié (Lewin, 1951). Il concevait le changement comme la modification des forces qui maintiennent les comportements à l'intérieur d'un système en état d'équilibre. Plus spécifiquement, le comportement est à tout moment le résultat de deux ensembles de forces — celles qui tendent à maintenir le statu quo et celles qui incitent au changement. Lorsque les deux ensembles de forces sont à peu près égales, le comportement habituel est maintenu dans ce que Lewin appelait un état d'« équilibre quasi stationnaire ».

Pour changer cet état d'équilibre, on peut augmenter les forces qui incitent au changement, diminuer celles qui maintiennent l'état d'équilibre ou appliquer une combinaison de ces deux stratégies. Par exemple, le niveau de rendement dans un groupe de travail pourrait être stable parce que les normes de groupe qui maintiennent ce niveau de rendement sont à peu près égales aux pressions qu'exerce le superviseur pour que le groupe donne le meilleur rendement possible. On peut augmenter ce niveau de rendement soit en changeant les normes actuelles du groupe, soit en augmentant les pressions exercées par le superviseur. Lewin estime que le fait de modifier les forces qui maintiennent le statu quo engendre moins de tension et de résistance que celui qui consiste à augmenter les forces du changement, et constitue en conséquence une stratégie de changement plus efficace. Selon Lewin, le processus de changement au niveau de l'individu, du groupe ou d'une organisation suivra les trois phases suivantes (Ordre des comptables généraux licenciés du Québec, 1994) :

Figure 3.1 :
Les trois phases du modèle de Lewin

DÉGEL (*Unfreezing*)	Cette phase de sensibilisation au changement indique que la situation actuelle est jugée insatisfaisante et crée la motivation nécessaire au changement.
MOUVEMENT (*Moving*)	Phase de mouvement vers le changement. Le diagnostic est établi et il y a exploration d'avenues possibles de changement. Établissement des caractéristiques d'un modèle de changement désirable et examen des sources possibles de résistance, suivis d'une période d'apprentissage des comportements nouveaux.
REGEL (*Refreezing*)	Phase de stabilisation du changement. Le changement acquiert une certaine stabilité ou permanence, laquelle ne sera vraiment acquise que lorsque les membres de l'organisation auront intériorisé les normes et comportements dictés par le nouveau modèle.

Le modèle de Lewin fournit un cadre général qui permet de comprendre le changement organisationnel. Toutefois, les trois étapes du changement qu'il propose sont relativement larges et des efforts considérables furent consacrés au fil des années afin de les élaborer.

3.3.2 LE MODÈLE DE PLANIFICATION

Le modèle de planification élaboré par Lippitt, Watson et Wesley (1958) raffine la vision du changement soutenu décrite par Lewin (1947). Modifié et amélioré par d'autres, ce modèle global tente de définir les phases du changement planifié. Ce modèle aborde le changement planifié surtout à partir de la perspective du consultant en D.O. qui est appelé à travailler avec les membres d'une organisation. Les deux principes qui régissent le modèle sont, d'une part, que toute information doit être librement et ouvertement partagée entre l'organisation et l'agent de changement et, d'autre part, que cette information s'avère utile seulement lorsqu'on peut la traduire directement en action. Le concept à la base du changement planifié réside dans un processus dynamique en sept étapes : exploration, entrée, diagnostic, planification, action, stabilisation et évaluation.

Même si les étapes montrées à la figure 3.2a semblent être linéaires, dans la pratique on ne suit pas nécessairement un ordre aussi précis. Il est fréquent que l'agent de changement et le gestionnaire décident conjointement de changer les stratégies et de modifier les approches à l'appui de leurs diagnostics et re-diagnostics continus (indiqués par la flèche de feed-back 1 à la figure 3.2a) des problèmes qui touchent l'organisation. Si le consultant boucle un programme particulier en indiquant qu'il a décelé d'autres problèmes qui mériteraient qu'on s'y attarde, le cycle comprenant ce dernier et l'organisation peut être repris (indiqué par la flèche de feed-back 2).

Figure 3.2a :
Le modèle de planification

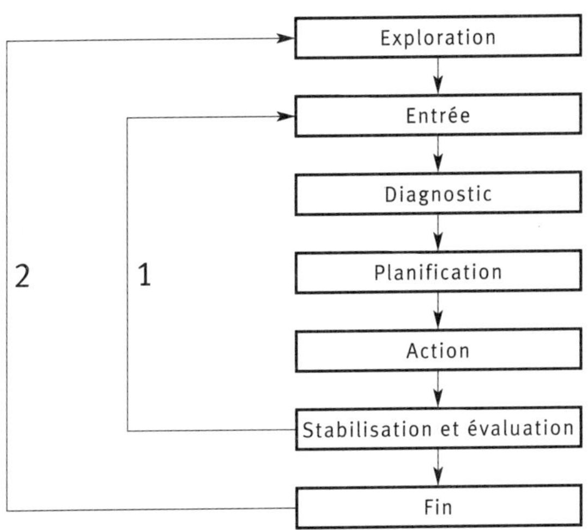

3.3.3 Le modèle de recherche-action

Le modèle de recherche-action aborde le changement planifié comme un processus cyclique dans lequel la recherche entreprise au sujet de l'organisation fournit d'abord au consultant de l'information qui orientera l'action subséquente. Les résultats de cette action sont ensuite évalués de manière à fournir de l'information additionnelle qui oriente à son tour l'action ultérieure, et ainsi de suite. Ce cycle itératif de recherche et d'action exige une collaboration considérable entre les membres de l'organisation et les consultants en D.O. Ce processus met l'accent sur la collecte des données et le diagnostic, qui précèdent d'ailleurs toujours la planification et la concrétisation de l'action ainsi que l'évaluation minutieuse des résultats une fois que l'action est entreprise.

La recherche-action visait traditionnellement à aider des organisations à implanter un changement planifié et à développer un corpus de connaissances applicable dans d'autres milieux. Graduellement, on a cependant adapté la recherche-action aux efforts de D.O., où l'accent principal porte sur le changement planifié (Schein, 1968). La figure 3.2b illustre les différentes étapes du processus de changement planifié telles que les définit le modèle de recherche-action. On y retrouve huit étapes principales expliquées brièvement.

Étape 1 : Détermination du problème

Cette étape débute habituellement lorsqu'un gestionnaire clé, ou quelqu'un investi du pouvoir formel ou informel, perçoit que l'organisation vit un ou plusieurs problèmes qu'il serait possible de corriger avec l'aide d'un consultant en D.O.

Étape 2 : Consultation avec un expert en sciences du comportement

Au cours du contact initial, l'agent de changement et le client s'entraident. L'agent de changement a des théories normatives ou des cadres de référence qui lui sont propres et il doit demeurer conscient de ses hypothèses et de ses valeurs fondamentales. Le fait de partager celles-ci dès le départ avec le gestionnaire contribue à établir une atmosphère d'ouverture et de collaboration.

Étape 3 : Collecte des données et diagnostic préliminaire

Cette étape est habituellement faite par le consultant, souvent avec la collaboration des membres de l'organisation. Les quatre méthodes de base utilisées pour recueillir des données sont : l'entrevue, l'observation, les questionnaires et les données de l'organisation sur le rendement (qu'on néglige souvent malheureusement). Une approche qui s'avère utile au moment d'un diagnostic consiste à commencer l'investigation par de l'observation, à poursuivre avec une entrevue semi-structurée et à conclure avec un questionnaire qui a pour but de mesurer précisément les problèmes relevés lors des étapes antérieures. Cette séquence d'activités produit un effet d'entonnoir qui va d'une perspective élargie à la fidélité des mesures (Beer, 1980). Un avantage à utiliser l'entrevue au moment du diagnostic est qu'elle permet aux personnes clés de l'organisation de faire connaissance avec le consultant, ce qui met en place les bases d'une relation ouverte axée sur la collaboration.

Figure 3.2b :
Le modèle de recherche-action

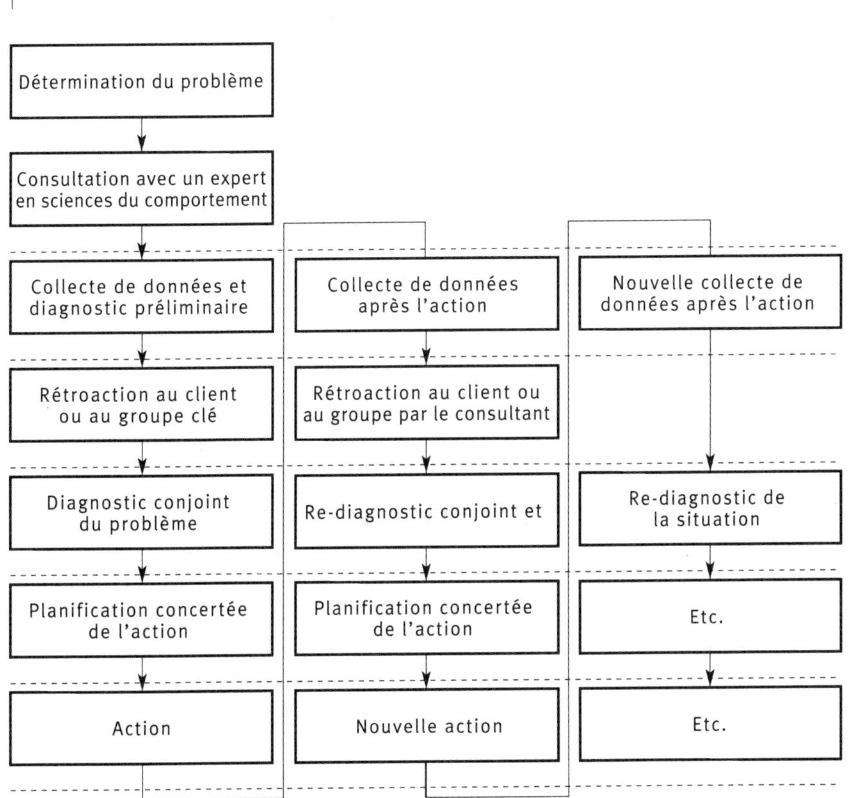

Étape 4 : Rétroaction au client ou au groupe clé

La recherche-action étant une activité qui repose sur la collaboration, les données du diagnostic sont transmises au client, habituellement au cours d'une rencontre de groupe ou d'équipe. Cette étape de feed-back aide le groupe à déterminer les forces et les faiblesses de l'organisation ou de l'unité organisationnelle à l'étude. Le consultant transmet toute l'information pertinente et utile au client. Il s'assure toutefois de protéger les sources d'information et, par moments, il retiendra certains renseignements s'il s'aperçoit que le groupe n'est pas prêt à les recevoir ou si ces renseignements ont pour effet de mettre le client sur la défensive.

Étape 5 : Diagnostic conjoint du problème

À cette étape, le groupe discute des éléments du feed-back, et une fois que l'agent de changement et les membres du groupe ont clairement cerné un problème sur lequel le groupe a l'intention de travailler, le consultant porte de nouveau son attention sur la recherche. Il existe une relation étroite entre la collecte des données, le feed-back et le diagnostic parce que les données de base fournies par le client ont été résumées par le consultant qui les a présentées au groupe pour que celui-ci les valide, permettant ainsi de poursuivre la recherche et d'approfondir le diagnostic.

Un point important à rappeler ici, comme le mentionne Schein (1968), est que le processus de recherche-action est très différent du modèle médecin-patient dans lequel le consultant fait son apparition, produit un diagnostic et prescrit une solution. Schein note que l'incapacité d'établir un cadre de référence commun dans la relation client-consultant peut conduire à de faux diagnostics ou à un problème de communication amenant le client à ne pas croire le diagnostic ni accepter l'« ordonnance ». Cet auteur estime que la plupart des entreprises ont des classeurs pleins de rapports rédigés par des consultants qui ont établi des diagnostics et des recommandations que le « patient » n'a soit pas compris, soit pas acceptés.

Étape 6 : Planification concertée de l'action

Par la suite, le consultant et l'équipe de direction s'entendent sur les prochaines étapes à suivre. C'est alors le début du processus de mouvement (décrit dans le modèle de changement de Lewin), où l'organisation décide de moyens qui lui permettront d'atteindre un nouvel état d'équilibre. À cette étape, les actions spécifiques à entreprendre dépendent de la culture, de la technologie et de l'environnement de l'organisation. Ces actions sont également tributaires du diagnostic du problème, de l'environnement de l'organisation, du temps requis pour l'intervention et de son coût.

Étape 7 : Action

Cette étape implique le passage d'un état organisationnel à un autre. Elle peut inclure la mise en vigueur de nouvelles méthodes et de nouvelles procédures, la réorganisation des structures, la restructuration des tâches et le renforcement de nouveaux comportements. La mise en œuvre de ces actions exige une période de transition au cours de laquelle l'organisation ou l'unité organisationnelle passera graduellement d'un état actuel à un état désiré.

Étape 8 : Collecte des données après l'action

La recherche-action étant un processus cyclique, il est nécessaire de recueillir des données une fois que l'action est amorcée de manière à mesurer et à déterminer les effets de cette dernière ; il faut aussi transmettre les résultats à l'organisation. Cette phase peut, à son tour, conduire à un re-diagnostic et à une nouvelle action.

3.4 LA COMPARAISON DES MODÈLES DE CHANGEMENT

Les trois modèles présentés jusqu'ici décrivent les phases au cours desquelles le changement planifié se traduit dans les organisations. Comme l'indique la figure 3.3, ces trois modèles se chevauchent dans le sens où ils précisent que l'implantation du changement organisationnel est précédée par une phase préliminaire (c'est-à-dire de dégel, de diagnostic ou de planification de l'action) et suivie d'une phase de clôture (regel ou évaluation). Cependant, le modèle de changement de Lewin diffère des deux autres en ce sens qu'il met l'accent sur le processus général du changement plutôt que sur des activités spécifiques de D.O.

Les modèles de planification et de recherche-action semblent décrire des approches de D.O. similaires pour implanter le changement planifié. Les deux se concentrent sur l'application des connaissances provenant des sciences du comportement et reconnaissent le fait que toute interaction entre le consultant et une organisation constitue une intervention qui peut toucher l'organisation.

Cependant, la recherche-action accorde plus d'importance que le modèle de planification à la mise en place d'interventions spécifiques sur le terrain; il y a aussi collaboration avec les gestionnaires lorsqu'un diagnostic approfondi et concerté a été établi. De plus, la recherche-action va au-delà de la résolution d'un problème organisationnel spécifique et aide les gestionnaires à acquérir les connaissances et les habiletés qui leur permettront de solutionner des problèmes futurs. Contrairement au modèle de planification, la recherche-action évalue habituellement les résultats du D.O. et s'en sert pour établir un diagnostic et planifier l'action de concert avec l'organisation ainsi que pour produire de nouvelles connaissances en D.O. qu'il sera possible d'utiliser ailleurs.

3.5 LE MODÈLE INTÉGRATEUR DU CHANGEMENT PLANIFIÉ

Les développements conceptuels récents en D.O. indiquent que le concept de changement planifié implique qu'une organisation se retrouve dans différents états à différents moments et qu'un changement planifié peut se produire d'un état à un autre. Afin de mieux comprendre le changement planifié, nous devons considérer à la fois ces différents états et les processus de changement nécessaires pour passer d'un état à un autre. La plupart des modèles de changement planifié, comme le modèle de planification et le modèle de recherche-action, se concentrent sur les processus du changement sans les associer explicitement aux différents états de l'organisation.

Bullock et Batten (1985) ont élaboré un modèle intégrateur du changement planifié qui décrit à la fois les états de l'organisation et les processus de changement. Leur modèle, qui est présenté à la figure 3.4, s'appuie sur une synthèse de plus de 30 modèles de changement planifié. Il décrit le changement planifié en fonction de deux dimensions importantes : les *phases* de changement, qui sont les états séquentiels d'une organisation, et les *processus* de changement, qui sont les méthodes de D.O. utilisées pour faire passer l'organisation d'un état à un autre.

Les phases de changement représentent des états particuliers de l'organisation à travers lesquels cette dernière peut évoluer au moment où elle entreprend un changement. Comme l'indiquent les flèches à sens unique de la figure 3.4, les phases sont linéaires et suivent une séquence particulière : exploration, planification, action et intégration. En pratique, ces phases sont relativement fluides; elles se mélangent les unes aux autres et se chevauchent. Les processus de changement deviennent quant à eux des mécanismes qu'utilisent les consultants en D.O. pour amener l'organisation à passer d'un état à un autre. Ces processus se produisent à l'intérieur de chacune des phases de changement et, comme l'indiquent les flèches à double sens, ils sont en interaction les uns avec les autres.

Figure 3.3 :
Comparaison des trois modèles de changement planifié

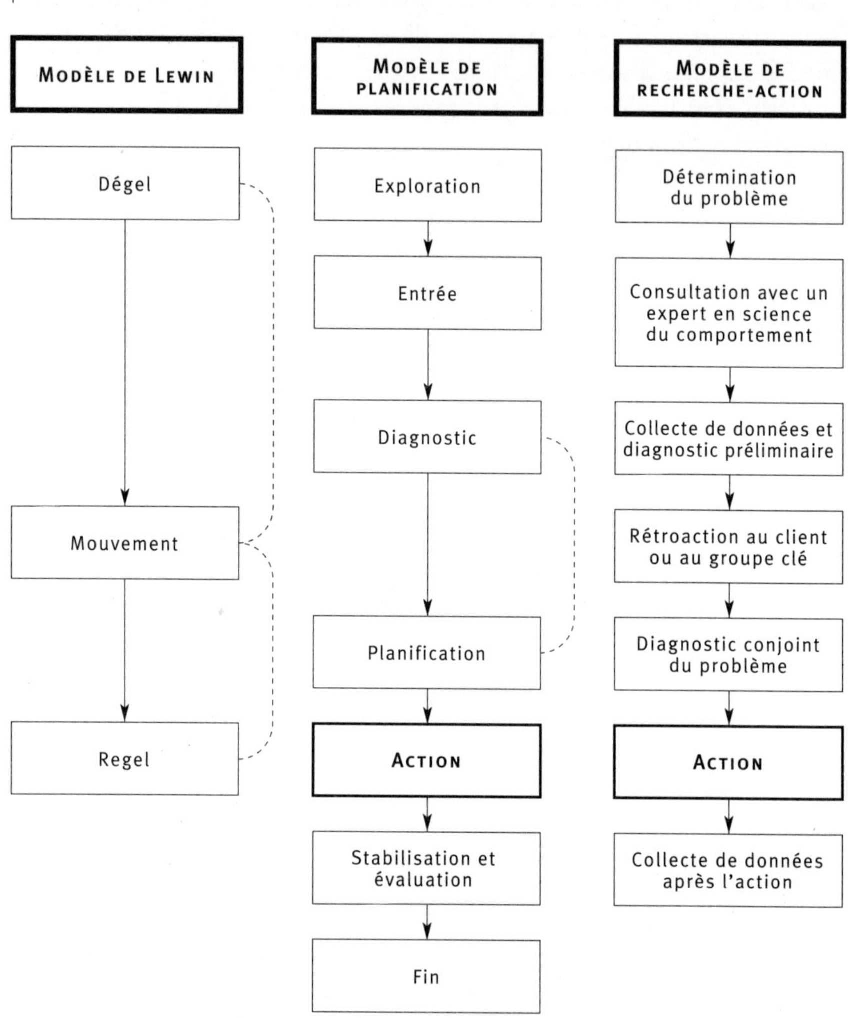

On peut décrire les quatre phases de changement et les processus de changement qui y sont associés comme suit :

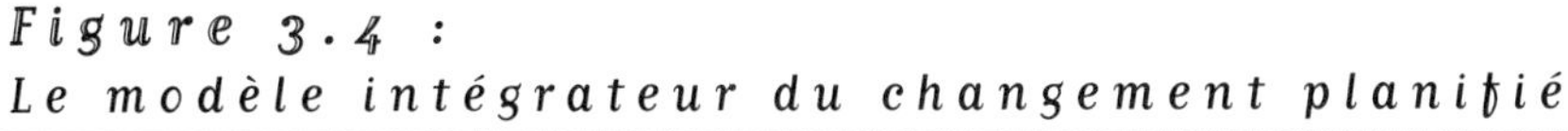

Figure 3.4 :
Le modèle intégrateur du changement planifié

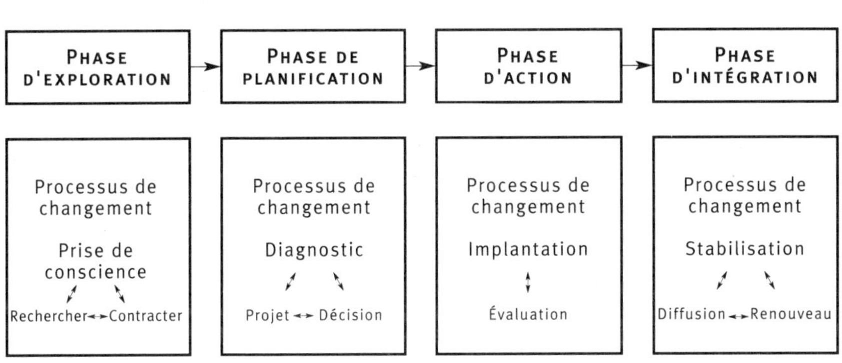

Phase d'exploration

Au cours de cette phase, une organisation décide si elle veut planifier des changements spécifiques et investir des ressources dans l'effort de planification. Les processus de changement à l'intérieur de cette phase débutent lorsque les membres de l'organisation prennent conscience d'un problème ou d'un besoin de changement. Cette prise de conscience incite les gens à rechercher des ressources et de l'assistance en D.O. et subséquemment à retenir les services de consultants. Au cours de ce processus de recherche, les membres de l'organisation essaient habituellement de s'entendre sur les aptitudes et la compétence d'un consultant, et le consultant évalue si le client est prêt à entreprendre un changement et s'il dispose, pour ce faire, des ressources et de l'engagement nécessaires. Le processus d'établissement du contrat facilite l'émergence d'une relation de collaboration entre le consultant et le client, et clarifie au moins trois éléments : (a) ce que chacune des parties s'attend à donner et à recevoir de la relation, (b) le temps que chacune d'entre elles consacrera au projet et à quel prix, et (c) les règles qui régiront le fonctionnement de la relation de consultation. Dans plusieurs cas, les organisations ne vont jamais au-delà de cette phase d'exploration du changement planifié ; c'est à cette étape que les désaccords quant au besoin réel de changement font surface et que les gens s'aperçoivent qu'ils font face à des contraintes en ce qui concerne les ressources.

Phase de planification

Cet état organisationnel commence lorsque les ressources consacrées à l'initiative de D.O. sont engagées. On cherche alors à comprendre les problèmes auxquels est confrontée l'organisation et on planifie les changements qui sont de nature à les solutionner. Les processus de changement débutent par l'établissement d'un diagnostic qui tentera de découvrir les causes des problèmes. Cela implique de recueillir de l'information pertinente au sujet du fonctionnement de l'organisation et d'analyser par la suite cette information. Les consultants en D.O. établissent ce diagnostic conjointement avec les membres de l'organisation et ils déterminent ensemble des objectifs qui orienteront l'effort de changement ainsi que des actions requises. Cette phase se termine lorsque les décideurs clés de l'organisation approuvent les changements proposés.

Phase d'action

Au cours de cette phase, l'organisation implante les changements prévus à la phase précédente. Les processus de changement visent à faire passer l'organisation de sa situation actuelle à une situation désirée. Au cours de la période de transition, il est habituellement nécessaire d'appliquer des mesures spéciales visant à gérer le processus de changement et à obtenir le soutien face aux actions qui sont entreprises. Ces activités de changement sont évaluées périodiquement afin de vérifier la manière dont elles progressent et si elles donnent des résultats positifs. L'évaluation fournit souvent un feed-back sur les activités d'implantation de sorte qu'il est possible de modifier et de raffiner ces dernières au besoin.

Phase d'intégration

Cette dernière phase consiste à intégrer les changements introduits au fonctionnement normal de l'organisation. Les processus de changement de cette phase consistent tout d'abord à stabiliser les changements de façon qu'ils persistent sans qu'il soit nécessaire d'avoir recours à une assistance externe. Cela peut signifier de renforcer de nouveaux comportements au moyen de feed-back et de récompenses organisationnelles, tout en mettant progressivement fin au contrat avec les professionnels en D.O. Les résultats positifs de l'effort de changement sont également diffusés aux autres parties de l'organisation afin d'engager ces dernières dans un processus d'apprentissage et de renouveau continu.

Ces processus peuvent impliquer que l'on forme les gestionnaires et les employés pour qu'ils contrôlent le fonctionnement de l'organisation sur une base continue et qu'ils le changent ou l'améliorent lorsque nécessaire.

Caractéristiques du modèle intégrateur

Le modèle intégrateur incorpore les aspects clés de la plupart des modèles de changement existants et relie ces derniers à des états organisationnels bien précis. Il clarifie les phases qu'une organisation doit traverser pour implanter efficacement le changement et pour s'assurer de sa persistance. Il établit aussi des processus de changement cruciaux et indique à quelle phase il convient de les appliquer pour que l'organisation puisse passer d'un état à un autre.

Comme les trois modèles décrits plus tôt — le modèle de changement de Lewin, le modèle de planification et le modèle de recherche-action —, le modèle intégrateur met l'accent sur la nature de la collaboration qu'exige le changement planifié : les membres de l'organisation et les consultants en D.O. doivent établir le diagnostic conjointement et c'est aussi ensemble qu'ils doivent planifier les changements spécifiques. De plus, le modèle intégrateur voit le changement planifié comme un processus cyclique qui comprend le diagnostic, l'action et l'évaluation, puis de nouveau l'action et l'évaluation. En outre, il reconnaît que le changement planifié doit recevoir tout l'appui requis et qu'il doit impliquer un renouveau continu de l'organisation.

3.6 LE DIAGNOSTIC ORGANISATIONNEL EN D.O.

L'analyse des modèles d'intervention en D.O. révèle qu'ils s'amorcent tous inévitablement par une étape fondamentale : l'établissement du diagnostic. Étant donné l'éventail des interventions pouvant être associées au D.O., ce diagnostic peut s'appliquer aux individus, au groupe ou à l'ensemble de l'organisation. Nous nous limiterons ici à ce dernier niveau puisque la présente recherche-action porte spécifiquement sur le C.O. d'ordre stratégique. Pour ce faire, cette section présentera un modèle intégrateur du diagnostic organisationnel en D.O., modèle qui sera commenté après qu'aura été défini le concept de diagnostic organisationnel.

Généralement, le processus de changement planifié débute lorsqu'un ou des gestionnaires perçoivent qu'on pourrait améliorer l'organisation ou l'unité organisationnelle dans lequel ils travaillent ou qu'on pourrait enrayer les problèmes qui s'y vivent au moyen du D.O. Le mode de fonctionnement de l'organisation, tout en étant satisfaisant, pourrait être amélioré. Un environnement contraignant pourrait obliger l'organisation à modifier la manière dont elle opère. Elle pourrait vivre des problèmes particuliers tels une mauvaise qualité des produits, des taux d'absentéisme élevés ou des troubles dysfonctionnels entre ses services. Par ailleurs, les problèmes peuvent paraître diffus et se manifester simplement dans le sentiment que l'organisation pourrait être « plus innovatrice », « plus concurrentielle », ou « plus efficace ».

Le diagnostic est le processus qui consiste à évaluer le fonctionnement de l'organisation ou d'une unité organisationnelle pour découvrir les sources des problèmes et les points à améliorer. Il nécessite la collecte de renseignements pertinents au sujet du fonctionnement de l'organisation, l'analyse de ces données et la formulation de recommandations conduisant à des changements et des améliorations potentiels.

En tant qu'étape préliminaire au changement planifié, le diagnostic requiert la participation conjointe des membres de l'organisation et des agents de changement à la découverte des causes des problèmes que vit l'organisation. Ces deux groupes doivent s'engager activement dans le développement d'interventions appropriées et dans l'implantation de celles-ci.

Dans les situations où l'organisation vit des problèmes spécifiques, le diagnostic est orienté vers ces problèmes. Cependant, plusieurs des gestionnaires qui décident de s'engager dans un D.O. ne vivent pas nécessairement de problèmes particuliers. Ils sont plutôt intéressés à améliorer l'efficacité globale de leur organisation ou de leur unité organisationnelle. Dans ce contexte, le diagnostic est orienté vers le développement. Il se concentre sur l'évaluation du fonctionnement actuel de l'organisation en vue de découvrir les domaines où il pourrait y avoir du développement.

Pour établir le diagnostic, le consultant en D.O. et les membres de l'organisation doivent connaître la nature de l'information à recueillir et à analyser. Les choix qui seront effectués à ce sujet dépendront invariablement de la façon dont l'organisation est perçue.

La source principale de modèles en D.O. se retrouve dans la multitude d'articles et de volumes qui nous fournissent des théories et des connaissances sur le fonctionnement des organisations. Les modèles de diagnostic peuvent provenir de cette littérature qui couvre des concepts micro aussi variés que le stress chez les employés, le leadership, la motivation, la résolution des problèmes, les dynamiques de groupe, la restructuration des tâches et le développement de la carrière. Il existe également des modèles qui traitent de la stratégie et de la structure de l'organisation ainsi que des relations de l'organisation avec l'environnement.

Une deuxième source de modèles en D.O. réside dans l'expérience des consultants en D.O. dans les organisations. Ce champ de connaissances nous offre de l'information pratique précieuse sur la façon dont opèrent les organisations. Malheureusement, il n'est possible de traduire qu'une petite partie seulement de cette vaste expérience en modèles de diagnostic. Ces modèles associent généralement le diagnostic à des processus organisationnels spécifiques tels que la résolution des problèmes en groupe, la motivation des employés ou la communication entre gestionnaires et employés.

Plutôt que d'essayer de couvrir l'éventail complet des modèles de diagnostic en D.O., nous présenterons ici un cadre de référence général de diagnostic organisationnel tel que le proposent Cummings et Huse (1989). Ce cadre de référence intègre la perspective systémique actuellement dominante en D.O. ainsi que plusieurs modèles de diagnostic actuels. Le cadre de référence proposé constitue un bon point de départ qu'il est possible d'utiliser à trois niveaux : ceux de l'organisation, du groupe de travail et de l'individu.

La théorie des systèmes est un ensemble de concepts et de relations qui décrit les propriétés et les comportements d'entités qu'on appelle des systèmes (des organisations, des groupes et des individus par exemple).

Les systèmes sont des entités composées de parties ou de sous-systèmes ; le système intègre les parties et en fait une entité fonctionnelle. Par exemple, les organisations sont composées de services comme ceux de la comptabilité, des ventes et de la recherche. L'organisation coordonne le comportement de ses différents services pour qu'ils puissent fonctionner ensemble.

Les systèmes peuvent être plus ou moins ouverts à l'environnement externe. Les systèmes ouverts tels que les organisations et les individus échangent de l'information et des ressources avec leur environnement. Ils ne peuvent contrôler complètement leur propre comportement et sont influencés, du moins en partie, par des forces externes. Par exemple, les organisations sont affectées par des conditions environnementales telles que la disponibilité des matières premières, les exigences du client et les réglementations gouvernementales. Le fait de comprendre la manière dont ces forces agissent sur l'organisation peut nous aider à expliquer certains des comportements qu'on y retrouve.

Les systèmes ouverts possèdent un certain ordre hiérarchique. Chaque système d'un ordre hiérarchique élevé est composé de systèmes simples. Les systèmes sociaux sont composés d'organisations, les organisations sont composées de groupes (services), les groupes comprennent des individus, et ainsi de suite. Bien que les systèmes se distinguent de plusieurs façons, comme au niveau de la taille et de la complexité par exemple, ils partagent plusieurs caractéristiques communes aux systèmes ouverts : (1) des intrants, des processus de transformation et des extrants, (2) des frontières, (3) du feed-back et (4) l'équifinalité.

Comme l'indique la figure 3.5, les systèmes organisationnels possèdent un ensemble d'intrants, de processus de transformation et d'extrants. Les intrants sont les ressources humaines ou l'information, l'énergie et les matières premières, qu'on intègre au système. Ils proviennent de l'environnement.

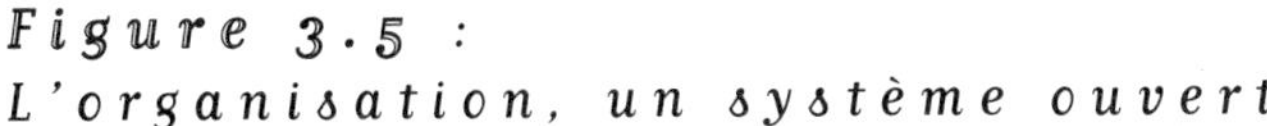

Figure 3.5 : L'organisation, un système ouvert

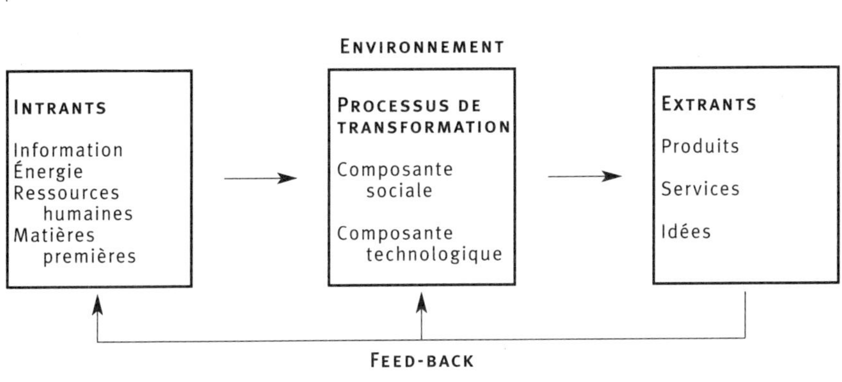

Les processus de transformation consistent à transformer les intrants en d'autres formes. Dans les organisations, les processus de transformation sont généralement basés sur une composante sociale formée d'individus et de leurs relations de travail, ainsi que d'une composante technologique comprenant des outils, des techniques et des méthodes de production. Les organisations de production utilisent des mécanismes élaborés qui leur permettent de transformer la matière première en produits finis. Les banques transforment les dépôts en prêts hypothécaires. Les écoles tentent de transformer les étudiants en des individus instruits.

Les extrants sont le résultat de ce que le système a transformé puis envoyé dans l'environnement. Les compagnies d'assurances reçoivent des intrants sous forme d'argent et de frais médicaux, qu'elles transforment au moyen d'opérations de tenue de dossiers et qu'elles expédient dans l'environnement sous forme de paiements aux hôpitaux touchés.

L'idée de frontières aide à faire la distinction entre les systèmes et leurs environnements. Les systèmes fermés ont des frontières relativement rigides et imperméables, alors que les systèmes ouverts ont des frontières beaucoup plus perméables. Il est facile de percevoir les frontières, les limites, de plusieurs systèmes biologiques et mécaniques. Il est plus difficile de définir les frontières des systèmes sociaux parce qu'il y a un flux et un reflux continuel d'énergie qui les traversent. La définition d'une frontière est quelque peu arbitraire parce que le système social possède de nombreux sous-systèmes et que la ligne de démarcation d'un sous-système peut ne pas être la même pour un autre sous-système. Comme dans le cas du système lui-même, on peut attribuer des frontières arbitraires à toute organisation sociale, compte tenu de la variable à l'étude. Les frontières utilisées pour étudier ou analyser le leadership, par exemple, peuvent être très différentes de celles dont on se sert pour étudier les dynamiques intergroupes.

De la même manière qu'il est possible de considérer les systèmes comme relativement ouverts ou fermés, la perméabilité des frontières peut aussi varier de fixe à diffuse. Les frontières d'une organisation policière qu'on peut retrouver dans une communauté donnée sont probablement définies d'une façon plus rigide et plus claire que celles des partis politiques qu'on retrouve dans cette même communauté. Les conflits frontaliers sont des problèmes potentiels omniprésents dans une organisation, comme d'ailleurs dans le monde extérieur à l'organisation.

Comme l'indique la figure 3.5, le feed-back est l'information qui a trait au rendement actuel ou aux résultats de l'organisation. Toute cette information n'est cependant pas du feed-back. Seule l'information qui est utilisée pour contrôler le fonctionnement futur du système est considérée comme du feed-back. On peut utiliser le feed-back pour garder l'organisation en état d'équilibre (par exemple, pour conserver un programme de formation donné) ou pour aider l'organisation à changer et à s'adapter aux circonstances. McDonald's par exemple s'est donné un système de feed-back sophistiqué qui lui permet de s'assurer que les repas servis dans un de ses restaurants ressemblent le plus possible à ceux que l'on sert dans tout autre restaurant de la chaîne.

Dans les systèmes mécanistes fermés, il existe une relation de cause à effet directe entre la condition initiale et l'état final du système. Cependant, les systèmes biologiques et sociaux se comportent très différemment. L'idée d'équifinalité implique qu'il est possible d'atteindre un résultat donné à partir de différentes conditions de départ et de plusieurs façons différentes. Ce concept sous-entend qu'un gestionnaire peut utiliser différents intrants dans l'organisation et transformer ces derniers de nombreuses façons pour obtenir les extrants désirés. Donc, la fonction du management n'est pas de rechercher une seule solution rigide, mais de mettre au point une variété d'options satisfaisantes. La théorie des systèmes et la théorie de la contingence veulent qu'il n'existe pas une façon universelle de structurer une organisation.

Il est possible d'établir le diagnostic des organisations, lorsqu'on les considère sous l'angle de systèmes ouverts, à trois niveaux. Le tableau 3.1 les présente.

Tableau 3.1 : Le diagnostic des organisations (systèmes ouverts) à trois niveaux

Niveau macro *L'organisation*	Comprend la structure de l'entreprise de même que les nombreux mécanismes qu'on y utilise pour structurer les ressources, comme les systèmes de récompenses, les systèmes de mesure et la culture.
Niveau intermédiaire *Le groupe ou le département*	Inclut la structure du groupe et les mécanismes qui, comme les normes et les stratégies de travail en groupe, sont utilisés pour structurer les interactions entre les membres.
Niveau micro *L'individu ou l'emploi comme tel*	Comprend les façons dont on structure les emplois pour susciter les comportements désirés.

Il est possible d'effectuer un diagnostic qui couvre les trois niveaux simultanément ou de le limiter à des problèmes qui surviennent à un niveau en particulier. La clé d'un diagnostic efficace consiste à savoir ce qu'il faut regarder à chacun des niveaux et à connaître la manière dont chacun des niveaux agit sur les autres.

La figure 3.6 présente un modèle de diagnostic des systèmes organisationnels. On y retrouve les dimensions qui sont nécessaires à la compréhension des systèmes organisationnels à trois niveaux : l'organisation, le groupe et l'individu. Le modèle indique, pour chacun des niveaux : (1) les intrants avec lesquels le système doit travailler, (2) les composantes clés de la structure organisationnelle, et (3) les extrants du système. La recherche nous montre qu'il existe des relations particulières entre les intrants, les composantes organisationnelles et les extrants mentionnés à la figure 3.6.

Les extrants du système ont toutes les chances d'être efficaces lorsque les composantes organisationnelles s'ajustent mutuellement aux intrants. Cet ajustement, ou cohérence, est indiqué par des flèches à double sens qui relient les intrants aux composantes structurelles. L'ajustement ou le soutien mutuel est montré par les liens qui existent entre les composantes structurelles elles-mêmes.

Les relations qui apparaissent à la figure 3.6 illustrent également la façon dont chaque niveau organisationnel agit sur les niveaux inférieurs. L'environnement est un intrant pour la structure organisationnelle. La structure organisationnelle est elle-même un intrant pour la structure du groupe qui, à son tour, devient un intrant pour la structure des emplois. Ces relations entre les différents niveaux suggèrent que les niveaux organisationnels doivent s'ajuster l'un à l'autre pour que l'organisation fonctionne efficacement. Cette nécessité de cohérence entre ces variables a d'ailleurs été rappelée par Côté et Miller (1991).

Figure 3.6 : Le modèle de diagnostic des organisations

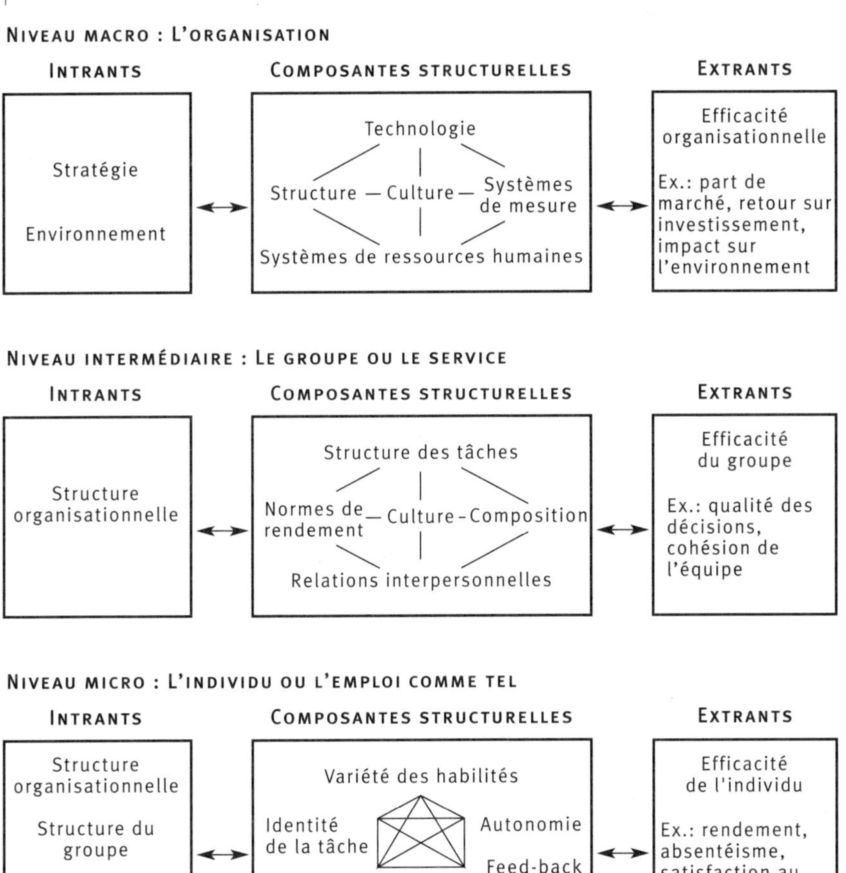

Pour comprendre comment une organisation prise dans son ensemble fonctionne, il est nécessaire d'examiner en particulier des intrants et des composantes, tout en considérant le degré de cohérence qui existe entre ces deux dimensions. La figure 3.6 indique que deux intrants clés influent sur la structure de l'organisation : la stratégie et l'environnement.

La stratégie est un plan d'action qui définit comment l'organisation utilisera ses ressources (qu'elles soient humaines, économiques ou techniques) pour parvenir à un avantage compétitif dans l'environnement (Andrews, 1980; Chaffee, 1985). Les choix stratégiques comprennent typiquement les fonctions que l'organisation effectuera, les produits ou services qu'elle produira ainsi que les marchés et les populations qu'elle desservira.

La stratégie sert à déterminer l'**environnement** d'une organisation, ces éléments et ces forces externes qui peuvent influer sur l'atteinte des objectifs stratégiques (Porter, 1980). Ces éléments comprennent généralement les fournisseurs, les clients, les compétiteurs, les régulateurs aussi bien que les forces culturelles, politiques et économiques qui se trouvent dans l'environnement. Il est possible de décrire l'environnement en se servant d'un continuum statique-dynamique qui peut modifier le fonctionnement de l'organisation (Emery et Trist, 1965). Un environnement dynamique change rapidement et s'avère par conséquent difficile à concevoir. L'innovation technologique dans le secteur informatique est dynamique et expose les entreprises de ce secteur à des changements imprévisibles les obligeant à modifier continuellement leurs opérations.

La figure 3.6 indique que les organisations possèdent cinq composantes primordiales : (1) la technologie, (2) la structure, (3) les systèmes de mesure, (4) les systèmes de ressources humaines, et (5) la culture. Le tableau 3.2 les résume.

Tableau 3.2 : Les 5 principales composantes des organisations

TECHNOLOGIE	Correspond à la manière dont l'organisation s'y prend pour transformer les matières premières en produits et services. Elle comprend les méthodes de production, les processus de travail et l'équipement.
STRUCTURE	Correspond à la façon dont une organisation divise le travail : horizontalement en services et en groupes, et verticalement en hiérarchies de gestion, puis à la façon dont elle coordonne les travaux et les résultats de cette décision.
SYSTÈMES DE MESURE	Méthodes utilisées pour recueillir, évaluer et transmettre l'information portant sur les activités des groupes et des individus dans les organisations.
SYSTÈMES DE RESSOURCES HUMAINES	Comprennent les mécanismes de sélection, de formation et de développement des employés et incluent aussi les récompenses utilisées par l'organisation pour inciter les gens à se joindre à l'organisation, à y demeurer et à travailler à l'atteinte d'objectifs spécifiques
CULTURE	Concerne les postulats de base, les valeurs et les normes qui sont partagés par les membres de l'organisation (Sathe, 1983 ; Schein, 1985). Ces éléments culturels sont habituellement tenus pour acquis et servent à orienter les perceptions, les pensées et les actions des membres.

Illustrons la **technologie** par l'exemple suivant. La technologie des Canadiens comprend des méthodes spécifiques de recrutement et d'entraînement des athlètes de même que des technologies d'appoint destinées à vendre les billets, à déplacer l'équipe et à gérer les affaires. Deux caractéristiques de la technologie influent sur la structure organisationnelle : l'interdépendance et l'incertitude (Thompson, 1967). L'interdépendance technique fait référence aux façons dont les différentes parties d'une technologie sont en relation les unes avec les autres. Une interdépendance élevée exige une coordination considérable entre les tâches, comme cela pourrait se produire lorsque plusieurs services doivent travailler ensemble pour mettre au point un nouveau produit. L'incertitude technique se rapporte pour sa part à la quantité de renseignements à traiter et de décisions à prendre au moment de l'exécution d'une tâche. En règle générale, les tâches qui exigent que l'on traite de l'information et que l'on prenne des décisions en cours d'exécution sont difficiles à planifier et à standardiser.

Poursuivons avec la **structure**. Horizontalement, il est possible de diviser les organisations par fonction (ressources humaines, finances, marketing ou production), par produit ou service (Chevrolet, Buick ou Pontiac), ou par une combinaison des deux (une structure matricielle intégrant des services fonctionnels et des groupes de produits). Verticalement, les organisations peuvent prendre un forme pyramidale et inclure plusieurs niveaux hiérarchiques, ou elles peuvent être relativement plates. La structure s'intéresse à l'intégration, au fait de rassembler et de coordonner les unités organisationnelles pour qu'elles accomplissent un travail d'ensemble. Elle implique aussi le fait de spécifier des règles, des procédures, des buts et des plans destinés à orienter les comportements dans l'organisation.

Les données obtenues par les **systèmes de mesure** nous indiquent si l'organisation fonctionne bien, et on les utilise pour détecter et contrôler les déviations à l'égard des objectifs. Par exemple, les systèmes de contrôle de gestion aident à s'assurer que les activités de chaque unité organisationnelle sont cohérentes avec les objectifs généraux de l'entreprise. De la même manière, les systèmes d'évaluation du rendement évaluent les comportements des individus à la lumière des objectifs de son unité d'appartenance.

Les **systèmes de ressources humaines** touchent la combinaison des aptitudes et des personnalités des membres de l'organisation. Les systèmes de récompenses peuvent inclure des récompenses telles que de l'argent, des avantages sociaux, des promotions et des emplois intéressants. Ces systèmes de récompenses peuvent être liés aux systèmes de mesure de manière que les récompenses soient allouées en fonction de l'atteinte des résultats. Les récompenses peuvent aussi s'appuyer sur l'ancienneté, la loyauté, le coût de la vie et d'autres critères qui ne sont pas associés aux rendements de l'employé.

Voici un exemple illustrant la **culture**. La culture de McDonald's met l'accent sur l'« efficience », la « rapidité » et la « consistance ». Elle oriente les employés vers les objectifs de la compagnie et leur suggère les types de comportements qui sont nécessaires pour parvenir au succès. Parce que la culture est omniprésente et agit sur les autres composantes de l'organisation, elle occupe une position centrale dans la figure 3.6.

Le modèle de diagnostic présenté à la figure 3.6 suggère que les composantes organisationnelles doivent s'ajuster aux intrants si l'on tient à ce que les extrants de l'organisation (la part du marché ou le retour sur l'investissement par exemple) soient acceptables. L'analyse de certains travaux révèle qu'on devrait retrouver une cohérence ou les compatibilités suivantes entre les intrants et les composantes organisationnelles (Lawrence et Lorsch, 1967 ; Thompson, 1967 ; Mintzberg, 1983) :

1. Lorsque les choix stratégiques sont faits dans un environnement très dynamique (changeant et incertain), la structure organisationnelle devrait être organique. On devrait y retrouver un faible niveau de formalisation en ce qui a trait à la technologie, à la structure, aux systèmes de mesure, aux systèmes de ressources humaines et à la culture. Ces composantes devraient soutenir des comportements flexibles et innovateurs dans l'organisation.
2. Lorsque la stratégie est mise en œuvre dans un environnement statique, la structure organisationnelle devrait être plutôt mécaniste. Les composantes structurelles devraient être formalisées et soutenir des comportements standardisés dans l'organisation. À titre d'exemple, McDonald's fait face à un environnement relativement statique. Sa structure organisationnelle est le reflet d'une certaine certitude. Les règles qui concernent le comportement sont nombreuses, les tâches sont très spécifiques, les mesures sont innombrables et effectuées sur une base continue, et les politiques relatives à la gestion du personnel s'intéressent même à la longueur des cheveux des employés ainsi qu'à la couleur et à l'apparence de leurs souliers.

3.7 La typologie des interventions en D.O.

À ce stade-ci de notre tour d'horizon des éléments fondamentaux du D.O., il semble indiqué de brosser un tableau des différentes interventions qui peuvent être associées à ce champ disciplinaire. Bien qu'il s'agisse ici de s'en tenir globalement à une brève description de chacune de ces interventions, le thème de notre recherche-action nous amènera à porter une attention particulière aux interventions que Cummings et Huse (1989) qualifient de stratégiques. On souhaite ainsi être en mesure de mieux situer ces dernières dans l'arsenal du D.O., tout en obtenant un éclairage supplémentaire sur le problème du changement d'ordre stratégique.

Le terme intervention renvoie aux activités de changement planifié qui visent à aider une organisation à devenir plus efficace pour solutionner ses problèmes. Ces activités ont généralement trois caractéristiques : (1) elles doivent s'appuyer sur de l'information valide en ce qui concerne le fonctionnement de l'organisation ; (2) elles doivent prendre appui sur le choix libre et informé des membres de l'organisation ; (3) elles doivent susciter l'engagement des membres à l'endroit de ces choix (Argyris, 1970). De plus, Friedlander et Brown (1974) considèrent que les interventions doivent toucher simultanément les structures, les technologies et les individus compte tenu du relevé qu'ils ont effectué des échecs des interventions qui ne s'attaquaient qu'à l'une des trois dimensions (Campbell et Dunnette, 1968).

L'information valide est le résultat d'un diagnostic précis du fonctionnement de l'entreprise. Étant donné que l'information provient de l'entreprise elle-même, les interventions choisies devraient refléter les besoins des membres de l'organisation en matière de changement. Le choix libre et informé suppose que les membres de l'organisation participent activement aux décisions qui ont trait au changement et qu'on ne leur impose pas une intervention quelconque. L'engagement signifie que la direction de l'organisation accepte de parrainer l'intervention et assume la responsabilité de l'implanter afin que les changements significatifs en résultent.

Comme nous l'avons déjà mentionné, la naissance du D.O. peut être associée à l'avènement de deux interventions fondamentales : le *T-group* et l'enquête de feed-back. Depuis, les types d'intervention se sont multipliés à un rythme rapide, ce qui nous amène à proposer un cadre conceptuel permettant de les classer et de les associer aux aspects clés des organisations. En nous appuyant sur la perspective des organisations en tant que systèmes ouverts, nous pouvons classer les interventions en fonction des problèmes organisationnels qu'elles cherchent à solutionner et des niveaux organisationnels sur lesquels elles agissent principalement (Cummings et Huse, 1989).

La Figure 3.7 classifie les interventions de D.O. en fonction des types de problèmes qu'elles tentent de solutionner. Cette figure présente quatre groupes de problèmes interreliés auxquels les organisations sont confrontées :

3.7.1 Les problèmes relatifs aux processus humains

Ces problèmes concernent le comportement des gens dans les organisations de même que les processus qui, tels la communication, la prise de décision, le leadership et les dynamiques de groupe, décrivent leurs interactions. Pour les besoins de la cause, on appellera ici interventions sur les processus humains les méthodes de D.O. qui se concentrent sur ces types de problèmes, notamment les premières techniques utilisées en D.O., comme les *T-groups* et l'enquête de feed- back.

3.7.2 Les problèmes relatifs à la structure/technologie

Les dirigeants doivent décider comment ils divisent le travail en unités organisationnelles, puis coordonner celles-ci. Ils doivent aussi décider de la façon de fabriquer les produits ou d'offrir les services, et de la façon d'associer les individus aux différentes tâches. Les interventions techno-structurelles sont donc les méthodes de D.O. visant à solutionner ces problèmes d'ordre structurel et technologique. Elles comprennent des activités de D.O. qui ont trait à la structure organisationnelle, à la qualité de la vie au travail et à la structure des tâches.

3.7.3 Les problèmes relatifs aux ressources humaines

Ces problèmes concernent le fait d'attirer les individus compétents dans l'organisation, de leur fixer des objectifs de travail, de les récompenser, de s'assurer qu'ils progressent dans leur carrière et qu'ils gèrent leur stress. Ces interventions en gestion des ressources humaines sont les techniques de D.O. qui s'intéressent à ces questions.

3.7.4 Les problèmes stratégiques

Les dirigeants doivent décider des produits ou des services qu'ils offriront, des marchés qu'ils tenteront de s'approprier, tout comme ils doivent décider de la manière dont l'organisation interagira avec son environnement et de la façon dont elle se transformera pour s'ajuster aux changements externes. Ces questions stratégiques représentent les problèmes les plus critiques auxquels les organisations doivent faire face dans ces environnements changeants et très compétitifs que nous rencontrons de nos jours. Ces interventions stratégiques constituent les méthodes de D.O. qui s'intéressent à ces questions. Elles représentent les méthodes les plus récentes en D.O. et comprennent la planification des systèmes ouverts, le développement transorganisationnel, le changement culturel, le changement stratégique et l'autotransformation organisationnelle (*self-designing organizations*).

Figure 3.7 : La typologie des interventions en D.O. et problèmes organisationnels correspondants (Cummings et Huse, 1989)

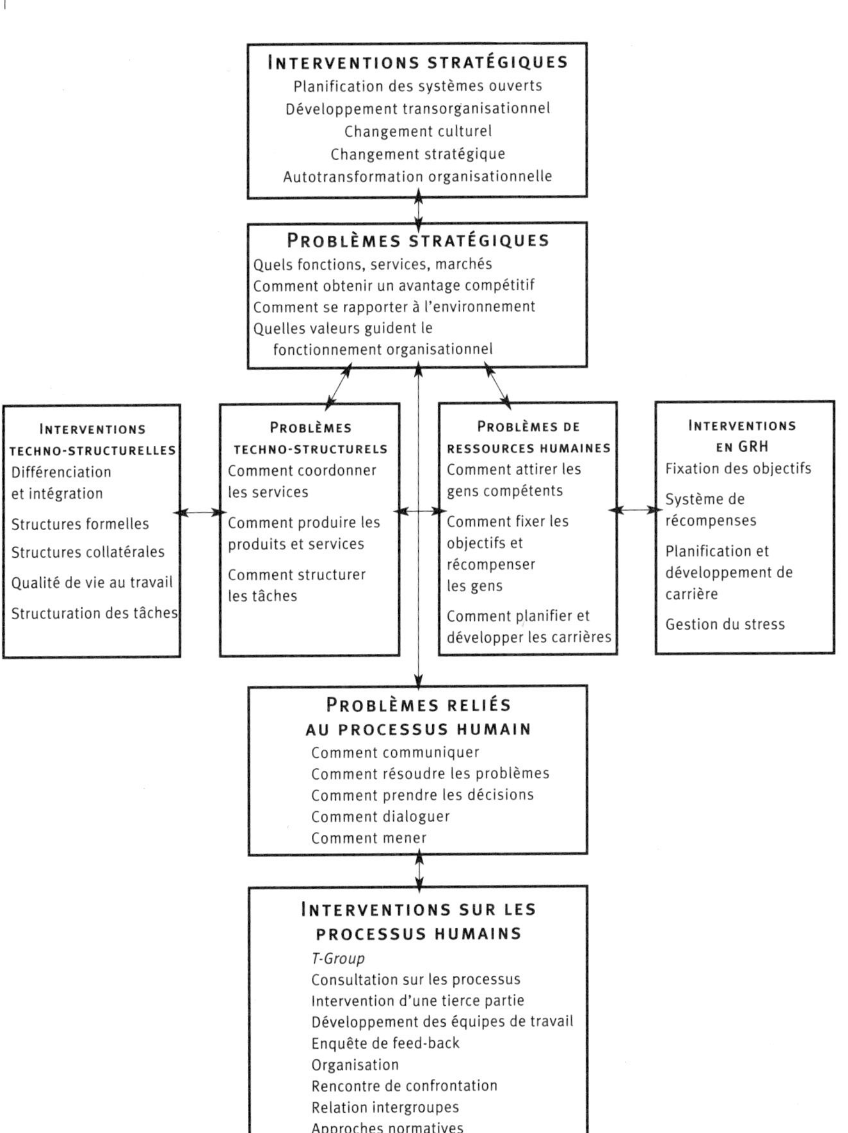

3.8 Une brève description des principales interventions contemporaines en D.O.

Les problèmes reflètent bien les préoccupations des organisations contemporaines. Les flèches à double sens qui relient les différents éléments présentés à la figure 3.7 représentent les concordances ou les liens entre les problèmes présentés. Pour atteindre un niveau élevé d'efficacité, les organisations doivent élaborer des solutions compatibles avec l'ensemble des composantes organisationnelles. Par exemple, les décisions concernant l'obtention d'un avantage concurrentiel doivent tenir compte des choix effectués à propos de la structure organisationnelle, de la fixation des objectifs et des récompenses des employés, de la communication et de la prise de décision et vice versa.

Comme l'indique la figure 3.7, des interventions particulières de D.O. s'appliquent à des problèmes spécifiques. Mais puisque ces problèmes sont interreliés, les interventions de D.O. doivent de la même manière être intégrées les unes aux autres. Par exemple, on pourrait devoir intégrer une intervention de changement culturel visant à changer les valeurs et les normes qui orientent le comportement dans l'organisation à des interventions de soutien telles que la fixation des objectifs, les systèmes de récompenses et le développement des équipes de travail. L'idée ici consiste à penser systémiquement, c'est-à-dire à réfléchir sérieusement à la façon dont les interventions agissent sur les différents types de problèmes et à la manière d'intégrer les différentes interventions de manière à produire une plus grande cohésion entre les dimensions organisationnelles.

Tout en faisant face à des problèmes qui sont interreliés, les systèmes organisationnels fonctionnent à différents niveaux : individu, groupe et organisation. Comme l'indique le tableau 3.3, il est possible de classifier les interventions en D.O. en fonction du niveau qu'elles affectent le plus. Par exemple, certaines interventions techno-structurelles affectent principalement les individus et les groupes (par exemple la restructuration des tâches), alors que d'autres concernent principalement l'organisation dans son ensemble (par exemple le changement culturel). Il faut toutefois préciser que seul le principal niveau touché par les interventions est mentionné au tableau 3.3. Plusieurs interventions ont aussi un effet secondaire sur d'autres niveaux. Par exemple, le changement culturel concerne principalement l'organisation dans son ensemble, mais il peut avoir un effet indirect sur les groupes de travail et sur les emplois individuels.

Nous en arrivons maintenant à une brève description des principales interventions contemporaines utilisées en D.O.

Tableau 3.3 : La typologie des interventions en D.O. et les niveaux organisationnels correspondants

	Niveau organisationnel touché en premier lieu		
Interventions	*Individu*	*Groupe*	*Organisation*
Processus humains			
T-Group	X	X	
Consultation sur les processus		X	
Intervention d'une tierce partie		X	
Développement des équipes de travail		X	
Enquête de feed-back		X	X
Rencontre de confrontation			X
Relations intergroupes			X
Approches normatives		X	X
Techno-structurelles			
Différenciation et intégration			X
Structures formelles			X
Structures collatérales			X
Qualité de vie au travail	X	X	X
Structuration des tâches	X	X	
Gestion des ressources humaines (GRH)			
Fixation des objectifs	X	X	
Systèmes de récompenses	X	X	X
Planification et développement de carrière	X		
Gestion du stress	X		

	Niveau organisationnel touché en premier lieu		
Interventions	*Individu*	*Groupe*	*Organisation*
Stratégiques			
Planification des systèmes ouverts		X	X
Développement transorganisationnel			X
Changement culturel			X
Changement stratégique			X
Autotransformation organisationnelle		X	X

3.8.1 Les interventions sur les processus humains

Ces interventions se concentrent sur le comportement des individus dans les organisations et sur les processus selon lesquels ils accomplissent les objectifs de l'organisation. Ces processus comprennent la communication, la résolution des problèmes, la prise de décision en groupe et le leadership. Ce type d'intervention trouve ses racines dans l'origine du D.O. Il représente les premiers programmes de changement en D.O., qui incluaient le *T-group* et l'enquête de feed- back. Les interventions sur les processus humains se fondent principalement sur des disciplines comme la psychologie, la psychologie sociale et des domaines appliqués comme la dynamique des groupes et les relations humaines, contrairement aux approches techno-structurelles qui s'inspirent de l'ingénierie, de la sociologie, de l'économie et de la théorie des systèmes. Les professionnels qui utilisent ces interventions valorisent habituellement la réalisation de soi et s'attendent à ce que l'efficacité organisationnelle provienne d'une amélioration du fonctionnement des individus et des processus organisationnels (Friedlander et Brown, 1974). Ils ont habituellement recours aux quatre interventions suivantes :

Le T-group. Cette méthode traditionnelle de changement vise à favoriser un apprentissage expérientiel au sujet des dynamiques de groupe, du leadership et des relations interpersonnelles. Le *T-group* de base comprend environ de 10 à 15 personnes qui ne se connaissent pas et qui se réunissent en compagnie d'un professionnel pour examiner les dynamiques sociales qui ressortent de leurs interactions. Tout en apprenant beaucoup de choses sur les dynamiques de groupe, les membres reçoivent des commentaires sur l'effet de leurs comportements sur chacun des autres membres.

La consultation sur les processus. Ce genre d'intervention se concentre sur les relations interpersonnelles et les dynamiques sociales qui ressortent dans les groupes de travail. Typiquement, un consultant dont le travail porte sur les processus aide les membres d'un groupe à établir comment ce dernier fonctionne et à découvrir les solutions appropriées pour régler des problèmes tels un conflit dysfonctionnel, une communication qui laisse à désirer et la présence de normes inefficaces. Le but recherché est d'aider les membres à acquérir les connaissances et les aptitudes nécessaires pour cerner et solutionner eux-mêmes ces problèmes.

L'intervention d'une tierce partie. Cette méthode de changement est une forme de consultation sur les processus qui se concentre sur les relations interpersonnelles dysfonctionnelles dans les organisations. Le conflit interpersonnel peut provenir d'un problème relatif au travail lui-même ou être la conséquence de problèmes entre des personnes. La personne qui assume ce rôle aide les gens à résoudre les conflits au moyen de méthodes comme la résolution des problèmes, la négociation et la conciliation.

Le développement des équipes de travail. Ce type d'intervention aide les équipes de travail à accomplir leurs tâches d'une façon efficace. Tout comme la consultation sur les processus, le développement des équipes de travail permet aux membres d'établir des processus de groupe et de concevoir des solutions pour résoudre les problèmes auxquels ils font face. Cette méthode va cependant plus loin que les processus de groupe dans la mesure où elle examine les tâches du groupe, les rôles joués par les membres et les stratégies utilisées pour accomplir les tâches.

Autres interventions. D'autres interventions portent sur des processus humains qui sont d'une portée plus grande que celles que nous avons décrites jusqu'ici. Elles concernent typiquement une organisation ou une unité organisationnelle ainsi que les relations entre les groupes. Ces interventions comprennent les quatre programmes de changement présentés au tableau 3.4.

Tableau 3.4 : Quatre programmes de changement compris dans des interventions sur des processus humains

Enquête de feed-back *(Tellier, 1992 ; Beer, 1980 ; Friedlander et Brown, 1974 ; Alderfer, 1977)*	Consiste à recueillir de l'information sur l'organisation et à transmettre les données recueillies aux gestionnaires et aux employés de manière qu'ils puissent diagnostiquer les problèmes tout en déterminant des zones potentielles de changement et qu'ils puissent élaborer des plans d'action destinés à les solutionner. Porras et Berg (1978) ont indiqué que seule cette intervention était en nette progression au début des années 70.
Rencontre de confrontation *(Friedlander et Brown, 1974)*	Cherche à mobiliser les membres de l'organisation pour qu'ils relèvent les problèmes, pour qu'ils déterminent des plans d'action et pour qu'ils commencent à s'attaquer aux problèmes. La confrontation « favorisée dans ces groupes est l'élément clé du développement de l'équipe (Boucher, 1995).
Relations intergroupes *(Tellier, 1992 ; Friedlander et Brown, 1974)*	Consistent à aider les gens à résoudre les conflits. Dans ce cas, le conflit se situe entre deux ou plusieurs groupes ou unités organisationnelles et les praticiens du D.O. dont Neilsen (1972), Walton (1967), Blake et autres (1964) et Bechard (1975) ont essayé de mettre au point des interventions qui ont pour objet d'éliminer ces tensions non productives pour l'organisation (Boucher, 1995). « Cette intervention a pour but de réduire la compétition intergroupe [...] et à augmenter la coopération » (Tellier, 1992). Ce dernier point est partagé par Beckhard (1975).
Approches normatives *(Friedlander et Brown, 1974)*	Spécifient la meilleure façon de gérer une organisation.

En utilisant la méthode de l'enquête du feed-back, on se sert généralement de questionnaires pour recueillir les données. On transmet par la suite l'information aux gens dans le cadre de rencontres de groupes qui débutent souvent par l'équipe de direction de l'entreprise et qui s'adressent ensuite aux groupes des niveaux inférieurs de la hiérarchie organisationnelle.

On utilise habituellement la rencontre de confrontation lorsque les membres de l'organisation vivent un stress et que la direction doit organiser ses ressources pour solutionner des problèmes immédiats. L'intervention comprend habituellement plusieurs regroupements d'employés qui participent à la définition et à la résolution des problèmes.

En règle générale, dans un programme de relations intergroupes un consultant aide les groupes à comprendre les causes du conflit et à choisir les solutions appropriées. Ces solutions peuvent aller des changements dans les comportements (par exemple réduire le nombre d'interactions nécessaires) aux changements dans les attitudes (par exemple changer la façon dont chaque groupe considère les autres groupes).

Selon les approches normatives, il existe deux programmes de changement fort populaires en D.O. : le Système 4 de Likert et la Grille de D.O. de Blake et Mouton. Ces programmes comprennent des instruments standardisés qui mesurent les pratiques organisationnelles de même que des procédures spécifiques visant à aider les organisations à appliquer les approches qui sont prescrites.

3.8.2 Les interventions techno-structurelles

Ces méthodes de changement sont de plus en plus populaires en D.O., particulièrement à la lumière de l'intérêt grandissant du D.O. envers des notions comme la productivité et l'efficacité organisationnelle. Ces méthodes comprennent des approches destinées à améliorer la qualité de la vie au travail ainsi que des programmes visant à structurer les organisations, les groupes et les emplois individuels. Les interventions techno-structurelles trouvent leurs origines dans les disciplines de l'ingénierie, de la sociologie et de la psychologie ainsi que dans les domaines appliqués des systèmes socio-techniques et de la structure des organisations. Les professionnels mettent ici l'accent sur la productivité et la réalisation de soi, et estiment que l'efficacité organisationnelle résulte de structures de travail et de structures organisationnelles adéquates (Trist, 1981).

Les interventions techno-structurelles qui ont trait à la structure des organisations comprennent les trois programmes de changement suivants (tableau 3.5) :

Tableau 3.5 : Trois programmes de changement compris dans les interventions techno-structurelles

DIFFÉRENCIATION ET INTÉGRATION	Ce programme représente l'une des premières approches contingentielles à la structure des organisations. Elle s'applique aux organisations structurées en unités fonctionnelles, telles la production, les ventes et la recherche. Elle structure les unités (différenciation) et conçoit des méthodes qui permettent de les coordonner (intégration) en fonction du degré d'incertitude de l'environnement auquel l'organisation doit faire face.
STRUCTURES FORMELLES	Ce programme de changement concerne la division du travail dans l'organisation, c'est-à-dire la façon de spécialiser les tâches. Celle-ci donne généralement lieu à quatre types de structures : (1) les unités spécialisées, (2) les structures par produits, où les entreprises sont organisées en unités de produits, (3) les structures matricielles, où les organisations sont structurées en une combinaison d'unités fonctionnelles et par produits, et (4) les structures en réseaux, composées d'organisations interdépendantes qui accomplissent une tâche commune.
STRUCTURES COLLATÉRALES	Ce programme a pour but de créer une organisation parallèle qu'un gestionnaire peut utiliser pour compléter l'organisation formelle existante. Les structures collatérales sont relativement informelles et visent à solutionner des problèmes que l'organisation formelle ne peut résoudre.

La **qualité de vie au travail** constitue une grande catégorie d'interventions qui vise à améliorer le bien-être de l'employé et l'efficacité de l'organisation. Elle tente habituellement d'encourager la participation des employés dans la prise des décisions. Les changements en ce qui concerne la qualité de la vie au travail peuvent inclure des améliorations dans la structure des tâches, les systèmes de récompenses, les structures de participation et d'environnement de travail (par exemple les horaires de travail, l'environnement physique de travail et les machines) (Lawler, 1986; Mohrman et autres, 1986).

La **structuration des tâches** est un programme de changement qui a trait à la conception des tâches affectées aux équipes de travail et aux individus. Elle inclut les approches des systèmes socio-techniques visant à mettre sur pied des groupes de travail autonomes, qui peuvent diriger leurs propres tâches à l'aide d'un minimum de contrôles externes. La structuration des tâches oblige également à enrichir les tâches individuelles en permettant aux employés d'utiliser une variété d'habiletés, d'exercer leur autonomie et de recevoir un feed-back sur les résultats de leur travail.

3.8.3 Les interventions en gestion des ressources humaines

Ces pratiques de gestion améliorent habituellement l'intégration des employés aux organisations. Ces pratiques comprennent entre autres la planification des carrières, les systèmes de récompenses, la fixation des objectifs et l'évaluation du rendement. On a traditionnellement associé ces interventions à la fonction « personnel » dans les organisations. Les interventions en gestion des ressources humaines s'appuient sur des disciplines telles que la psychologie, l'économique et les relations de travail ainsi que sur les pratiques de gestion concernant la rémunération, la sélection et l'affectation des employés, l'évaluation du rendement et le développement de carrière. Les professionnels qui travaillent dans ce domaine mettent l'accent sur les gens qui forment l'organisation et tiennent pour acquis que l'efficacité organisationnelle découle de la mise en application de pratiques favorisant une meilleure intégration des employés dans les organisations.

Les interventions qui ont trait aux récompenses et à la fixation des objectifs comprennent les deux programmes de changement suivants (tableau 3.6) :

Tableau 3.6 : Deux programmes de changement compris dans les interventions qui ont trait aux récompenses organisationnelles et à la fixation des objectifs

FIXATION DES OBJECTIFS	Ce programme de changement se rapporte à la fixation et à l'évaluation des objectifs de gestion. Il vise à mieux faire coïncider les objectifs personnels et organisationnels en accentuant la communication et en permettant aux gestionnaires et aux subordonnés, individuellement ou en groupe, de déterminer conjointement les objectifs. Les gestionnaires et les subordonnés se rencontrent périodiquement pour planifier le travail, évaluer les progrès réalisés et solutionner les problèmes qui empêchent l'atteinte des objectifs.
SYSTÈMES DE RÉCOMPENSES	Ce programme s'intéresse à la conception de systèmes de récompenses qui augmentent la satisfaction et le rendement des employés au travail. Il inclut des approches innovatrices en ce qui a trait aux salaires (actionnariat, participation aux bénéfices), aux promotions et aux avantages sociaux comme les congés annuels payés, l'assurance-maladie et les programmes de retraite.

Les deux autres interventions en gestion des ressources humaines mettent l'accent sur les programmes suivants (tableau 3.7) :

Tableau 3.7 : Deux programmes compris dans les interventions en gestion des ressources humaines

LA PLANIFICATION ET LE DÉVELOPPEMENT DE LA CARRIÈRE	Ce type d'intervention aide les gens à choisir les organisations dans lesquelles ils pourraient travailler, leur cheminement de carrière et à atteindre leurs objectifs de carrière. Ce programme met généralement l'accent sur les gestionnaires et le personnel professionnel, et on le considère comme un moyen d'améliorer la qualité de vie au travail.
LA GESTION DU STRESS	Ce programme de changement tente d'aider les membres de l'organisation à s'ajuster aux conséquences du stress au travail. Il aide les gestionnaires à réduire certaines sources spécifiques du stress telles que les conflits de rôle (les demandes conflictuelles) et l'ambiguïté de rôle (les demandes confuses). Il propose également des méthodes visant à réduire les symptômes du stress comme l'hypertension et l'anxiété.

3.8.4 Les interventions stratégiques

Ces interventions concernent le lien entre le fonctionnement interne de l'organisation et l'environnement externe, puis la transformation de l'organisation pour qu'elle s'adapte aux conditions changeantes de l'environnement. Ces programmes de changement sont parmi les plus récents en D.O. Ils agissent sur l'organisation dans son ensemble et ils visent une meilleure cohésion entre la stratégie, la structure et la culture de l'organisation, et l'environnement externe. Ces interventions s'appuient sur des disciplines comme la stratégie des entreprises, la théorie des organisations, la théorie des systèmes ouverts et l'anthropologie culturelle.

À cet égard, deux grandes interventions en D.O., présentées au tableau 3.8A, visent à gérer les relations entre l'organisation et l'environnement. Ensuite, en matière d'interventions stratégiques, Cummings et Huse (1989) mentionnent trois autres interventions destinées cette fois à transformer les organisations elles-mêmes (tableau 3.8B).

Tableau 3.8A :
Deux interventions majeures en D.O. visant à gérer les relations entre l'organisation et l'environnement

La planification des systèmes ouverts	Cette méthode de changement aide les organisations et les unités organisationnelles à évaluer systématiquement leurs relations avec l'environnement et à planifier des moyens pour améliorer ces interactions. Elle vise à rendre les organisations plus actives et plus compétentes en ce qui concerne la gestion des relations avec leur environnement.
Le développement trans-organisationnel	Cette intervention vise à aider les organisations à se joindre à d'autres organisations pour accomplir des tâches et pour solutionner des problèmes qui sont trop complexes pour une seule organisation. Elle aide les organisations à reconnaître le besoin d'établir des partenariats et de mettre en place les structures appropriées à leur implantation.

Tableau 3.8B : Trois interventions majeures pour transformer les organisations

LE CHANGEMENT CULTUREL	Ce type d'intervention aide les organisations à développer des cultures (valeurs, croyances et normes) appropriées à leurs stratégies et à leur environnement. On met l'accent sur le développement d'une culture d'entreprise solide qui incite les membres de l'organisation à orienter leurs efforts dans la même direction.
LE CHANGEMENT STRATÉGIQUE	Ce type d'intervention entraîne un changement global de l'organisation, particulièrement en réponse au changement et à l'incertitude qui prévalent dans l'environnement. Il suppose la modification de trois systèmes organisationnels (technique, politique et culturel). On tend ici à améliorer la cohérence entre ces systèmes, et entre ces derniers et l'environnement externe.
L'AUTO-TRANSFORMATION ORGANISATIONNELLE	Ce programme de changement consiste à aider les organisations à développer la capacité de se changer fondamentalement elles-mêmes. Il s'agit ici d'un processus hautement participatif qui exige la contribution de plusieurs acteurs organisationnels à la détermination des orientations stratégiques, à la conception des structures et des processus appropriés, et à l'implantation de ceux-ci. Les organisations apprennent ainsi à concevoir et à instaurer leurs propres changements stratégiques.

Comme le suggèrent Cummings et Huse (1989), les professionnels du D.O. sont en train de découvrir que plusieurs de leurs aptitudes relatives aux processus sociaux peuvent s'avérer utiles auprès de cadres aux prises avec la formulation et la mise en œuvre de nouvelles orientations stratégiques. Cependant, ces professionnels constatent également la nécessité d'élargir leur base de connaissances en intégrant des notions relevant de disciplines telles que la stratégie d'entreprise, la finance, le marketing et d'autres fonctions du management.

3.9 LE CHANGEMENT CULTUREL

Grâce à ces connaissances additionnelles et à ces nouvelles aptitudes, les professionnels du D.O. pourront intervenir dans un créneau d'intervention de plus en plus populaire en Amérique du Nord : le changement de la culture organisationnelle. Cette popularité croissante s'est notamment manifestée par la parution de plusieurs « best-sellers » en management : *Theory Z* (Ouchi, 1981), *The Art of Japanese Management* (Pascale et Athos, 1981), *Corporate Cultures* (Deal et Kennedy, 1982), *In Search of Excellence* (Peters et Waterman, 1982), *A Passion for Excellence* (Peters et Austin, 1985), *Organizational Culture and Leadership* (Schein, 1985), *Culture's Consequences* (Hofstede, 1980). La culture organisationnelle y est présentée comme l'une des forces d'entreprises à succès telles que IBM, Procter and Gamble, Hewlett-Packard, Xerox, Johnson and Johnson, Dana, McDonald's et Levi Strauss.

L'implantation et le maintien des changements expliquent la volonté de gérer la culture pendant le changement. Par ailleurs, un nombre croissant de cadres supérieurs découvrent la forte influence potentielle de la culture organisationnelle sur les croyances et les comportements de leurs employés. Il importe alors de voir si justement la culture organisationnelle est conforme aux objectifs du changement. Trop souvent les organisations espèrent que la culture suivra en se concentrant sur des éléments tangibles (ex : technologies, équipements, procédures, etc.) ; plusieurs organisations ne se préoccupent tout simplement pas du changement culturel, car il apparaît trop difficile. Cependant, si le changement est radical, souvent il est nécessaire de réaligner la culture en place, de revoir son architecture afin qu'elle favorise le développement et le maintien de comportements et de valeurs conformes aux objectifs visés.

Un problème important est que ce concept a été emprunté à l'anthropologie puis adapté. D'où la confusion et les perspectives contradictoires provenant de différentes disciplines telles que les sciences de la gestion, l'anthropologie et la psychologie qui font que les gestionnaires et les praticiens sont livrés à eux-mêmes. Malgré cette popularité croissante du concept de culture organisationnelle chez les chercheurs et les praticiens, on décèle encore une certaine confusion en ce qui concerne sa définition. L'analyse de la documentation spécialisée nous amène toutefois à proposer la définition suivante de la culture organisationnelle :

> *Elle est un ensemble de postulats de base, de valeurs, de normes et d'artefacts, partagés par les membres d'une organisation*

afin de leur permettre de donner un sens à cette dernière. Ces points de repère significatifs indiquent comment le travail doit être fait et évalué, et comment les employés doivent interagir entre eux ainsi qu'avec des interlocuteurs importants tels que les clients, les fournisseurs ou les agences gouvernementales.

Comme l'indique la figure 3.8, la culture organisationnelle englobe quatre éléments importants existant à différents niveaux de conscience (Schein, 1985) :

Figure 3.8 :
Les niveaux de culture organisationnelle

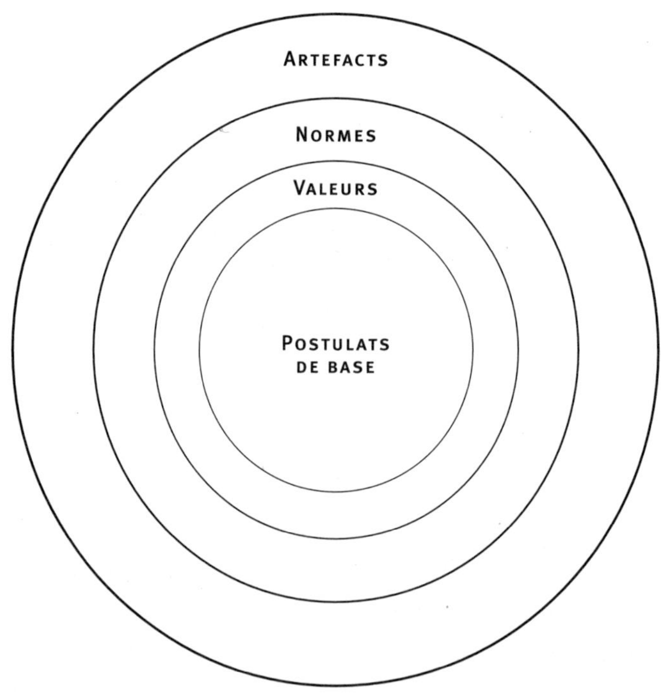

I. Au niveau le plus profond de la culture organisationnelle, on retrouve les **postulats de base**, inconscients, relatifs à la façon dont les problèmes organisationnels devraient être résolus. Ces postulats de base orientent les perceptions et les façons de penser des membres de l'organisation. Ils représentent souvent des postulats incontestables et indiscutables qui concernent les relations avec l'environnement, aussi bien que la nature humaine, l'activité humaine et les relations interpersonnelles. Un postulat de base chez IBM veut que le service à la clientèle soit essentiel au succès organisationnel.

II. À l'autre niveau de conscience, on retrouve les **valeurs**, qui concernent ce qui devrait se passer dans les organisations. Ces valeurs indiquent aux membres les choses auxquelles ils doivent faire attention. Étant donné que IBM valorise le service à la clientèle, les membres de cette organisation accordent une grande importance à la façon dont ils traitent leurs clients.

III. Sous la surface de la conscience culturelle, on retrouve les **normes** qui représentent le comportement des membres de l'organisation dans diverses situations. Elles constituent en fait des règles non écrites de comportement. Chez IBM, les normes veulent que les membres de l'organisation écoutent attentivement les clients et répondent à leurs demandes.

IV. Au plus haut niveau de conscience culturelle, se retrouvent les **artefacts** et les créations, qui représentent les manifestations visibles des autres niveaux d'éléments culturels. Ils englobent les comportements observables des membres, ainsi que les structures, les systèmes, les procédures, les règles écrites et les dimensions physiques de l'organisation. La ligne ouverte chez IBM constitue une manifestation culturelle des normes, des valeurs et des postulats concernant les clients de l'entreprise.

Comme le suggère Schein (1985), et comme nous l'ont rappelé Côté et Miller (1992), la culture organisationnelle est la résultante d'un apprentissage social à long terme et elle reflète ce qui a bien fonctionné au cours des années. La culture organisationnelle est constituée des postulats de base, des valeurs, des normes et des artefacts qui ont suffisamment bien fonctionné pour être transmis à des générations successives d'employés.

L'intérêt que nous portons au concept de culture organisationnelle s'explique par le fait qu'une proportion croissante de cadres croit à son influence prépondérante sur la performance de l'organisation ainsi que sur la capacité de cette dernière à introduire de nouvelles stratégies d'affaires. Cependant, cette focalisation croissante sur la culture organisationnelle a permis aux cadres de prendre conscience que ce genre de changement s'avérait très difficile et constituait inévitablement un processus à long terme. Les cultures organisationnelles « adultes » peuvent être très résistantes aux changements étant donné qu'elles sont fondamentalement stables et qu'elles se renforcent d'elles-mêmes. Le changement culturel doit être soigneusement « chorégraphié » et il faut considérer que ce processus de changement est dynamique.

Une intervention visant à changer la culture d'une organisation s'amorce habituellement par un diagnostic de la culture existante et par une évaluation de sa cohérence ou de sa compatibilité avec la stratégie d'affaires actuelle ou proposée. Ce diagnostic exige de déceler et de comprendre les postulats de base des gens, leurs valeurs, leurs normes et leurs artefacts relatifs à la vie organisationnelle. Colliger ces renseignements expose les intervenants à trois problèmes (Wilkins, 1983) :

Tableau 3.9 : Trois problèmes reliés aux renseignements colligés à partir de postulats de base, valeurs, normes et artefacts relatifs à la vie organisationnelle

1. Les gens tiennent souvent pour acquis certains postulats culturels et en parlent rarement. Il semble plus fréquent que la culture organisationnelle se manifeste implicitement dans des comportements concertés tels que les routines quotidiennes, les histoires, les rituels, et dans le langage. Les membres de l'organisation doivent donc consacrer beaucoup de temps et d'efforts pour observer et questionner les gens sur ces manifestations culturelles afin de comprendre leur signification.

2. Certaines croyances et certaines valeurs organisationnelles adoptées par les membres peuvent s'avérer différentes de celles auxquelles ils croient personnellement. Or, on observe fréquemment une réticence à admettre un tel écart.
3. Il semble probable que de grandes organisations englobent différentes sous-cultures, incluant même des contre-cultures allant à contre-courant de la culture organisationnelle dominante. Certains postulats de base peuvent ainsi ne pas être partagés dans tous les sous-groupes de l'organisation. Cela indique donc que la focalisation sur un sous-groupe restreint (ex. : haute direction) peut nous amener à esquisser un profil déformé de la culture et des sous-cultures organisationnelles.

Pour réaliser cette difficile opération de diagnostic, les praticiens ont mis au point quelques techniques qui peuvent se résumer aux suivantes :

Tableau 3.10 : Intervention visant à changer la culture d'une organisation

PROCESSUS ITÉRATIF D'ENTREVUES	Fait intervenir des gens provenant à la fois de l'intérieur et de l'extérieur de l'organisation (Schein, 1985). Il s'agit en fait d'un processus où les gens de l'extérieur aident les membres de l'organisation à déceler des éléments culturels à travers une exploration conjointe.
UTILISATION DE QUESTIONNAIRES STANDARDISÉS	But : découvrir la culture organisationnelle. Un exemple réside dans le « Kilman and Saxton Culture-Gap Survey » qui sert à détecter les écarts entre la culture actuelle et la culture souhaitée (Kilman et Saxton, 1983). Cet outil mesure la culture en ce qui a trait aux normes, juste sous la surface des comportements. À l'aide de 28 paires de normes (actuelles et désirées), on repère des écarts aux quatre niveaux suivants : le soutien au travail, l'innovation au travail, les relations sociales et la liberté personnelle.
DIAGNOSTIC ORGANISATIONNEL	Implique la description de la culture sous l'angle des principaux comportements managériaux (Schwartz et Davis, 1981). Cette méthode se fonde sur des énoncés normatifs concernant la façon de réaliser les tâches managériales et de gérer les relations interpersonnelles dans l'organisation. Les données culturelles ainsi obtenues peuvent servir à évaluer le risque culturel inhérent à l'implantation d'éventuels changements organisationnels. Les résultats concernant ces risques peuvent aider les cadres à déterminer s'il s'avère préférable de changer l'implantation planifiée afin de s'accommoder à la culture actuelle, ou si cette dernière doit être changée. Le diagnostic organisationnel peut en fait se réaliser à travers les étapes suivantes : définir la culture existante, énumérer les changements organisationnels requis par l'implantation stratégique, évaluer les risques culturels.

Pour terminer ce bref tour d'horizon concernant le changement de culture organisationnelle, il convient de souligner le débat relatif à la faisabilité de ce changement (Frost et autres, 1985). Les partisans du changement culturel se concentrent généralement sur les éléments superficiels de la culture tels que les normes et les artefacts. Ces éléments semblent en effet plus faciles à modifier que des éléments comme les valeurs et les postulats de base. Cependant, d'autres rétorquent que si ces derniers éléments ne sont pas changés, les organisations reviendront inévitablement à leurs façons de faire habituelles.

Ce qui semble faire davantage consensus chez les praticiens est le fait que des changements culturels ne devraient être envisagés que lorsqu'on a considéré d'autres solutions moins difficiles et moins coûteuses (Barney, 1986). Pour atteindre et soutenir les objectifs de changement, il faut qu'il existe une relation forte entre le changement culturel et les changements opérationnels. Bien que les connaissances à cet égard ne soient pas complètes, l'analyse de la littérature spécialisée nous permet de dégager les recommandations suivantes (tableau 3.11) concernant les changements de cultures organisationnelles (Schwartz et Davis, 1982; Uttal, 1983; Kilmann et Saxton, 1983; Sathe, 1983; Drake et Drake, 1988) :

Tableau 3.11 : Recommandations concernant les changements de cultures organisationnelles

Une vision stratégique claire	Un changement efficace de culture organisationnelle doit être fondé sur une vision claire de la nouvelle stratégie ainsi que sur des valeurs partagées par les membres de l'organisation et des comportements nécessaires au fonctionnement de cette dernière. Cette vision procure la raison d'être du changement culturel et en établit la direction. Une façon utile de véhiculer cette vision stratégique claire consiste à élaborer une charte organisationnelle contenant des énoncés clairs des valeurs organisationnelles de base.
Engagement de la haute direction	Un changement culturel doit être géré à partir du haut de la pyramide organisationnelle. Les cadres supérieurs doivent soutenir activement les nouvelles valeurs et maintenir une pression constante en faveur du changement.

Leadership symbolique	Les cadres supérieurs doivent communiquer la nouvelle culture à travers leurs propres actions. Ces dernières devraient symboliser les types de valeurs et de comportements souhaitables. Dans les quelques cas à succès connus de changements culturels, les membres de la haute direction ont démontré un zèle presque missionnaire pour soutenir les nouvelles valeurs, notamment à travers leurs comportements.
Soutien des changements organisationnels	Un changement culturel devrait habituellement être soutenu par des modifications relatives à la structure organisationnelle, aux systèmes de ressources humaines, aux systèmes d'information et de contrôle ainsi qu'aux styles de gestion. Ces changements organisationnels sont susceptibles d'orienter les comportements vers la nouvelle culture. Ils peuvent sensibiliser les employés aux comportements souhaités et peuvent encourager leurs manifestations.
Sélection et socialisation des nouveaux employés, et licenciement des déviants	Une des façons les plus efficaces de changer une culture organisationnelle consiste à en changer les membres. Ces derniers peuvent être recrutés ou renvoyés en fonction de leur niveau de compatibilité avec la nouvelle culture. Ce principe s'avère particulièrement important dans les postes supérieurs où les actions peuvent fortement influer sur la promotion des nouvelles valeurs et des nouveaux comportements. On connaît les exemples célèbres de changements organisationnels radicaux ayant été instaurés par de nouvelles équipes de direction. On sait également l'importance du processus de socialisation des nouveaux employés qui sont habituellement, à leur arrivée, particulièrement ouverts aux influences organisationnelles.
Sensibilité éthique et juridique	Les processus de changement culturel sont susceptibles de soulever des tensions entre les intérêts individuels et organisationnels, ce qui peut amener des problèmes d'ordre éthique et juridique pour les intervenants. Les probabilités que survienne ce genre de problème s'avèrent plus grandes lorsque les nouvelles valeurs promues concernent l'intégrité des employés, le contrôle, le traitement équitable et la sécurité d'emploi. Les énoncés organisationnels sur ces sujets peuvent faire naître des attentes chez les employés, attentes qui risquent de ne pas être comblées par l'organisation en ce qui a trait aux actions et aux procédures. On risque alors de se retrouver dans des situations où certains employés se sentent lésés sur les plans éthique ou juridique.

3.10 LA TYPOLOGIE ET L'ANALYSE DES THÉORIES EN D.O.

Nous en arrivons à la dernière section de ce chapitre consacré au D.O. Il s'agit ici de résumer l'état des connaissances théoriques en D.O., toujours dans le but ultime de mieux comprendre le processus de C.O. d'ordre stratégique. Par souci de concision et pour simplifier la lecture, nous nous en tiendrons aux éléments qui semblent susceptibles de faciliter notre modélisation du processus de C.O. d'ordre stratégique.

Tout comme Bennis (1966), on convient généralement de la pertinence de séparer les théories du changement en deux catégories (Porras et Robertson, 1987). Une première catégorie, que l'on peut nommer « théories de l'implantation », porte principalement sur les activités que doivent entreprendre les agents de changement. Ces théories décrivent habituellement les étapes à respecter et les précautions à prendre afin d'assurer un certain succès aux interventions en changement planifié. Une deuxième catégorie de théories concerne davantage le processus de changement lui-même. Ce type de théories explique les dynamiques inhérentes au processus de changement en tentant de spécifier :

i. les variables que l'on peut manipuler dans le cadre d'une intervention de C.O. ;
ii. les résultats attendus de ces changements ;
iii. les relations causales qui permettent l'atteinte de ces résultats ;
iv. les contingences dont dépendent ces processus de changement.

Étant donné l'importance que nous avons accordée aux interventions en D.O. dans la section précédente, nous nous limiterons ici aux tendances lourdes dégagées par Porras et Robertson (1987) dans leur excellente synthèse des théories relatives à l'implantation du C.O. Ces tendances peuvent se résumer aux constatations suivantes :

1. Il se dégage un consensus quant aux étapes à respecter dans le cadre d'interventions en D.O. Ces étapes sont le diagnostic, la planification, l'intervention et l'évaluation.

2. On s'entend beaucoup moins lorsque vient le moment de spécifier les variables à analyser dans le cadre d'un bon diagnostic organisationnel. Par ordre décroissant de consensus dans la littérature spécialisée, on retrouve les variables suivantes : d'abord, les arrangements organisationnels (*organizing arrangements*) et les facteurs sociaux ; puis la technologie et l'environnement ; enfin, les résultats, la raison d'être (*purpose*) et l'environnement physique. La faible attention accordée à ces derniers est considérée comme une faiblesse des théories du D.O. consacrées à l'implantation (Porras et Robertson, 1987).
3. Il y a encore moins de consensus concernant les conditions nécessaires à un changement efficace et les caractéristiques d'un bon agent de changement. Malgré la multitude de suggestions, on constate l'absence de connaissances systématiques à l'égard de ces deux types de variables. Il semble pourtant essentiel d'en arriver à bien comprendre les effets des interactions entre des variables comme la nature des problèmes à corriger, les conditions présentes en ce qui concerne la situation de l'organisation et le processus de changement, de même que les caractéristiques de l'agent de changement.
4. Par opposition à cette dernière constatation plutôt décourageante, on relève un certain consensus concernant les critères prévalant au choix des interventions. Les différents critères ont été classés en cinq groupes qui interviennent aux deux étapes du processus de sélection des interventions. Ce cadre d'analyse du processus de sélection est résumé au Tableau 3.5.

La deuxième catégorie de théories en D.O. a pour objet le processus de changement lui-même. À cet égard, l'analyse de Porras et Robertson (1987) portait sur les théories développées par Cartweight (1952), Dalton (1970), Goodman et Dean (1982), House (1967), Lawler (1982), Miles et autres (1969) ainsi que Nadler (1977). Pour faciliter la compréhension de la synthèse de cette analyse, il convient de définir les variables incluses dans les théories relatives au processus du C.O. :

- **Variables visées** (*target variables*). Ce sont les variables sur lesquelles on veut agir dans le cadre d'une intervention en C.O. ou, en d'autres mots, les résultantes du système.
- **Variables à manipuler** (*manipulable variables*). Il s'agit des leviers de changement, des éléments que l'on peut modifier directement et qui sont supposés, à travers des mécanismes de causalité, provoquer des changements dans les variables visées.
- **Variables médiatrices** (*mediator variables*). Ce sont les variables qui se retrouvent au milieu de la chaîne causale. Par conséquent, un changement dans une « variable à manipuler » devrait produire un changement relatif à une ou des variables médiatrices, s'il doit y avoir un changement subséquent dans les variables visées.
- **Variables modératrices** (*moderator variables*). Il s'agit des variables qui ont un effet sur la relation causale impliquant deux autres variables. Il s'ensuit que cette dernière relation causale est tributaire à l'état de la ou des variables modératrices dont il est question. Ces dernières ne font pas directement partie de la chaîne de causalité dans la mesure où elles n'ont pas à être changées elles-mêmes, mais elles n'en ont pas moins une importance déterminante pour le fonctionnement adéquat de ces mécanismes de causalité. Ces distinctions entre variables médiatrices et modératrices ont d'ailleurs été proposées par James et Brett (1984). La figure 3.9 schématise le modèle utilisé pour analyser les théories du D.O. consacrées au processus de changement (Porras et Robertson, 1992).

Figure 3.9 :
Représentation schématique des variables comprises dans les théories du D.O. consacrées au processus de changement

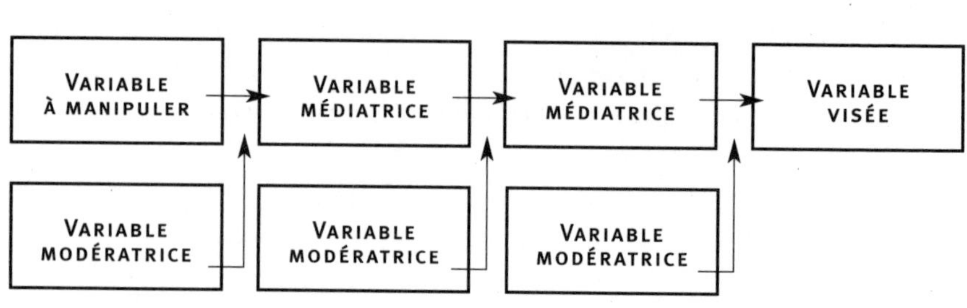

Ces explications préliminaires nous permettent de faire les constatations suivantes concernant cette deuxième catégorie de théories en D.O. :

1. Les variables visées dans ces théories sont généralement de deux ordres : le comportement individuel ou la performance (efficacité) organisationnelle. Des variables comme la croissance psychologique individuelle ou l'actualisation de soi ne sont aucunement considérées, malgré leur importance historique à titre d'objectifs fondamentaux du D.O.
2. La plus grande faiblesse de ces théories réside dans la pauvreté des « variables manipulables » suggérées. À ce chapitre, la majorité des modèles proposent l'information comme seule variable à manipuler. On comprend facilement l'importance de cette variable dans toute forme de C.O. et l'on peut même accepter l'hypothèse voulant qu'un changement relatif à l'information accompagnera tout changement dans les autres variables à manipuler (par exemple la structure ou la technologie). Toutefois, étant donné cette omniprésence du changement d'ordre informationnel, la focalisation sur cette variable réduit l'utilité des théories. Comme Porras et Robertson (1978), on ne peut que souhaiter qu'une attention plus grande soit portée à d'autres caractéristiques organisationnelles qui pourraient intervenir à titre de variables à manipuler. Spécifier ces variables clés permettrait de les inclure dans les théories afin de vérifier empiriquement leurs conséquences possibles sur l'information et sur d'autres variables de la chaîne causale.
3. Contrairement aux variables « manipulables », on relève un éventail appréciable de variables médiatrices et modératrices dans les modèles abordant les dynamiques du C.O. Cependant, on observe également une forte « interchangeabilité » entre ces deux types de variables. Par exemple, les normes du système où se produit le changement, la propension d'un individu à s'engager dans le système ainsi que le degré auquel divers aspects du système appuient le changement représentent autant de variables incluses à la fois à titre de variables médiatrices et modératrices. De la même façon, les relations entre performance et récompenses se retrouvent dans les deux listes de variables.

Finalement, les variables suivantes sont comprises à la fois directement dans la chaîne causale et à titre de variables modératrices : la motivation à changer, la perception du besoin d'un changement et le rôle de l'établissement d'objectifs. Ces constatations mènent à une conclusion incontournable : à son niveau actuel de développement, la théorie relative au processus du C.O. s'avère insuffisante pour permettre une compréhension adéquate des dynamiques sous-jacentes au changement planifié dans les milieux organisationnels. On ne peut donc que souhaiter, comme Porras et Robertson (1987), que les futures recherches théoriques sur ce sujet servent à déterminer avec précision les variables faisant intégralement partie de la chaîne causale et celles qui n'interviennent qu'à titre de modératrices dans ce processus. Ces améliorations théoriques permettraient aux agents de changement de raffiner leurs interventions et de mieux suivre leur évolution, tout en les aidant à mieux prévoir le succès des interventions en D.O. dans une situation organisationnelle donnée.

En guise de conclusion à cette synthèse relative aux théories du D.O. consacrées au processus de changement, nous formulerons quelques observations générales susceptibles d'être utiles à une étape ultérieure du présent processus de recherche-action consacré au C.O. d'ordre stratégique :

a) On doit noter le faible nombre de théories essayant d'expliquer les dynamiques du C.O.

b) Même parmi les variables retenues par Porras et Robertson (1987), on relève une forte variation du degré de spécification des variables et de leurs interrelations. Concrètement, le continuum va de Dalton (1970), qui spécifie 1 variable médiatrice et 6 variables modératrices, à Miles et autres (1969), qui décrivent 15 variables médiatrices réparties en 5 stades, et à House (1967), qui inclut 21 variables modératrices intervenant dans 5 chaînes de causalité. Une telle variation dans la complexité des théories constitue un indice supplémentaire de notre compréhension imparfaite des dynamiques du C.O.

c) En plus de leur degré de complexité, ces théories se différencient nettement quant à leur degré de généralité. C'est ainsi que la majorité de ces théories se basent sur un cadre d'analyse relatif à une stratégie d'intervention particulière : Miles et autres (1969) ainsi que Nadler (1977) se basent sur l'enquête-rétroaction (*survey feed-back*), Cartwright (1951) se fonde sur la dynamique de groupe, House (1967) met l'accent sur le développement des cadres, alors que Lawler (1982) est préoccupé par l'augmentation de l'engagement des employés en vue d'améliorer l'efficacité organisationnelle. Seulement deux théories, celles de Dalton (1970) et celle de Goodman et Dean (1982), tentent d'expliquer le changement sans relier ce dernier à des méthodes particulières. Encore ici, il faut souhaiter des développements théoriques portant sur l'élaboration de modèles davantage généralisables, des modèles qui permettraient d'expliquer les dynamiques du changement sans égard aux stratégies utilisées pour le favoriser.

d) Une dernière observation générale veut que ces théories ne semblent pas s'enrichir mutuellement. En les analysant chronologiquement, on ne peut déceler aucune évolution vers une théorie précise relative au processus du changement. Il se peut que cette situation s'explique par leur association respective avec des stratégies d'interventions particulières. Mais il se peut également que cette situation reflète l'absence de consensus concernant l'importance relative que les auteurs accordent aux diverses théories fondamentales pertinentes. À titre d'exemple, une théorie relative au processus de changement doit nécessairement incorporer des éléments retrouvés dans les théories de la motivation. Or, notre analyse révèle la présence de différentes théories de la motivation, la plus populaire étant la théorie des attentes, suivie de la théorie des besoins et la théorie relative à la fixation d'objectifs. Il semble évident que le développement d'une théorie plus précise du processus de changement devra nécessairement passer par un meilleur consensus concernant ces théories fondamentales sous-jacentes.

3.11 CONCLUSION

Tout comme l'ont fait des spécialistes en gestion stratégique (Allaire et Hafsi, 1989), on ne peut que constater l'absence de cadres conceptuels convaincants nous permettant de comprendre de manière globale et complète les dynamiques complexes inhérentes au processus de C.O. de grande envergure. Cette constatation rejoint celle d'auteurs comme Ledford et autres (1989) qui se sont intéressés à ce type de C.O. à travers une analyse de la documentation consacrée respectivement au D.O. et à la théorie des organisations. Ils relèvent d'abord l'absence de convergence entre ces deux secteurs de la documentation pour faciliter notre compréhension du C.O. de grande envergure. Schématiquement, ils observent qu'aucune de ces deux approches ne met l'accent sur le changement au niveau de l'ensemble des systèmes organisationnels. D'un côté, l'approche du D.O. semble privilégier des interventions spécifiques au C.O. Quant à l'approche privilégiée en théorie des organisations, elle semble s'en tenir aux causes spécifiques de problèmes comme la survie de l'organisation, sa performance ou sa structure. Pour ces auteurs, le D.O. est trop « micro » dans son orientation, alors que la théorie des organisations pêche par son orientation trop « macro ». Ils suggèrent que la littérature en D.O. soit davantage axée sur la recherche-action que celle qui est consacrée à la théorie des organisations, moins préoccupée par les conséquences pour la pratique. Le résultat de l'analyse de ces deux secteurs de la documentation est résumé au tableau 3.12.

Tableau 3.12 :
Le D.O. par rapport à la théorie des organisations (Ledford et autres, 1989)

SUJET	LITTÉRATURE EN D.O.	LITTÉRATURE EN THÉORIE DES ORGANISATIONS
Cible principale	Changements planifiés spécifiques	Causes spécifiques et types de changements
Principaux niveaux d'analyse	Groupes individuels et *group subsystems*	Relations organisation/environnement et organisation/groupes des organisations
Conséquences pratiques	Étendues	Limitées

Pour expliquer cette rareté de recherches consacrées spécifiquement au processus de C.O. de grande envergure, Ledford et autres (1989) proposent les raisons suivantes. Il y a d'abord les possibilités de recherche qui sont assez rares, bien qu'elles semblent vouloir augmenter étant donné la croissance de l'intérêt pour ce sujet dans la conjoncture actuelle. Il y a ensuite le fait qu'une minorité de cadres supérieurs considèrent les chercheurs comme des alliés utiles dans un processus de C.O. d'envergure. Même lorsque l'occasion se présente, il faut admettre la difficulté d'entreprendre une recherche sur ce sujet étant donné la rareté des méthodes appropriées pour le comprendre et le mesurer. Finalement, le principal obstacle à de bonnes recherches sur le C.O. de grande envergure réside dans l'absence d'un corpus théorique satisfaisant sur le sujet.

Cette constatation semble s'appliquer également au champ disciplinaire historiquement associé aux éléments micro du changement organisationnel : le D.O. Dans cette section, il s'agissait d'aborder les éléments fondamentaux du D.O. afin d'en dégager un éclairage utile pour notre compréhension du processus de C.O. d'ordre stratégique. Après avoir défini le D.O. et présenté quelques-uns de ses auteurs classiques, nous nous sommes arrêtés à un modèle intégrateur de diagnostic organisationnel en D.O. proposé par Cummings et Huse (1989). Ce diagnostic pouvant s'appliquer aux individus, aux groupes, ou à l'ensemble de l'organisation, notre attention s'est limitée à ce dernier aspect vu notre orientation axée sur la stratégie. Nous en retenons également, dans la foulée de Côté et Miller (1992), la nécessité d'une cohérence entre les composantes organisationnelles elles-mêmes (structure, culture, technologie, systèmes de mesure, systèmes de ressources humaines) ainsi qu'entre ces dernières et les intrants organisationnels (stratégie et environnement).

Puis, dans la poursuite de notre tour d'horizon des éléments fondamentaux du D.O., nous avons brossé un tableau de l'ensemble des interventions pouvant être associées à ce champ disciplinaire. Nous avons porté une attention particulière aux interventions qualifiées de stratégiques qui englobaient la planification des systèmes ouverts, le développement transorganisationnel ainsi que les changements culturels et stratégiques. Au-delà des considérations techniques relatives à l'implantation de ces changements, notre démarche nous amène à partager les perceptions de différents auteurs (Ledford et autres, 1989; Hafsi et Demers, 1989; Cummings et Huse, 1989; Kilmann et Covin, 1988) qui convergent vers la constatation suivante : les C.O. d'ordre stratégique représentent des processus difficiles, risqués, complexes, imprévisibles, émotivement intenses et s'échelonnant souvent sur plusieurs années (Uttal, 1983). Il ressort également que le concept de culture organisationnelle constituera une variable incontournable de tout modèle portant sur le C.O. d'ordre stratégique. À cet égard, malgré l'absence de consensus dans la littérature spécialisée, il semble indiqué de s'en remettre à la conception de Schein (1985), qui propose quatre niveaux de conscience englobés dans le concept de la culture organisationnelle : les postulats de base, les valeurs, les normes ainsi que les artefacts et les créations.

Une dernière section visait à dresser succinctement un bilan de l'état des connaissances théoriques en D.O. Dans la foulée des travaux de Bennis (1966), ces théories ont été divisées en deux catégories : celles qui portent sur l'implantation du D.O. et celles qui mettent l'accent sur le processus de changement en D.O. Ces dernières ont été l'objet principal de notre intérêt et de notre analyse.

Malheureusement, comme l'ont fait différents auteurs (Ledford et autres, 1989; Porras et Robertson, 1987 et 1992), nous ne pouvons que constater la pauvreté relative des théories visant à expliquer le processus de changement en D.O. Nous en sommes encore, en D.O., aux premiers stades des connaissances quand il s'agit d'expliquer les dynamiques inhérentes au processus de C.O.

{ Chapitre 4 }

Vers un modèle préliminaire du potentiel de changement organisationnel d'ordre stratégique

Les classiques mettent surtout l'accent sur la gestion, donc sur la gestion du changement, en situation de complexité. Il est intéressant de noter cependant que la plupart des auteurs mentionnés, même s'ils ne parlent que du comportement de l'organisation dans son ensemble, en parlent comme d'une sorte de composition (agrégation) du comportement des personnes qui constituent l'organisation. En d'autres termes, ils semblent tous dire que l'organisation n'est que l'assemblage savant ou rustique d'activités entreprises par des personnes ou, encore, que l'organisation ne peut être conceptualisée sans les personnes qui la constituent.

Pourtant, il est fréquent pour nous de penser à l'organisation comme à une entité séparée des personnes qui la composent et il y a pour cela de bonnes raisons. L'organisation, surtout lorsqu'elle atteint des degrés de complexité élevés, peut avoir une vie propre, des comportements avec lesquels la plupart des membres peuvent être en désaccord, sans qu'ils puissent individuellement les modifier.

En matière de changement organisationnel d'ordre stratégique, cette dichotomie individu-organisation est importante. Il faut la comprendre pour pouvoir agir sur elle. Un modèle du potentiel de changement organisationnel d'ordre stratégique (COOS) doit permettre d'indiquer quelle est la dynamique qui existe à un moment donné entre les individus et l'organisation de manière à suggérer le mode de gestion le plus approprié. Cette dynamique peut être directement reliée au degré de complexité de l'organisation.

À partir de la discussion des textes classiques, nous proposons une théorie du changement que nous appelons théorie de la double relativité et dont la logique apparaîtra clairement plus loin. La théorie, énoncée en détail à la fin de ce chapitre stipule que, d'une part, l'importance relative des personnes (notamment celles qui dirigent) et de l'organisation change en fonction d'un certain nombre de facteurs de contingence (notamment l'âge, la taille et le type d'organisation) et que, d'autre part, la configuration des éléments (contexte, structure, culture, processus) constituant l'organisation change aussi en fonction de cette importance relative.

Pour exprimer cette théorie de manière opérationnelle et explicite, nous avons retenu comme cadre conceptuel de base quatre grandes dimensions : contexte, structure, processus et culture. L'essentiel de ce cadre a été élaboré par M. Côté et D. Miller dans un document non publié, produit en 1992. Nous leur devons donc l'essentiel des développements proposés ici. Ce cadre a été transformé, à la suite de la synthèse de la documentation fondamentale en changement organisationnel d'ordre stratégique et en développement organisationnel, en modèle heuristique, présenté à la figure 4.1 (page suivante). Ce cadre indique notamment qu'une organisation peut être complètement caractérisée à partir de quatre grands éléments :

- Le contexte (taille, âge, technologie, degré de turbulence et degré d'hostilité de l'environnement, diversité des activités, type de propriété) :
  Le contexte est celui de l'organisation dans son ensemble ou celui de l'un de ses centres d'activité stratégiques (CAS). Il exprime en particulier les changements, les adaptations, parfois même les fuites en avant, exigées par la concurrence, la démographie, l'écologie, les grands changements d'ordre économique, juridique, politique, scientifique ou technologique... L'utilisation de cette dimension permet de reconnaître les principales occasions et menaces engendrées par les changements qui surviennent dans ces diverses facettes de l'environnement. Dans ce cas, il devient alors possible de déterminer les degrés d'incertitude, d'hostilité et d'hétérogénéité présents à un moment donné dans l'environnement d'une organisation ou de l'un de ses CAS.

- Les arrangements structurels (standardisation, formalisation, spécialisation, centralisation, complexité de configuration, différenciation, intégration, technocratisation, contrôles et systèmes d'information, bases des organisations, interrelations des dimensions structurelles) :
  La structure organisationnelle se définit comme la façon de diviser les activités entre les unités opérationnelles et entre les individus d'une même unité, de partager le pouvoir de décision entre les niveaux hiérarchiques, d'intégrer et de coordonner les efforts

Figure 4.1 :
Modèle heuristique du potentiel de changement organisationnel d'ordre stratégique (Fabi et Hafsi, 1992)

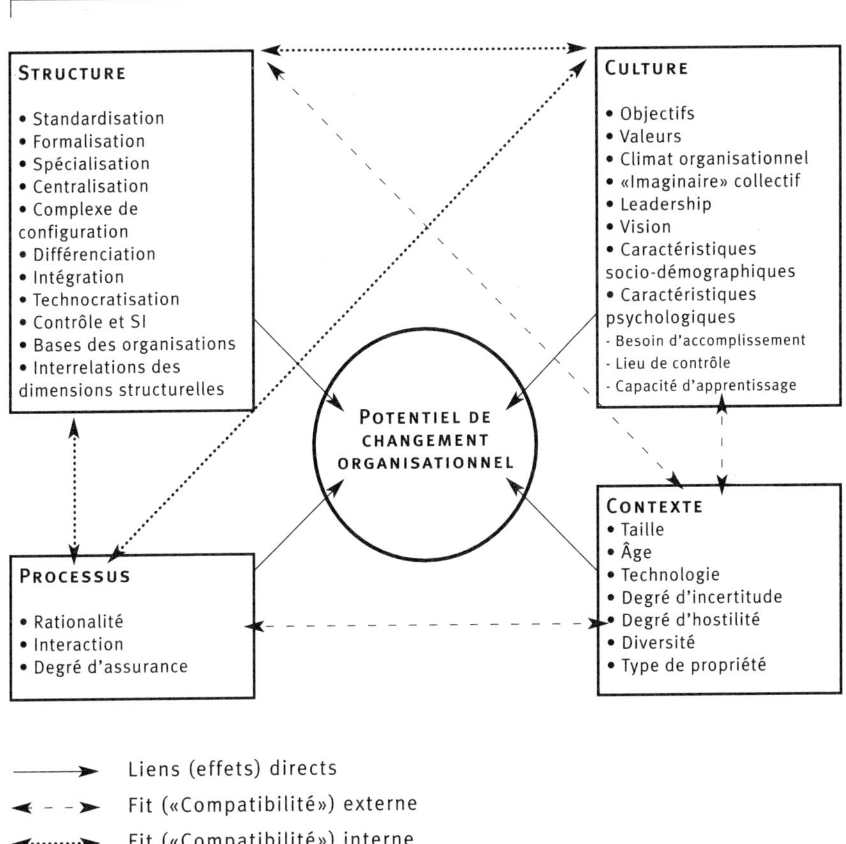

des unités et des individus, et d'élaborer et de mettre en place les systèmes de gestion.

- Le processus de prise de décision (rationalité, interactions, degré d'assurance) :
  Le processus de décision fait référence à la manière avec laquelle on prend les décisions stratégiques au sein d'une organisation et

de son CAS. Les questions qui se posent alors sont du type : Que privilégie-t-on : l'intuition et la rapidité ou une démarche analytique et plus lente, l'utilisation d'outils d'analyse sophistiqués ou le flair et l'expérience ? Favorise-t-on la prise de décision individuelle ou au contraire la décision prise par consensus et celle qui engage le plus grand nombre des individus et des groupes ? Les processus de décision visent-ils à encourager la prudence, la stabilité, la coexistence pacifique avec les concurrents ou au contraire à promouvoir le risque, l'innovation, les changements rapides et les guerres ouvertes avec les concurrents ?

- La culture (objectifs, croyances et valeurs, imaginaire collectif, leadership, climat organisationnel, caractéristiques psychologiques et socio-démographiques des cadres supérieurs) :
  La culture organisationnelle peut être définie comme le pattern d'hypothèses de base (inventées, découvertes ou élaborées par un groupe donné de personnes au fur et à mesure qu'elles apprennent à résoudre leurs problèmes d'adaptation externe et d'intégration interne) qui ont fonctionné suffisamment bien pour être jugées valides. Elles doivent alors être transmises aux nouveaux membres de l'organisation comme la chose à faire, comme la perception, la pensée, ou le sentiment d'avoir fait face aux problèmes à résoudre. La culture comprend donc les buts et les valeurs les plus importants ainsi que leur degré de clarté et d'acceptation, également la qualité du climat organisationnel et la sorte de leadership exercé au sein de l'organisation ou du CAS.

La majorité des facteurs mentionnés ont été expliqués par Côté et Miller, à la suite d'une synthèse de la documentation spécialisée sur la caractérisation des organisations. Ces auteurs indiquent que ces facteurs peuvent avoir une influence sur la performance de l'organisation. Ils soulignent également que cette dernière peut être modifiée par le degré de cohérence entre ces quatre regroupements de facteurs.

Le cadre Côté-Miller représente bien l'état des recherches sur le fonctionnement des organisations. C'est pour cela que nous l'avons adopté pour structurer notre analyse de la littérature empirique moderne sur le C.O. d'ordre stratégique. Nous avons donc retenu ce cadre conceptuel à titre de modèle heuristique. Cette démarche nous permettra d'élaborer un modèle final du potentiel de C.O. d'ordre stratégique. À ce stade-ci de notre cheminement, nous formulerons donc implicitement l'hypothèse que ces facteurs sont susceptibles d'avoir un effet, non seulement sur la performance de l'organisation, mais également sur sa capacité à assumer des changements d'ordre stratégique.

Les propositions suivantes servent à préciser la théorie proposée :

Proposition 1

Lorsqu'un changement stratégique est entrepris, l'importance relative de chacun des éléments caractérisant l'organisation (contexte, structure, processus, culture) change avec la complexité de l'organisation.

La structure, par exemple, n'a pas la même importance, en ce qui concerne l'appréciation des capacités à changer, notamment celle de la résistance ou du désir de changer, dans une organisation simple et dans une organisation complexe. Ainsi, la structure et la nature du processus de prises de décisions pourraient être considérées comme des barrières importantes au changement dans une organisation complexe, alors qu'elles pourraient faciliter le changement dans une organisation simple. De même la culture pourrait être peu significative dans une organisation simple mais décisive dans une organisation complexe. Finalement, le contexte a une emprise différente selon que l'organisation est simple, agile et peu visible, ou au contraire complexe, rigide et omniprésente.

Notre hypothèse est que l'importance relative de chacun des éléments caractérisant l'organisation évolue d'une manière que l'on peut reconnaître. Nous suggérons même qu'il y a une évolution prévisible de cette importance relative. Ainsi, il existe, selon le degré de complexité de l'organisation, une évolution en U de l'importance relative de ces éléments, que nous allons à présent préciser.

Proposition 2

Lorsque l'organisation est simple (a un seul produit/marché ou une seule ligne de produits/marchés avec une structure simple et un leadership fort) les éléments dominants sont de nature culturelle et sont liés en particulier à la force du leadership.

Toutes les recherches sur l'entrepreneurship, par exemple, rappellent sans cesse le rôle et l'importance de l'entrepreneur dans le succès ou l'échec de l'organisation. Dans ce cas, les personnes jouent un rôle essentiel et la littérature la plus pertinente pour comprendre et gérer le changement stratégique est la littérature sur le comportement des personnes ou le développement organisationnel, ce que nous avons appelé dans ce document la littérature micro.

Proposition 3

Lorsque l'organisation est d'un degré de complexité moyen (généralement associé à un petit nombre de produits/marchés ou de lignes produits/marchés), les éléments de structure et de fonctionnement (contexte et processus) dominent.

Cela correspond aussi à ce que les fondements de la littérature nous ont appris (Simon, 1945 ; Thompson, 1967). Lorsqu'on a fait face aux défis de la création de l'organisation et que l'organisation a atteint une certaine maturité, la structure doit devenir plus importante pour gagner en efficacité. Dans ce cas, les arrangements structurels jouent un rôle essentiel dans le fonctionnement (Mintzberg, 1978). La littérature la plus pertinente pour comprendre et pour gérer le changement stratégique est la littérature sur le changement stratégique, ce que nous avons appelé dans ce document la littérature macro.

Proposition 4

Lorsque le degré de complexité est élevé, avec une diminution sensible du niveau de compréhension des relations de cause à effet et une augmentation de la difficulté à énoncer des objectifs ayant une validité générale pour tous, les éléments de nature culturelle et les éléments de nature structurelle jouent chacun des rôles essentiels. Toutefois, à cause de l'opacité et de l'inertie qu'engendrent les structures, les éléments de culture, notamment le leadership, jouent le rôle le plus dynamique et à ce titre-là dominent.

La littérature en théorie des organisations indique que, lorsque le degré de complexité est élevé, les dirigeants doivent aligner le fonctionnement de l'organisation et les exigences de l'environnement (Thompson, 1967). Cela peut requérir des structures complexes et des couches spécialisées de dirigeants. La tâche principale du leadership devient la gestion des différentes couches de dirigeants et la conception de la structure de façon à « engendrer les comportements souhaités » (Bower, 1970). Les travaux qui peuvent apporter la contribution la plus significative sont des travaux de synthèse qui s'intéressent en particulier à la direction dynamique des organisations, un peu comme le modèle présenté par Barnard (1938) ou celui de Bower (1970).

Cela explique notre intérêt pour des domaines aussi variés que ceux sur la stratégie et ceux sur le comportement des personnes dans l'organisation. La littérature sur la stratégie met en évidence l'importance de facteurs tels que la structure et les processus de décision, modérés ou non par des facteurs de contexte. La littérature sur le développement organisationnel ou sur le comportement dans les organisations met en évidence les facteurs qui expliquent le comportement des personnes, modérés ou non par des facteurs de contexte et de structure. Finalement, la littérature sur le leadership, très importante aussi, chevauche les domaines de la stratégie et du comportement organisationnel. Les fondements de ces recherches ont été décrits dans les chapitres précédents et les développements empiriques plus récents seront abordés dans les chapitres qui suivent.

Ainsi, notre théorie de la double relativité du changement stratégique pourrait être énoncée comme suit :

Proposition 5
Il existe un cycle dans le mode de gestion du changement stratégique qui est lié au cycle de développement d'une organisation :

Proposition 5 a)
Lorsque l'organisation est simple et facilement comprise par ses dirigeants, la gestion du changement doit s'appuyer surtout sur une gestion fine du comportement des personnes (et donc de ce qu'on a appelé le cadre culturel, valeurs et leadership notamment).

Proposition 5 b)
Lorsque l'organisation est de complexité moyenne et comporte une certaine formalisation et centralisation, la gestion du changement doit s'appuyer surtout sur une gestion fine des arrangements structurels (comprenant à la fois la structure et les mécanismes définissant le processus de décision et de gestion).

Proposition 5 c)
Lorsque l'organisation est d'une grande complexité, la gestion du changement requiert une double attention aux arrangements structurels et au comportement des personnes, avec un rôle critique d'équilibre pour le leadership.

La figure 4.2 fournit une illustration de cette théorie.

Figure 4.2 :
Importance relative du leader et de la structure

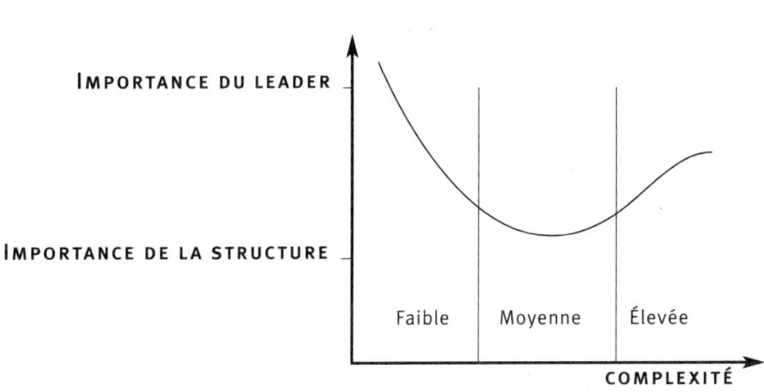

La deuxième partie du livre est structurée de façon à respecter les éléments de cette théorie. Nous examinerons successivement : les travaux qui traitent de la structure organisationnelle et des processus de prise de décision et de leurs effets, tempérés ou non par les caractéristiques du contexte, sur le changement stratégique ; les travaux qui portent sur la culture et le leadership et sur leurs effets, tempérés ou non par les caractéristiques du contexte, sur le changement stratégique ; enfin les travaux de synthèse qui, comme nous le faisons nous-mêmes, proposent des théories plus englobantes, prenant en considération plusieurs des dimensions proposées ici.

{ Chapitre 5 }

Les personnes et le changement stratégique : quelques éléments fondamentaux

L'analyse de la documentation spécialisée et l'observation empirique dans les milieux organisationnels convergent vers un constat incontournable : la capacité de changement d'une organisation est largement déterminée par les ressources humaines qui la composent. Parmi ces dernières, il ressort que les dirigeants ont à assumer un rôle particulièrement important dans le processus de changement organisationnel d'ordre stratégique.

À la lumière de ces constatations, le présent chapitre sera consacré à une synthèse des principaux facteurs, particulièrement associés aux personnes, susceptibles d'avoir une influence significative sur la capacité de changement de l'organisation. Par souci de concision et de clarté, ce chapitre s'articulera autour de deux concepts fondamentaux, la culture organisationnelle et le leadership transformationnel, et se terminera par une discussion sur la gestion du changement stratégique, pour mettre en évidence les caractéristiques des défis auxquels les gestionnaires doivent habituellement faire face dans ce type de changement.

Ce chapitre nous prépare au prochain, qui révèle de manière encore plus opérationnelle les caractéristiques des dirigeants qui déterminent le changement stratégique et sa conduite.

5.1 LA CULTURE ORGANISATIONNELLE

Comme l'ont déjà fait remarquer Hofstede et autres (1990), le terme « cultures organisationnelles » semble avoir été introduit dans une certaine littérature didactique par Pettigrew en 1979 dans un article publié dans *Administrative Science Quarterly* (« On Studying Organizational Cultures »). Il s'agit donc d'une entrée relativement récente dans la documentation en management, le même terme ayant toutefois été utilisé depuis assez longtemps dans la littérature en psychologie organisationnelle, notamment dans les travaux classiques de Blake et Mouton (1964). Dans ce dernier contexte, le concept de culture organisationnelle était plutôt associé à celui, plus courant, de climat organisationnel, qui faisait référence à la perception des acteurs organisationnels à l'égard d'un certain nombre de facteurs constituant leur environnement de travail.

On connaît, et nous l'avons déjà souligné, la popularité croissante du concept de culture organisationnelle qui s'est manifestée par la publication de certains ouvrages ayant connu des tirages impressionnants (Deal et Kennedy, 1982; Pascale et Athos, 1981; Peters et Waterman, 1982; Peters et Austin, 1985). La culture organisationnelle y est présentée comme l'une des forces majeures d'entreprises à succès telles que IBM, Procter and Gamble, Hewlett-Packard, Xerox, Johnson et Johnson, Dana, McDonald's et Levi Strauss. Plus près de nous, la même idée est fréquemment formulée à l'égard d'entreprises comme Bombardier, Cascades et Northern-Telecom.

Malgré la popularité indéniable de ce concept chez les chercheurs et les praticiens, on décèle encore une certaine confusion quant à sa définition et quant à ses composantes principales. Avant d'aborder ces délicates questions, on peut, d'ores et déjà, dégager un certain consensus concernant certaines caractéristiques du concept de culture organisationnelle (Calori et autres, 1989; Hofstede et autres, 1990; Schein, 1985, 1990; Uttal, 1983; Wilkins, 1983; Frost et autres, 1985; Kilman et autres, 1985) :

- son caractère « holistique », que l'on peut apparenter à la notion psychologique de « gestalt »
- sa détermination historique
- ses référents théoriques de nature anthropologique
- sa construction sociale
- son caractère « souple » (*soft*)
- la grande difficulté de la modifier
- son caractère unique et particulier, malgré l'universalité de quelques valeurs fondamentales
- son influence potentiellement déterminante sur l'efficacité organisationnelle

Ces caractéristiques font ressortir la diversité des assises conceptuelles de la culture organisationnelle, diversité qui peut nous conduire à une interprétation complexe et déroutante (Deshpande et Webster, 1989). Comme certains auteurs (Allaire et Firsirotu, 1984), on relève que les différentes conceptions de la culture organisationnelle peuvent s'appuyer sur diverses écoles de pensée, notamment le fonctionnalisme

(Malinowski, 1961), le fonctionnalisme structurel (Radcliffe-Brown, 1952), l'ethnoscience, l'anthropologie symbolique (Geertz, 1973) ainsi que le structuralisme (Levi-Strauss, 1963). Le concept de culture organisationnelle repose également sur différents paradigmes dont les caractéristiques théoriques se retrouvent dans des théories comme la théorie classique du management (Barnard, 1938), la théorie de la contingence (Thompson, 1967), les théories cognitive (Weick, 1979) et symbolique de l'organisation, de même que dans la théorie de la transformation organisationnelle (Turner, 1983).

Dans la documentation en gestion, on peut schématiquement dégager une première dichotomie qui met en présence les subjectivistes et les objectivistes (Hunt, 1991). Les premiers affirment que la culture organisationnelle ne peut être adéquatement comprise par les méthodes traditionnellement employées par les objectivistes (notamment les questionnaires). Pour les tenants de cette école, la culture organisationnelle se présente comme une métaphore (l'organisation *est* une culture) et non comme une variable (l'organisation *a* une culture). Pour les subjectivistes, il paraît inconcevable de traiter la culture organisationnelle comme une simple variable indépendante que l'on peut manipuler, créer, découvrir ou détruire (Meek, 1988).

Pour d'autres auteurs plus près du pôle objectiviste, la culture organisationnelle est plus ou moins explicitement abordée comme une variable, au même titre que la structure et les autres composantes organisationnelles. Dans cette perspective, on suggère une relation de causalité entre la culture organisationnelle et certaines variables comme l'efficacité et la performance organisationnelles (Côté et Miller, 1992; Denison et Mishra, 1989). On commence également à établir certaines relations entre la culture organisationnelle et le changement organisationnel (Kono, 1990; Westley, 1990). Globalement, le raisonnement pourrait se résumer à ceci : les efforts de changement organisationnel, a fortiori ceux d'ordre stratégique, doivent nécessairement tenir compte des attitudes, des croyances et des valeurs des individus et des groupes constituant une organisation; sinon, les changements envisagés risquent fort de faire face à de la résistance et d'être ultimement rejetés (Burnes, 1991). Cette hypothèse fort plausible, mais surtout opérationnelle, justifiera, au chapitre 9, l'introduction à notre modèle de changement stratégique de la culture organisationnelle, en tant que variable indépendante critique.

En ce qui concerne les définitions de la culture organisationnelle, une majorité d'auteurs, comme nous l'avons déjà indiqué au chapitre 3, retiennent la définition proposée par Schein (1985). Celui-ci la présente comme :

> *un ensemble de postulats de base, de valeurs, de normes et d'artefacts, partagés par les membres d'une organisation afin de leur permettre de donner un sens à cette dernière. Ces points de repère significatifs, s'étant révélés suffisamment efficaces pour être considérés comme valables, indiquent comment le travail doit être fait et évalué, et comment les employés doivent interagir entre eux ainsi qu'avec des interlocuteurs importants tels que les clients, les fournisseurs ou les agences gouvernementales.*

Schein a d'ailleurs proposé une typologie de la culture organisationnelle, typologie qui a été récemment quelque peu remaniée (Ott, 1989; Hunt, 1991) et qui est illustrée à la figure 5.1.

Figure 5.1 :
Conception en « pelures d'oignon » de la culture organisationnelle (adaptée de Schein, 1985, Ott, 1989 et Hunt, 1991)

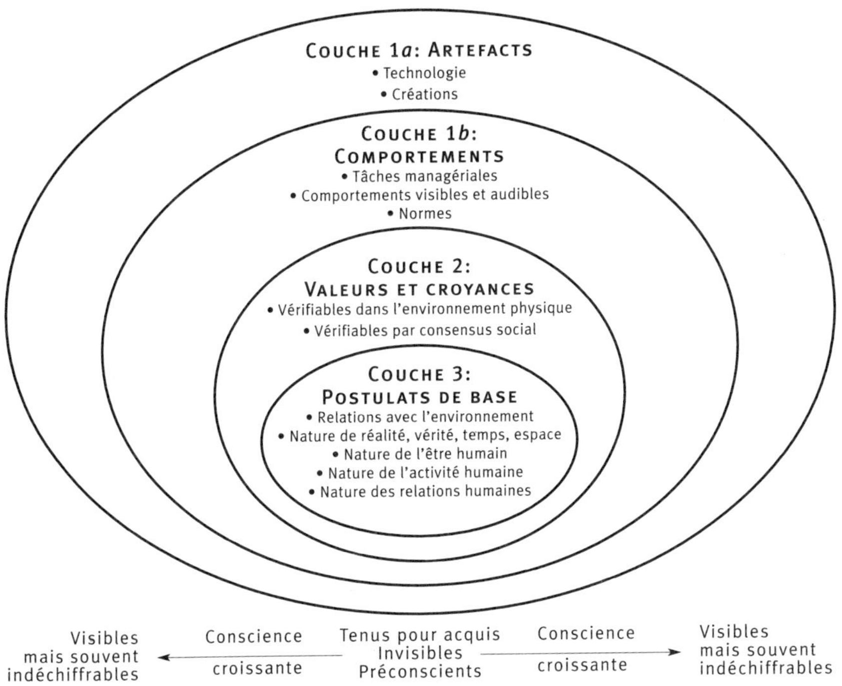

La première couche inclut les modèles comportementaux, les résultantes visibles et audibles des comportements comme les logos ou les macarons. D'autres exemples se retrouvent dans le langage écrit et parlé, le jargon, la disposition physique des lieux de travail, la structure organisationnelle, les codes vestimentaires, la technologie ainsi que dans les normes comportementales. On retrouve également à ce niveau les habitudes et les rituels de l'organisation. Plusieurs de ces éléments s'avèrent généralement assez faciles à déceler, mais demeurent difficiles à interpréter sans l'apport d'information des membres de l'organisation et sans la prise en considération d'éléments plus fondamentaux.

À un autre niveau de la culture organisationnelle, l'on retrouve les valeurs qui nous indiquent ce que les gens considèrent comme ce qui « devrait être » (Schein, 1985). Quant aux croyances, elles nous montrent plutôt ce que les membres de l'organisation « croient être », ce qu'ils perçoivent comme prévalant effectivement. À ce niveau, on découvre comment les individus communiquent, expliquent et rationalisent les paroles et les actions de leur organisation. Autrement dit, on voit comment ils peuvent donner un sens aux éléments de la première couche de la culture organisationnelle (Ott, 1989). Cette couche inclut également l'éthique, les philosophies, les idéologies, les attitudes et les codes moraux. À première vue, l'analyse de ces éléments semble nous fournir des renseignements assez précis sur la véritable culture organisationnelle, ce qui rendrait inutile la couche relative aux postulats de base. Toutefois, on peut proposer, par analogie avec Argyris et Schön (1978), de faire la différence entre les valeurs soutenues (ce que les gens disent ; deuxième couche) et les valeurs en usage (ce que les gens font ; niveau des postulats de base). Les valeurs soutenues servent souvent à des fonctions symboliques et peuvent se maintenir longtemps dans une organisation même si elles sont incohérentes par rapport aux valeurs en usage (Ott, 1989).

Quant aux postulats de base, il s'agit de postulats et de perceptions fondamentales et inconscientes, donc généralement inaccessibles même aux membres de l'organisation. Ils sont devenus tellement intégrés qu'ils s'affirment comme indiscutables et incontestables (Schein, 1985). Ces postulats de base orientent les perceptions et les façons de penser des acteurs organisationnels.

Cette configuration en « pelures d'oignon » est utile pour notre compréhension de la culture organisationnelle, particulièrement pour savoir comment elle se construit, comment elle se maintient et comment elle se modifie. On comprendra facilement, à l'analyse de la figure 5.1, que les éléments des couches extérieures peuvent changer plus facilement que ceux du noyau central. C'est d'ailleurs à ces couches extérieures que font habituellement référence les objectivistes, ceux qui cherchent à décrire, à mesurer et à modifier certains éléments de la culture organisationnelle.

Lorsque l'on adopte comme objectif la prévision de la capacité de changement organisationnel, une perspective fonctionnaliste, on ne peut s'intéresser qu'aux éléments conscients. Si, de plus, on prend en considération le temps relativement limité réservé au diagnostic, le fait d'aborder le concept de culture organisationnelle à titre de variable indépendante se justifie pleinement. Plus particulièrement, dans ce qui suit, nous tentons d'aborder ce concept en nous préoccupant de son influence relative sur la capacité d'une organisation à assumer des changements d'ordre stratégique.

Dans cette perspective, on devra se tourner vers les rares auteurs ayant proposé, pour aborder la culture organisationnelle, des outils relatifs à une approche standardisée, donc utilisant des catégories spécifiques a priori. À cet égard, il faut souligner que les mesures objectives de la culture organisationnelle sont mises en relation avec la performance ou l'efficacité organisationnelle, à titre de variable dépendante, et non avec la capacité de changement organisationnel, qui est notre préoccupation ici. Ces mesures objectives, basées sur des dimensions a priori, présentent certains avantages non négligeables dans un contexte comme celui où se retrouvent habituellement les consultants et les chercheurs travaillant sur des applications concrètes. Cette approche facilite en effet une catégorisation uniforme, la fragmentation des diverses dimensions ainsi que d'éventuelles analyses statistiques sur des variables dépendantes comme la performance ou la capacité de changement organisationnel.

Les dimensions abordées varient évidemment quelque peu mais elles peuvent habituellement se regrouper en trois grandes dimensions (Hunt, 1991). Une première dimension comprend des éléments associés à la tâche comme la qualité et la propension à prendre des risques. Une deuxième dimension concerne les aspects interpersonnels tels que le soutien et la communication. Finalement, une troisième dimension regroupe les aspects individuels de l'engagement organisationnel comme la liberté et l'expression de soi.

On relève en particulier l'étude de Calori et autres (1989). Ces auteurs cherchaient à vérifier empiriquement le lien entre la culture organisationnelle et la performance économique. Réalisée à partir de cinq cas d'entreprises, leur étude servait également de cadre à l'élaboration d'un outil de mesure des caractéristiques culturelles d'une organisation. Une première phase qualitative approfondie leur a permis d'élaborer leur questionnaire abordant les valeurs et les pratiques de management. Il s'agissait de procéder à des entretiens non directifs auprès de cadres de diverses entreprises tout en analysant les outils existants, chartes et projets d'entreprise. Une première version était ensuite testée auprès des cadres de cinq entreprises françaises. Après une seconde étape comportant diverses analyses statistiques (de variance, factorielle, hiérarchique), les auteurs en sont arrivés à un questionnaire englobant 12 dimensions, ces dernières regroupant 60 variables. À titre d'exemple, l'attitude par rapport au changement est mesurée à partir de neuf variables : changement, innovation, flexibilité, anticipation, tolérance, droit à l'erreur, prise de risque, autonomie et esprit d'entreprise. En fait, les 12 dimensions sont regroupées en 2 groupes de valeurs : d'une part, les valeurs économiques orientées vers la performance de l'organisation; d'autre part, les valeurs morales et relationnelles. Le tableau 5.1 schématise la structure globale de leur instrument de mesure pour les valeurs en milieu organisationnel.

Tableau 5.1 : Groupes de variables décrivant la culture d'une entreprise (Calori et autres, 1989)

GROUPES DE VALEURS	NOMBRES DE VARIABLES DANS LE MODÈLE FINAL
Valeurs morales et relationnelles	
Intégrité	5
Solidarité	6
Autorité	6
Compétition interne	2
Coopération interne	4
Épanouissement des individus	3
Relation des individus à l'entreprise	2
Relations de l'entreprise avec l'environnement sociétal	5
Attitude par rapport au changement	9
Valeurs économiques	
Relations avec les clients	2
Engagement et savoir-faire du personnel	8
Performance de l'entreprise	8
Nombre total des variables	**60**

Quant au questionnaire sur les pratiques de management, il comprend 88 éléments regroupés en 17 dimensions : recrutement, formation, objectifs, systèmes d'évaluation et de récompenses, définition des tâches et procédures, innovation, planification (court terme/long terme), relations hiérarchiques, relations interpersonnelles, relations entre unités, relations à l'échelle de l'entreprise, système d'information, relations avec les clients, relations avec les concurrents, relations avec l'environnement technologique, relations avec l'environnement juridico-administratif, et relations avec l'environnement sociétal. Par exemple, pour la dimension « système d'évaluation et de récompenses », on retrouve des éléments comme : « dans l'entreprise où je travaille, les très bonnes performances sont récompensées par une promotion », « les employés sont évalués selon des critères précis », etc.

Deux nouvelles variables, qui mesurent la force de la culture de l'entreprise, ont été ajoutées à la base de données. Ce sont : « l'intensité culturelle », mesurée par le score moyen de l'organisation pour les 10 valeurs les plus caractéristiques divisé par le score moyen de l'organisation pour les 60 valeurs; « l'hétérogénéité culturelle », mesurée par la moyenne des écarts-types des scores de l'organisation pour les 60 valeurs. Quant à la performance économique, elle a été mesurée par trois variables complémentaires : la rentabilité relative des investissements, la rentabilité relative des ventes ainsi que la variation annuelle relative du chiffre d'affaires.

Globalement, les principaux résultats font ressortir les tendances suivantes. On dégage d'abord un profil culturel associé de façon significative aux performances de croissance des entreprises. Une forte croissance est liée aux valeurs suivantes : épanouissement personnel, esprit d'entreprise, esprit d'équipe, écoute des autres, responsabilité, confiance, ouverture à l'environnement, adaptation, anticipation, qualité et cohérence, ainsi qu'aux pratiques de management qui y sont associées. Dans la même veine, on observe que la croissance relative du chiffre d'affaires est en corrélation positive avec l'intensité culturelle ($r = 0,88$; $p < 0,05$) et en corrélation négative avec l'hétérogénéité culturelle ($r = {}^{-}0,94$; $p < 0,02$). Ainsi, une forte croissance requiert probablement une culture forte (intense et homogène), qui favorise la cohérence des efforts et des motivations. Bien que moins significatives statistiquement, le même ordre de corrélations se dégage lorsque l'on met en relation d'une part l'intensité et l'homogénéité culturelle et d'autre part la rentabilité des investissements et des ventes.

Ces auteurs (Calori et autres, 1989) ont tout de même la sagesse de nuancer leur interprétation en faisant ressortir le contexte particulier de leur étude : des entreprises françaises engagées dans une seule activité stratégique et dans une industrie mûre. Ils proposent des hypothèses de contingence pour valider les relations entre la culture organisationnelle et la performance économique. Ces hypothèses impliquent des variables telles que l'environnement culturel, le contexte concurrentiel et la diversité des activités de l'entreprise (Calori, 1988). Enfin, Calori et autres soulignent l'importance, pour une organisation envisageant un changement stratégique, de procéder à un diagnostic portant notamment sur la culture organisationnelle.

Une autre étude a vérifié empiriquement les relations entre des éléments de la culture organisationnelle et la performance économique (Reynolds, 1986). Bien que méthodologiquement moins élaborée, cette étude n'en a pas moins le mérite de proposer un outil mesurant la perception du contexte organisationnel, l'une des trois composantes de la culture organisationnelle. Les deux autres composantes, les valeurs et les croyances, étaient mesurées à l'aide d'un instrument mis au point par Hofstede (1980). La contribution significative de Reynolds (1986) réside dans l'élaboration d'un questionnaire englobant les 14 dimensions suivantes, résultant de sa synthèse de la littérature relative à la culture organisationnelle :

1. Emphase interne de l'organisation — Emphase externe de l'organisation
2. Accent sur la tâche — Accent sur l'aspect social
3. Sécurité — Risque
4. Conformité — Individualisme
5. Récompenses individuelles — Récompenses de groupe
6. Prise de décision individuelle — Prise de décision collective
7. Prise de décision centralisée — Prise de décision décentralisée
8. Planification — Décision ad hoc
9. Stabilité — Innovation
10. Coopération — Compétition
11. Organisation simple — Organisation complexe
12. Procédures informelles — Procédures structurées
13. Loyauté élevée — Loyauté faible
14. Connaissance des attentes organisationnelles — Ignorance des attentes organisationnelles

Basés essentiellement sur des analyses de variance, ces résultats font ressortir des différences significatives en ce qui a trait à ces dimensions (12 sur 14) lorsqu'on tient compte du secteur industriel (logiciels informatiques, restaurants franchisés, manufacturiers à haute technologie). La même tendance lourde (11 différences significatives sur 14 dimensions) se répète lorsqu'on vérifie l'influence de la position dans l'organisation (opérations et personnel de bureau, professionnels et techniciens, cadres).

En revanche, il ne ressort que de rares (4 sur 14) et faibles différences significatives entre ces dimensions et les différences de performance. En plus du fait qu'elle propose un outil de mesure intéressant et présentant des coefficients de fidélité fort acceptables, l'étude de Reynolds (1986) arrive à des résultats dignes d'intérêt pour l'évaluation de la capacité de changement d'une organisation. Cette étude fait en effet ressortir l'influence déterminante que peut avoir la position dans l'organisation sur les perceptions à l'égard du contexte organisationnel, cette dernière étant une composante fondamentale de la culture organisationnelle. L'auteur parle même, dans sa conclusion, de « différentes cultures organisationnelles ».

Cette conclusion rejoint en fait les propositions d'un nombre important d'auteurs ayant avancé le concept de sous-cultures organisationnelles (Gregory, 1983 ; Ouchi et Wilkins, 1985 ; Van Maanen et Barley, 1985 ; Hunt, 1991) et même celui de contre-cultures organisationnelles (Martin et Siehl, 1983). Il semble donc de plus en plus pertinent de préciser le lieu de la culture organisationnelle que l'on désire aborder (Deshpande et Webster, 1989; Hunt, 1991). On doit en effet reconnaître qu'une organisation est fréquemment composée de groupes multiples s'organisant autour du métier, d'une localisation géographique, d'une unité fonctionnelle de travail ou encore d'un niveau hiérarchique. La culture organisationnelle est donc en général mieux appréciée si on la considère comme une caractéristique de groupe plutôt que comme une caractéristique de l'ensemble d'une organisation. Dans le cadre d'un travail de diagnostic, il conviendra donc de cibler le lieu du diagnostic organisationnel et d'éviter l'erreur qui consisterait, par exemple, à extrapoler à l'ensemble d'une organisation la mesure de culture organisationnelle qui aurait engagé les cadres supérieurs d'un siège social. Le livre de Hafsi et Demers (1997) orienté vers le diagnostic suggère aussi de faire cela.

5.2 LE LEADERSHIP TRANSFORMATIONNEL

Les cadres supérieurs ont un rôle fondamental à assumer dans la gestion du changement organisationnel. Chez les chercheurs et les praticiens en gestion, il s'agit là d'un truisme presque aussi populaire que celui qui consiste à affirmer que les organisations doivent changer. Ces leaders exemplaires ont d'ailleurs été l'objet de divers ouvrages au cours de la dernière décennie, ouvrages qui faisaient entre autres ressortir certaines de leurs caractéristiques, de leurs habiletés et de leurs perceptions (Kanter, 1983 ; Maccoby, 1989 ; Hafsi et Demers, 1989 ; Tichy et Devanna, 1986). C'est ainsi que nous en sommes graduellement venus à associer des changements organisationnels importants à des individus occupant le poste de président ou son équivalent (*chief executive officer*). Cela explique, par exemple, certaines associations presque automatiques dans les milieux de gestion entre Welch et General Electric, Iaccoca et Chrysler, Coulombe et Hydro-Québec, Gauthier et Steinberg, Desjardins et Domtar, de même que Lemaire et certaines entreprises acquises par le Groupe Cascades.

On convient en effet généralement que ces dirigeants, appuyés par les membres de la haute direction (Nadler et Tushman, 1989; Galbraith, 1989), doivent non seulement instaurer le changement mais le soutenir pour l'amener à son terme. À cet égard, comme nous l'avons déjà mentionné au chapitre 3, on retrouve quelques typologies des rôles des dirigeants qui reviennent sensiblement à celle proposée par Tushman et autres (1988) :

1. Proposer une vision (*envisioning*). Ce rôle implique l'articulation d'une vision claire et crédible de la nouvelle stratégie et de l'organisation nécessaire pour la soutenir. Il s'agit également d'établir de nouveaux et difficiles standards de performance, tout en faisant naître une certaine fierté à l'égard des accomplissements passés et de l'enthousiasme pour la nouvelle stratégie.
2. Énergiser (*energizing*). Les cadres supérieurs doivent démontrer personnellement de l'enthousiasme à l'égard des changements proposés tout en fournissant un modèle des comportements attendus. Ils doivent communiquer les exemples des premiers succès pour mobiliser l'énergie nécessaire au C.O. proposé.

3. Rendre capable (*enabling*). Ce rôle implique l'apport des ressources exigées par l'implantation du changement et demande aux dirigeants de prévoir les récompenses nécessaires au renforcement des nouveaux comportements. Les dirigeants doivent également s'entourer d'une équipe de direction capable de gérer la nouvelle organisation et de développer des pratiques de gestion appuyant un tel processus de changement.

On comprendra facilement l'importance de ces rôles en ce qui a trait au succès de l'implantation d'un C.O. d'ordre incrémental, et a fortiori, d'ordre stratégique. À cet égard, les résultats des études empiriques convergent et correspondent à ceux de la littérature normative consacrée au changement organisationnel (McEwen et autres, 1988). On y mentionne notamment qu'une forte proportion des nombreux échecs observés dans les processus de changements organisationnels sont attribuables au manque d'engagement et de soutien des cadres supérieurs (Zeira et Avedisian, 1989). Cela se concrétise entre autres choses par la faiblesse de l'appui accordé en matière de temps, de renseignements, de ressources humaines et financières. Cette tendance lourde a notamment été dégagée dans le cadre d'une synthèse de la documentation empirique consacrée aux cercles de qualité (Fabi, 1992).

L'analyse de la documentation consacrée aux changements stratégiques révèle les mêmes tendances. On peut par exemple retenir l'étude de Covin et Kilman (1990), qui ont colligé les évaluations de divers intervenants engagés dans des processus de changements de grande envergure. Par une méthode d'envois postaux, ils ont procédé à l'analyse de contenu de 398 questionnaires adéquatement remplis par quatre types d'intervenants : 189 cadres, 80 consultants internes, 58 consultants externes, et 71 chercheurs. Cette recherche visait entre autres à déterminer les principaux facteurs de succès et d'échecs des changements de grande envergure. Parmi les facteurs ayant un effet positif, on peut retenir les suivants :

- Un engagement et un soutien visibles des cadres : les répondants soulignaient l'importance de pouvoir compter sur des leaders crédibles, capables de servir de modèles pour les autres membres de l'organisation.

- La préparation d'un changement efficace : on soulignait ici l'importance d'un bon diagnostic organisationnel dans le cadre duquel on évaluait notamment la capacité de l'organisation à changer; plusieurs répondants abordaient également l'importance de créer une vision partagée de la future organisation.
- L'encouragement à la participation : les répondants insistaient sur l'importance de faire participer des employés de divers secteurs de l'organisation à toutes les phases du processus de changement planifié.
- Un haut degré de communication : on insistait particulièrement sur l'effet très positif des communications écrites et verbales (principalement descendantes) en ce qui concerne la coordination des objectifs et des activités inhérentes au processus de changement.
- La reconnaissance de la pertinence du changement en fonction des besoins d'affaires de l'organisation.
- Un système de récompenses établi en fonction des changements.

Parmi les facteurs perçus comme ayant les répercussions négatives les plus importantes, on retrouve notamment :

- Un manque de soutien des cadres : plusieurs répondants soulignaient la futilité d'entreprendre un processus de changement sans l'appui réel des cadres.
- Une incohérence des actions des cadres supérieurs : on parle ici de la cohérence des actions managériales par rapport à la nouvelle vision de l'organisation; à cet effet, les répondants soulignaient les effets dévastateurs de la philosophie de gestion du « fais ce que je dis, pas ce que je fais ».
- Des attentes irréalistes : en plus de l'impatience et des attentes à court terme, les répondants mentionnaient les problèmes relatifs à une sous-estimation des ressources nécessaires (temps et argent) pour mener le processus de changement à terme.

Ces résultats viennent donc confirmer les résultats antérieurs quant aux conditions de réussite des processus de changement organisationnel (C.O.). Brièvement, Beckhard (1988) énumère des conditions comme la présence de « champions » du changement, une vision de l'avenir, un engagement à maintenir les flux de communication à travers l'ensemble de l'organisation, de même que la conviction que le changement est nécessaire. D'autres auteurs ont souligné l'importance de préparer l'organisation au changement, d'avoir l'appui du président et de créer des attentes réalistes (Ackerman, 1982 ; Burke et autres, 1984). On connaît également assez bien l'effet positif de la participation des employés au processus de changement (French et Bell, 1984). Ces résultats ont d'ailleurs été récemment vérifiés empiriquement dans une grande organisation parapublique québécoise qui vient de terminer un processus de changement stratégique. Cette expérience récente fait particulièrement ressortir l'importance, de l'aveu même des dirigeants, de l'authenticité et de la cohésion des membres de l'équipe de direction.

Ainsi, l'on connaît relativement bien les rôles et certaines actions managériales nécessaires lorsqu'il s'agit d'instaurer et de mener à bien un processus de C.O. Ce que l'on connaît beaucoup moins, ce sont les caractéristiques personnelles de ces leaders, leurs comportements et les processus par lesquels ils réussissent à influencer et à inspirer leurs collègues de travail. Pour répondre à ces questions difficiles, il convient de délaisser les écrits en développement organisationnel et en théorie des organisations pour se tourner vers la documentation spécialisée en psychologie organisationnelle. Plus spécifiquement, l'analyse de cette dernière nous conduit à la littérature, riche et abondante, qui traite de leadership. Par souci de concision, il semble indiqué de se limiter aux travaux d'un des principaux chercheurs en leadership, Bernard Bass. Avec ses collaborateurs, ce dernier s'impose comme celui qui a développé la théorie du leadership probablement la plus appropriée à des fins de recherche en contexte organisationnel. Il s'agit de la théorie du « leadership transactionnel/ transformationnel » (Hunt, 1991). Jusqu'à présent, les modèles et les pratiques de leadership se sont concentrés sur la notion d'un leadership transactionnel dans le cadre duquel les leaders cherchent à motiver les employés en leur octroyant des récompenses en échange des services rendus (Bass, 1985). Dans cette perspective, le leader :

1. est conscient de ce que les employés veulent retirer de leur travail et essaie donc de leur accorder ce qu'ils désirent dans la mesure où leur performance au travail le justifie;
2. échange des récompenses et des promesses de récompenses pour des niveaux appropriés d'effort;
3. veille aux intérêts des travailleurs aussi longtemps qu'ils accomplissent leur travail.

Cette forme de leadership s'avère probablement la plus efficace pour prévoir de degré d'effort et de performance qui doit être négocié entre un leader et ses subordonnés (Bass et Avolio, 1990). C'est d'ailleurs autour de cette question qu'a gravité la grande partie des recherches effectuées sur le leadership au cours des 50 dernières années et portant successivement sur les traits de personnalité des leaders, sur leurs comportements (c'est-à-dire la considération vs la structure) ou encore sur leur approche (directive vs participative) de gestion. Cependant, ce type de transaction ne permet pas d'expliquer avec précision les cas où les efforts vont au-delà des prévisions. Par exemple, les subordonnés peuvent produire bien plus que ce qu'on attend d'eux en raison de leur engagement envers le leader (ils croient fondamentalement en la mission poursuivie par celui-ci), par leur volonté d'articuler la vision de ce dernier et par leur désir de changement.

Le leadership transformationnel se distingue du leadership transactionnel dans la mesure où les leaders ne se limitent pas à prendre conscience des besoins des subordonnés, mais tentent aussi d'élever ces besoins de manière à favoriser le développement de ces derniers. D'après certains auteurs (Bass, 1985; Calori et Atamer, 1990), les leaders transformationnels :

1. élèvent le niveau de conscience des subordonnés en ce qui a trait à l'importance d'obtenir des résultats valorisés, à une vision et une stratégie appropriées;
2. incitent les subordonnés à dépasser leurs propres intérêts au profit de ceux de l'équipe, de l'organisation et de la collectivité en général;
3. élèvent le niveau des besoins des subordonnés en leur faisant prendre conscience de leur potentiel et de ce qu'ils tentent d'accomplir collectivement.

Pour accroître sa capacité de changement, l'organisation doit être en mesure d'inciter les individus à augmenter le degré d'effort ou d'énergie qu'ils peuvent apporter et à modifier leurs rôles et leur mission, leurs attitudes et la manière dont ils interprètent les problèmes auxquels ils sont confrontés. C'est ce type de changement et de développement que permet le leadership transformationnel. Par ses actions, le leader contribue à élargir l'éventail des besoins qui animent les subordonnés, puis à augmenter leur niveau de motivation et la confiance qu'ils ont en eux-mêmes (Avolio et Bass, 1990). Ces effets sont associés à quatre facteurs reliés empiriquement au leadership transformationnel, soit le charisme, l'inspiration, la stimulation intellectuelle et la considération individualisée (Bass, 1985).

En raison de leur enthousiasme et de leur habileté à articuler une vision et leurs réalisations passées, les leaders transformationnels ont tout d'abord tendance à devenir une source d'identification charismatique aux yeux des subordonnés qui tendent à leur attribuer beaucoup d'influence. Les subordonnés veulent s'identifier à ces leaders ainsi qu'à leur mission, et sont aussi portés à idéaliser ces derniers. Les leaders transformationnels tendent à susciter la confiance autour d'eux et à faire prendre conscience aux subordonnés de ce qu'ils sont capables d'accomplir en déployant les efforts requis. Les leaders peuvent souvent aider les gens qui travaillent avec eux à percevoir des occasions dans des situations qui, initialement, pouvaient leur sembler menaçantes et à surmonter des obstacles qui pouvaient paraître insurmontables (Bass, 1985).

Tout en étant considérés comme charismatiques, les leaders transformationnels sont une source d'inspiration pour leurs subordonnés. Ils font augmenter les niveaux de performance à long terme en permettant aux subordonnés d'être plus autonomes au travail. Ils stimulent le développement, ils encouragent les employés à modifier leur mission et leur vision et, ce qui est plus important encore, ils inspirent les subordonnées à exploiter au maximum leur potentiel. Ils acceptent de voir les subordonnés devenir eux-mêmes des leaders qui pourront par la suite nourrir voire modifier la mission et la vision d'ensemble du leader. Les leaders inspirationnels peuvent aussi articuler avec simplicité des objectifs partagés ainsi qu'une compréhension mutuelle de ce qui est important à considérer. Ils proposent des visions de ce qu'il est possible d'accomplir et indiquent comment atteindre des objectifs spécifiques. Ils donnent de la signification aux choses et propagent une attitude positive à l'égard de ce qu'il convient de faire (Bass, 1985).

La considération individualisée est une autre caractéristique clé du leadership transformationnel. Elle exige de comprendre et de partager les intérêts des subordonnés ainsi que leurs besoins de développement, tout en traitant chaque employé comme un individu unique. Cette considération individualisée permet au leader de reconnaître, de comprendre et de satisfaire les besoins actuels de ses subordonnés, tout en élevant le niveau de ces besoins de manière à promouvoir un développement continuel chez l'individu. À cette fin, les leaders transformationnels peuvent montrer eux-mêmes l'exemple, servir de modèles et déléguer aux subalternes des tâches qui comportent des défis. En agissant de la sorte, ils leur fournissent des possibilités de se développer et favorisent l'émergence de cultures organisationnelles qui stimulent la croissance, le développement, la prise de risque et l'innovation (Howell et Avolio, 1989). La considération individualisée permet également aux leaders de transmettre aux subordonnés, au moment opportun, de l'information pertinente et constructive et d'exercer auprès de ces derniers un suivi continu. Plus important encore, elle aide à arrimer les besoins actuels des subordonnés à la mission de l'organisation tout en élevant le niveau de ces besoins lorsque le temps et les conditions sont appropriés. En établissant un lien entre les besoins de l'individu et ceux de l'organisation, le leader transformationnel stimule le changement chez l'individu, dans le groupe et dans l'organisation (Bass et Avolio, 1990).

Le leadership transformationnel implique également la stimulation intellectuelle des idées, des attitudes et des valeurs des subordonnés. Par la stimulation intellectuelle, les leaders transformationnels aident les subordonnés à aborder les problèmes sous un angle nouveau. Ils encouragent les subordonnés à remettre leurs croyances, leurs hypothèses fondamentales et leurs valeurs en question lorsque c'est approprié, de même que celles du leader lorsqu'elles apparaissent inadéquates pour résoudre les problèmes auxquels l'organisation est confrontée. Lorsqu'ils sont stimulés intellectuellement, les subordonnés développent leur habileté à reconnaître, à comprendre et à résoudre les problèmes actuels et futurs de l'organisation. L'un des indicateurs clés de l'efficacité à long terme du leader est d'ailleurs la mesure par laquelle les subordonnés peuvent fonctionner efficacement sans la participation directe du leader dans le processus de résolution de problèmes. Un leader qui peut stimuler ses subordonnés intellectuellement incite ces derniers à prendre conscience des problèmes, à s'appuyer sur leurs propres idées et leur imagination, et à reconnaître leurs croyances, leurs valeurs ainsi que celles des personnes avec lesquelles ils travaillent.

Les leaders peuvent stimuler les subordonnés intellectuellement dans la mesure où ils peuvent discerner, comprendre, conceptualiser et articuler auprès des subordonnés les occasions et les menaces auxquelles l'organisation est confrontée, ainsi que les forces, les faiblesses et les avantages concurrentiels de celle-ci. C'est à travers le processus de stimulation intellectuelle que les subordonnés peuvent développer leurs aptitudes à résoudre des problèmes individuels, de groupe et organisationnels, qu'il leur est possible de remettre le statu quo en question, puis d'explorer de nouvelles approches qui permettent à l'organisation d'accomplir plus efficacement sa mission (Bass, 1985).

En somme, comme l'indique la figure 5.2, les leaders transformationnels font augmenter les degrés d'effort, d'efficacité et de satisfaction chez leurs subordonnés au moyen de leur charisme, de l'inspiration, de la considération individualisée et de la stimulation intellectuelle. De plus, le processus du leadership transformationnel rend les subordonnés de plus en plus aptes à se diriger eux-mêmes, à assumer la responsabilité de leurs propres actes et à utiliser l'autorenforcement comme source de motivation (Bass, 1985). Les subordonnés deviennent comme leurs leaders et, avec le temps, incitent leurs leaders à devenir davantage transformationnels. Certaines études indiquent, à ce sujet, que le leadership transformationnel efficace peut se transmettre en cascade d'un niveau hiérarchique à l'autre dans les organisations (Bass, Waldman, Avolio et Bebb, 1987).Certaines études (Conger et Kanungo, 1987; House, 1977) indiquent qu'en articulant une nouvelle vision des choses, les leaders transformationnels suscitent une forte motivation au changement chez leurs subordonnés et dans leurs entreprises. Certains chercheurs (Bass, 1985 ; Conger et Kanungo, 1987 ; House, 1977 ; Oberg, 1972) ont d'ailleurs associé conceptuellement le leadership charismatique (transformationnel) à des niveaux supérieurs d'innovation et de prise de risque dans les organisations. Par exemple, dans leur théorie du leadership charismatique, Conger et Kanungo (1987) soulignent qu'en incitant les subordonnés à adopter des approches non conventionnelles et en adoptant eux-mêmes des comportements qui comportent du risque, les leaders charismatiques stimulent la créativité et l'innovation tout en clarifiant les étapes à suivre pour réaliser leur vision.

Figure 5.2
Processus du leadership transformationnel (Bass et Avolio, 1990)

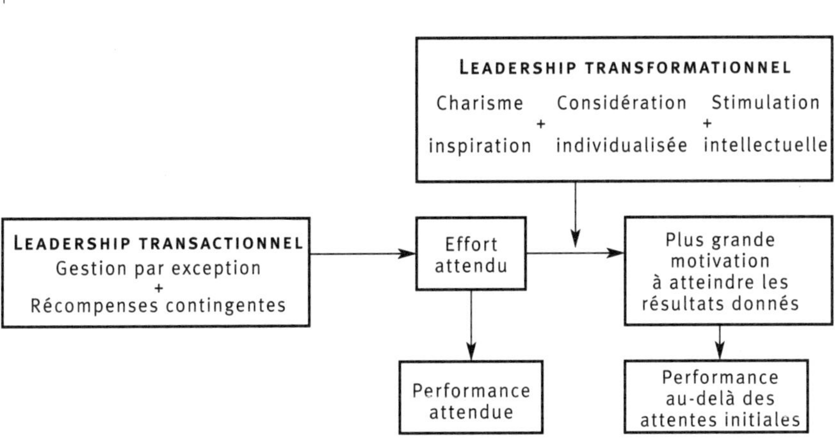

Une étude récente réalisée par Howell et Avolio (1989) auprès d'environ 250 cadres d'une grande institution financière canadienne confirme d'ailleurs l'existence d'une relation entre le leadership transformationnel et des niveaux élevés d'innovation, de prise de risque et de créativité dans les organisations. Howell et Avolio indiquent que, comparativement aux prévisions provenant des scores obtenus sur les dimensions du leadership transactionnel, les pointages associés aux dimensions du leadership transformationnel augmentaient substantiellement la précision des prévisions concernant les caractéristiques de la culture organisationnelle comme l'innovation, la prise de risque et la créativité. Ces résultats corroborent le modèle de Bass (1985) selon lequel le leadership transactionnel constitue la base sur laquelle le leadership transformationnel peut prendre forme et promouvoir un contexte organisationnel réceptif au changement. Dans l'étude de Howell et Avolio, le fait de combiner les leaderships transformationnel et transactionnel a eu pour effet d'améliorer substantiellement les prévisions quant au développement d'une culture et d'un climat organisationnels efficaces.

En somme, il semble justifié de croire que les leaders transformationnels peuvent être des agents de changement décisifs dans les organisations. En fait, le leadership transformationnel se trouve au cœur d'un développement organisationnel efficace. Il exige un diagnostic, et l'individu, le groupe et l'organisation doivent reconnaître le besoin de changement. Les leaders transformationnels aident les gens autour d'eux à prendre conscience du besoin de changement et de la direction à emprunter pour augmenter le niveau de fonctionnement.

En fait, les leaders transformationnels sont des catalyseurs et souvent les champions du changement dans l'organisation (Bass et Avolio, 1990). À ce sujet, Howell et Higgins (1987) ont récemment recensé, à l'aide d'une entrevue rigoureuse et d'un processus de nomination par les pairs, un groupe de « champions organisationnels » évoluant dans un large éventail d'industries et d'emplois. Définissant les champions organisationnels comme étant des individus qui développent, encouragent et mènent un processus ou un produit novateur jusqu'à la réussite, ils ont comparé ce groupe à un groupe de non-champions occupant des positions similaires et ont trouvé que les champions de l'innovation étaient aussi des leaders transformationnels qui inspiraient ceux avec qui ils travaillaient.

Bass (1985) soutient finalement que les leaders transformationnels sont susceptibles d'émerger dans les périodes de croissance, de changement et de crise. Cela ne signifie pas qu'ils sont absents dans les bureaucraties, mais simplement qu'ils devront travailler plus ferme pour promouvoir le changement et l'amélioration. Le leader transactionnel travaille à l'intérieur de la culture organisationnelle existante, alors que le leader transformationnel essaie de modifier cette dernière. Le leader transformationnel est susceptible d'être accepté plus rapidement dans des organisations qui font face à des changements rapides en matière de technologies et de marchés. Cette acceptation sera probablement plus grande dans des organisations structurées de façon organique qui, tout en étant sensibles au feed-back, sont axées sur l'apprentissage et l'utilisation de structures temporaires telles les équipes de projet.

5.3 LA CONDUITE DU CHANGEMENT STRATÉGIQUE

Ces éléments conceptuels de base étant clarifiés, nous pouvons à présent entrer dans le vif du sujet et commencer à examiner les éléments spécifiques qui permettent de prévoir le changement et son déroulement. Nous étudierons dans cette section du chapitre les éléments se rapportant à la conduite du changement ; dans le prochain chapitre, nous examinerons les caractéristiques des dirigeants qui sont mesurables et qui ont une importance pour le déclenchement et la gestion du changement.

Greiner et Bhambri (1989), que nous avons déjà mentionnés, se sont intéressés à la dynamique de l'intervention des dirigeants nouvellement recrutés. Dans une étude de cas très détaillée, ils remarquent que le changement stratégique délibéré est généralement entrepris et est réalisé dans les cas suivants :

1. Il y a un cheminement global de mise en ordre des questions stratégiques :
   - Le président actuel est remplacé par un président qui vient généralement de l'extérieur mais qui est surtout expérimenté dans la gestion du changement et dont le mandat est de réaliser un changement.
   - Le nouveau président concentre son attention sur la résolution des problèmes à court terme pour permettre au groupe de direction de mettre l'accent sur la gestion à long terme.

- Le nouveau président formule une stratégie avec un accent particulier sur le développement d'un avantage compétitif dans l'environnement futur.
- Il conçoit et construit une structure compatible avec la stratégie.
- Il s'assure que la stratégie et la structure sont mises en œuvre avec l'aide des dirigeants intermédiaires.
- Il met en place les programmes et les systèmes qui permettent la coopération des travailleurs pour la réalisation de la nouvelle stratégie.

2. On s'occupe simultanément d'une séquence de questions politiques importantes :
   - On doit créer une certaine incertitude dans le groupe de direction pour focaliser leur attention sur les actions du nouveau président.
   - Le président doit démontrer une compétence réelle pour établir sa crédibilité et s'assurer de la collaboration du groupe de direction.
   - Le président essaie d'obtenir un consensus sur la nouvelle stratégie, même face à des points de vue très divers, de façon à permettre l'engagement du groupe de direction pour réaliser cette stratégie.
   - On doit concevoir une structure qui est perçue par les membres du groupe comme améliorant leur pouvoir collectif et individuel.
   - On doit s'assurer que le pouvoir est effectivement transféré aux gestionnaires intermédiaires pour libérer l'énergie et les talents des dirigeants de l'organisation.
   - On doit développer les savoir-faire et récompenser les résultats des employés des échelons inférieurs pour les motiver à améliorer leur performance et à avoir un comportement cohérent avec la nouvelle stratégie.

Ghoshal et Bartlett (1994) disent la même chose en tentant de clarifier le rôle des dirigeants dans la gestion d'organisations complexes. Leur conceptualisation est particulièrement pertinente pour la gestion du changement en situation de complexité. Ils affirment en particulier que le travail le plus crucial des dirigeants réside dans la construction du contexte. Ce contexte, le produit d'une multitude d'actions concrètes, en retour donne forme à tout ce qui se produit dans l'organisation. Leur étude détaillée d'une organisation, qu'ils appellent Semco, les amène à préciser le contexte comme une combinaison de discipline, d'étirement, de confiance et de soutien.

La discipline est ce qui permet à une organisation de respecter ses engagements en réalisant ce qu'elle est supposée réaliser, avec les caractéristiques requises par le client. La discipline est d'abord le résultat de normes claires et au service desquelles tout le monde est engagé. Ces normes n'apparaissent qu'après un travail patient visant la clarification des références (*benchmarks*), l'utilisation de données de qualité et la remise en cause de tous les tabous. Il doit ensuite exister un cycle de feed-back rapide. Ce cycle est facilité par la qualité des données comptables et par l'instauration d'un climat approprié pour des échanges empreints d'ouverture d'esprit, d'honnêteté et de candeur. Enfin, il doit exister un système cohérent de sanctions, à la fois déterminé et juste.

L'étirement est ce qui permet de tenter d'atteindre ce qui semble hors de portée. Pour cela, on a besoin de rassembler trois conditions : (1) partager des ambitions, lesquelles permettent de passer d'une situation où le désir de survivre est dominant à des situations où les ambitions sont élevées et font naître de l'enthousiasme ; (2) avoir une identité collective, c'est-à-dire une façon de faire les choses, d'établir les valeurs et priorités, avec laquelle les personnes de l'organisation sont à l'aise et qui est parfois exprimée sous forme de mission ; (3) trouver un sens personnel à ce qu'on fait, ce qui permet de comprendre comment l'action individuelle s'inscrit dans la performance globale de l'organisation.

La confiance est le déterminant principal de la coopération qui fait faire les grandes actions. Elle est le produit de l'interaction entre : (1) l'équité, qui est évaluée par les personnes sur la base des pratiques de la direction générale (les pratiques injustes peuvent être désastreuses) ; (2) l'engagement, dont l'objet est d'associer le maximum de personnes aux décisions et d'entendre leurs arguments, même lorsqu'ils ne sont pas acceptables, si l'on veut qu'en retour ils entendent ceux de la direction ; (3) la compétence, qui peut impliquer qu'on valorise plus que d'ordinaire les savoir-faire importants pour l'organisation.

Quant au soutien, il signifie d'une part un accès plus grand aux ressources de l'organisation et d'autre part une direction générale moins orientée vers le contrôle et plus orientée vers l'aide. Concrètement, cela veut dire : (1) s'assurer que les ressources nécessaires sont réellement disponibles et que leur contribution est de qualité ; (2) voir à ce que les responsables disposent de plus d'autonomie et d'espace de décision, ce qui peut requérir des systèmes d'information, comptable et managériel, appropriés ; (3) permettre aux dirigeants d'être disponibles pour fournir aide et orientation et encourager une culture dans laquelle cette façon de faire se produit aussi de manière horizontale.

Un contexte comme celui que nous venons d'expliquer est assurément favorable à l'esprit de coopération qui facilite les changements les plus difficiles.

Dutton et Duncan (1987) se sont intéressés à ce qui se passe avant qu'une question stratégique, qui a le potentiel d'influer sur la stratégie actuelle ou future de l'organisation, ne devienne l'objet formel d'une décision, au moment où elle n'est qu'un événement possible ou le sujet de discussions autour d'un thème (*strategic issue*). Le déclenchement de ces situations ou leur interprétation est alors appelé le diagnostic des questions stratégiques, DQS, ou *strategic issue diagnosis*. Ces auteurs indiquent que le DQS peut avoir un effet déterminant sur la mise en branle du changement. De manière spécifique, voici ce qu'ils proposent :

a) Plus les décideurs ont l'impression qu'ils comprennent une question ou situation stratégique (*strategic issue*) et que l'organisation a la capacité de lui faire face, plus le mouvement vers le changement sera fort (figure 5.3).

b) Plus le diagnostic des décideurs sur une question stratégique (DQS) indique qu'il y a urgence à la réaliser et que cela est faisable, plus le mouvement vers le changement sera fort et plus celui-ci aura tendance à être radical (figure 5.4).

c) Plus la structure du système de croyances d'une organisation est différenciée (complexité et absence de consensus), plus il sera facile de déclencher le diagnostic de questions stratégiques. La faisabilité du changement paraîtra aussi plus grande et le mouvement vers le changement sera plus grand.

Le système de croyances d'une organisation représente les compréhensions partagées à propos des objets, des propriétés et des idées. En particulier, dans ce cas, on s'intéresse aux croyances des décideurs qui influencent leurs interprétations et leurs jugements à propos de la faisabilité des actions envisagées. Les auteurs suggèrent que cela inclut en particulier : (1) les croyances à propos des préférences de risques, (2) les croyances à propos de l'autosuffisance, (3) la vision de la compétence distinctive (Donaldson et Lorsch, 1983).

d) La disponibilité de ressources (du fait du succès passé par exemple) réduit la perception d'urgence à propos d'une question stratégique et par conséquent le besoin du changement et le mouvement vers celui-ci. Cependant, plus il y a de ressources disponibles, plus on a l'impression que la résolution d'une question stratégique déterminée est faisable et plus le mouvement vers le changement est grand.

Figure 5.3 : Jugements dans l'évaluation de la faisabilité

Compréhension perçue

Capacité perçue	Faible	Élevée
Faible	Impuissant (I)	Coincé (II)
Élevée	Perplexe (III)	Transporté (IV)

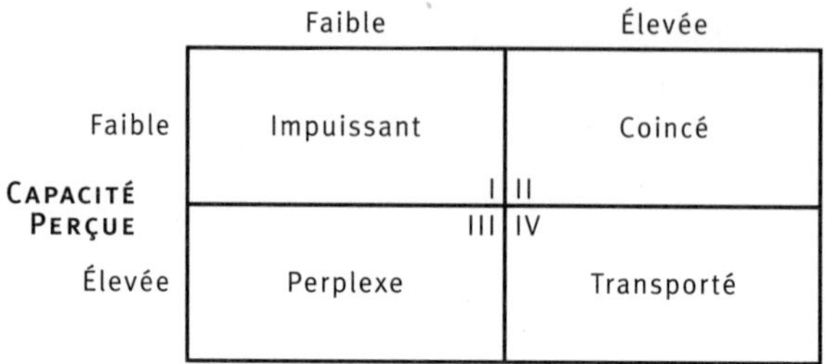

Figure 5.4 Interaction entre l'évaluation de l'urgence et de la faisabilité et leur relation aux réponses organisationnelles

Évaluation de la faisabilité

Évaluation de l'urgence	Faible	Élevée
Faible	Pas de réponses (I)	Réponses opportunistes (II)
Élevée	Réponses d'adaptation, d'évacuation (III)	Réponses de réorientation (IV)

Barr, Stimpert et Huff (1992) suggèrent que parmi les facteurs explicatifs des différences entreprises en matière de renouvellement, on pourrait avancer les modèles mentaux des dirigeants. Utilisant une méthodologie qui s'apparente à une étude de contenu des documents officiels de deux sociétés de transport ferroviaire, la Chicago and North Western et la Chicago, Rock Island, sur une période allant de 1949 à 1973, ils ont testé quatre hypothèses :

1. *Given a substantial change in the environment, firms that successfully renew their strategies will show more rapid succession or change in mental models than firms that experience organizational decline*[16].

Cette hypothèse a été vérifiée.

2. *A delay in the succession of mental models will occur in munificent environments*[17].

La vérification pour cette hypothèse n'a été que partielle, perturbée par des circonstances défavorables dans l'environnement des entreprises.

3. *If managers fail to detect a substantial change in the organization's environments, succession of mental models will be delayed*[18].

Cette hypothèse a été rejetée. Les changements dans l'environnement des deux entreprises ont été rapidement perçus, mais les dirigeants ont eu tendance à réconcilier ces changements avec les modèles existants au lieu de considérer que cela voulait dire une rupture dans l'environnement.

4. *Delays inherent in the learning process will lead to delay in the succession of mental models*[19].

Cette hypothèse n'a pas été soutenue par les résultats. En effet, il semble y avoir passage brutal d'une situation déjà rigidifiée à une autre déjà établie.

P. C. Nutt (1987) a étudié les méthodes utilisées par des dirigeants pour réaliser une nouvelle stratégie et pour obtenir l'assentiment des membres de l'organisation quant à son adoption. Le rôle spécifique des dirigeants et leurs philosophies d'intervention sont, bien entendu,

16. Pour un changement substantiel dans l'environnement, les entreprises qui sont capables de renouveler avec succès leur stratégie sont aussi celles dans lesquelles il y aura un remplacement ou un changement dans les modèles mentaux plus rapide que dans les firmes qui vivent des déclins organisationnels.
17. Un retard dans le remplacement des modèles mentaux se produira dans les environnements généreux.
18. Si les dirigeants ne réussissent pas à détecter un changement substantiel dans l'environnement de l'organisation, le remplacement des modèles mentaux sera retardé.
19. Les retards inhérents au processus d'apprentissage mèneront à des retards dans le remplacement des modèles mentaux.

différents selon les méthodes choisies, et leur efficacité varie avec la méthode choisie.

Utilisant une approche par études de nombreux cas dans 68 institutions hospitalières, l'auteur met en évidence quatre méthodes d'approche de mise en œuvre de la stratégie par les dirigeants concernés :

- Implantation par intervention, dans laquelle le dirigeant a l'autorité nécessaire pour contrôler le processus de planification. Le groupe peut donner commentaires et conseils, mais le dirigeant décide ultimement. Le dirigeant intervient en particulier pour démontrer que la performance actuelle, notamment par comparaison à celle d'institutions similaires, est inacceptable. Ces démonstrations servent aussi à révéler les causes de la mauvaise performance et à suggérer des normes nouvelles pour l'organisation. Le dirigeant contrôle alors directement le processus de planification, utilisant des comités de feed-back (*sounding boards*). Cette méthode est utilisée dans 21 % des cas.
- Implantation par participation, dans laquelle le dirigeant entreprend la planification en indiquant les besoins stratégiques et l'arène prioritaire à considérer, puis délègue le développement du projet au groupe. Le dirigeant et un groupe de planification partagent la responsabilité pour la direction de la planification. Il est aussi entendu que le plan proposé par le groupe sera finalement adopté. Cette approche est utilisée dans 15 % des cas.
- Implantation par persuasion, dans laquelle, à l'intérieur d'orientations stratégiques déterminées, le dirigeant délègue le développement des idées à un personnel technique ou à des consultants. L'idée est qu'on veut démontrer la valeur du choix qui est finalement fait, en faisant intervenir les experts comme instruments de persuasion. Cette approche est la plus utilisée, soit dans 48 % des cas. Cependant, il est possible que cela soit lié à la nature et aux traditions de fonctionnement du type d'organisation étudié.
- Implantation par directive, dans laquelle le dirigeant gère avec son personnel le processus de planification, puis demande la mise en application du plan en émettant une directive. Cette approche est utilisée dans 16 % des cas.

Dans l'ordre, les approches les plus efficaces furent l'intervention, la participation, la persuasion et la directive. L'auteur déduit :

> *The superiority of the intervention tactic and its infrequent use suggests that strategic managers should become involved with managing a process used to realize strategic aims*[20].

La participation peut donner de très bons résultats lorsque les centres de pouvoir clés pour l'implantation sont effectivement associés. On a cependant observé que la participation donnait de meilleurs résultats lorsque la pression du temps était faible et que l'importance du plan était perçue comme modérée. Contrairement à la participation, la directive tendait à diminuer les chances d'adoption d'un nouveau plan, mais améliorait les chances de modification d'un plan existant. La persuasion par le biais d'experts a en fait été bien plus performante qu'on ne s'y attend habituellement.

Enfin, il est intéressant de noter que les études qui ont été faites par Frederickson (1984), Frederickson et Mitchell (1984) et surtout Gioia et Poole (1984), Lord et Kernan (1987) et Priem (1991) indiquent que les orientations cognitives des dirigeants jouent un rôle important dans le comportement volontaire des organisations. Priem montre notamment que les firmes dont les présidents emploient des règles de décision qui sont cohérentes avec la théorie normative de la contingence font mieux que les autres. Plus encore, la rationalité dans le processus de prise de décision est positivement reliée à la performance. On pourrait appliquer cela à la gestion du changement aussi.

5.4 CONCLUSION

La culture et le leadership, notamment transformationnel, jouent un rôle décisif dans le changement. Ils déterminent à la fois le déclenchement et les modalités de conduite du changement. Parmi les relations importantes à retenir, on pourrait citer :

20. La supériorité de la tactique d'intervention et son utilisation peu fréquente suggèrent que les gestionnaires stratégiques doivent participer au processus utilisé pour réaliser les buts stratégiques.

➧ ***Proposition 1***

La culture est à la fois un résultat de l'action des acteurs et un facteur qui influence leur comportement.

➧ ***Proposition 2***

Il y a différents niveaux de culture, trois si l'on retient la classification de Schein, qui ont des effets plus ou moins manifestes sur les comportements des membres d'une organisation face au changement. Ces effets interviennent de manière significative dans la détermination de la performance de l'organisation et de la performance dans le changement, notamment stratégique.

➧ ***Proposition 3***

Il est préférable de penser en termes de sous-cultures en interaction et en débat les unes avec les autres qu'en termes d'une seule culture monolithique que tous les membres d'une organisation partageraient.

➧ ***Proposition 4***

Le leadership transformationnel est le plus approprié et donc le plus efficace pour engendrer et diriger le changement stratégique.

➧ ***Proposition 5***

La présence de leaders transformationnels est associée à la réussite des changements stratégiques.

➧ ***Proposition 6***

Le leadership transformationnel se manifeste souvent à tous les échelons et dans ce cas les chances de réussite du changement stratégique sont les plus grandes.

Proposition 7

Discipline, étirement, confiance et soutien sont des conditions importantes pour le maintien d'un degré de coopération acceptable parmi les personnes clés de l'organisation, notamment au moment d'un changement stratégique.

Proposition 8

Le diagnostic des questions stratégiques (DQS) révèle souvent les conditions dans lesquelles le changement, notamment stratégique, est faisable. En particulier, plus il accroît la compréhension par les dirigeants, plus il montre l'urgence d'une réponse à la situation de l'organisation, plus il révèle que l'organisation dispose de ressources excédentaires, et plus il encourage le changement stratégique.

Proposition 9

Les modèles mentaux et les orientations cognitives des dirigeants jouent un rôle décisif dans le comportement volontaire des organisations, notamment dans le changement stratégique.

Proposition 10

L'efficacité de chacune des méthodes de mise en œuvre d'un changement stratégique est différente. Par ordre d'efficacité décroissant, on peut citer les méthodes suivantes : (1) l'intervention, (2) la participation, (3) la persuasion et (4) la directive.

{ Chapitre 6 }

Le changement stratégique comme résultat de la volonté des personnes

La littérature est largement schizoïde (Hrebeniak et Joyce, 1984). Elle met l'accent soit sur le caractère déterministe des facteurs organisationnels, soit sur le caractère volontariste de l'action des dirigeants. Elle traite généralement de l'action des dirigeants en mettant en évidence les caractéristiques démographiques ou psychologiques de ces dirigeants ou les facteurs qui leur sont associés, comme l'identité de l'entreprise, la finalité ou encore la culture (Bartlett et Goshal, 1994).

Dans ce chapitre, pour compléter les notions expliquées au chapitre précédent, nous verrons en particulier le rôle joué par les dirigeants dans le déclenchement ou la gestion du changement stratégique ainsi que les aspects humains des résistances au changement stratégique. Après une introduction sur les approches volontaristes que les dirigeants utilisent, nous aborderons dans la section suivante les questions ayant trait aux caractéristiques démographiques des dirigeants et leurs relations au changement. Puis, nous étudierons les questions ayant trait aux caractéristiques psychologiques des dirigeants et leurs rapports au changement. Enfin, nous mentionnerons quelques recherches ayant trait à certaines caractéristiques complémentaires utiles, que nous avons appelées philosophiques et culturelles, ce qui nous mènera naturellement à une synthèse opérationnelle des effets de ces différentes caractéristiques auxquelles nous ajouterons le leadership transformationnel.

6.1 LES APPROCHES VOLONTARISTES DES DIRIGEANTS

Il est peut-être approprié de commencer par une classification très générale des approches volontaristes que les dirigeants ont traditionnellement utilisées pour effectuer un changement stratégique.

Chin et Benne (1975) proposent trois grands groupes de « stratégies » utilisées pour réaliser des changements de systèmes humains :

1. Des stratégies dites empiriques-rationnelles. Ce sont les stratégies les plus courantes. Elles sont basées sur la prémisse que les personnes sont rationnelles et qu'elles sont guidées par leurs intérêts lorsqu'elles les comprennent. On obtient alors un

changement en le justifiant rationnellement et en montrant aux personnes concernées qu'elles peuvent en bénéficier.

Les méthodes souvent utilisées comprennent le développement de la recherche et la dissémination de la connaissance grâce à l'éducation générale. On peut aussi accéder à des degrés de réalisation supérieurs par la sélection et le remplacement des personnes qui ne collent pas au schéma choisi. Également, on peut utiliser des agents de changement extérieurs comme les analystes de systèmes et les consultants (Hills, 1965). Auguste Comte en Europe et Lester F. Ward en Amérique et leurs accents sur la sociologie positiviste caractérisent cette approche.

D'autres ont aussi préconisé la création de réseaux de praticiens et de chercheurs autour de questions pratiques importantes (Chin, 1960). Ces approches incluent aussi, curieusement, les approches utopiques destinées à provoquer le changement, ce qui revient à « faire rêver » les personnes à un avenir meilleur, pour les amener à accepter le changement. Finalement, des chercheurs comme Korzybski (1948) ou Hakayama (1941) ont aussi tenté de modifier les perceptions et les conceptualisations par la clarification du langage.

2. Des stratégies dites normatives-rééducatives. La rationalité et l'intelligence des personnes ne sont pas mises en question, mais on admet que les pratiques sont soutenues par des normes socio-culturelles et par l'attachement des personnes à ces normes. Donc, les orientations normatives, c'est-à-dire les attitudes, valeurs, savoir-faire et relations interpersonnelles, jouent un rôle critique dans le changement. Le mouvement des ressources humaines des années 1930-1950 aux États-Unis avec le philosophe John Dewey, puis des psychologues comme Follett, Lewin, Freud, Bennis et Benne, en est un exemple.

Pour susciter et amener le changement, il faut améliorer la capacité d'un système à résoudre les problèmes, notamment en prenant en considération les aspects humains du système et pas seulement les aspects physiques. Cela a donné naissance au « développement organisationnel ». Par ailleurs, les personnes sont considérées comme capables de créativité, de relations de soutien et d'enrichissement mutuel, de respect et de coopération si les conditions le permettent. Le changement consistera donc à créer ces conditions parfois en utilisant des méthodes qui se rapprochent de la thérapie (Maslow, 1954). Tous les théoriciens qui ont contribué à la création du champ de « comportement organisationnel » (*organizational behavior*) peuvent être rattachés à ce mouvement.

3. Des stratégies basées sur le pouvoir de coercition. L'idée est de rassembler un pouvoir de coercition massif, légitime ou non, pour soutenir le changement.

La coercition peut se faire sans violence comme l'a suggéré Thoreau dans son *Essay on Civil Disobedience* et comme l'a pratiquée Mahatma Gandhi. La coercition peut aussi se faire à travers les institutions en place, comme c'est le cas dans tous les pays dits de droit. De plus, comme K. Marx le suggérait, la composition et la manipulation des élites peuvent mener à des pratiques sociales nouvelles. Finalement, la coercition peut être directe et plus ou moins légitime, comme on a pu l'observer souvent au cours de ce siècle.

Cette classification a le mérite de mettre clairement l'accent sur les personnes et leur comportement. Cependant, pour aller plus loin, il faut nous concentrer sur les dirigeants, c'est-à-dire ceux qui jouent un rôle particulier dans le changement. Comme le disaient Hambrick et Mason (1984) :

top executives matter [...]. Organizational outcomes — both strategies and effectiveness — are viewed as reflections of the values and cognitive biases of powerful actors in the organization[21]...

21. Les dirigeants sont importants [...]. Les résultats organisationnels — que ce soit la stratégie ou l'efficacité — reflètent les valeurs et les biais cognitifs d'acteurs puissants de l'organisation.

Le rôle des dirigeants a été étudié par de nombreux chercheurs. Nous verrons ici uniquement les aspects mesurables qui sont liés au changement stratégique. Nous examinerons d'abord les aspects démographiques dans la section qui suit.

6.2 LES CARACTÉRISTIQUES DÉMOGRAPHIQUES DES DIRIGEANTS ET LE CHANGEMENT

Il y a relativement peu d'études qui ont été effectuées sur les relations entre les caractéristiques démographiques des dirigeants et le changement. Deux études ressortent cependant, celle de Hambrick et Mason (1984) et celle de Greiner et Bhambri (1989), qui proposent des synthèses très fouillées de la littérature. Nous nous en inspirons longuement dans ce qui suit.

Hambrick et Mason (1984) indiquent que les études sur l'importance de la structure, comme celles qui seront décrites au chapitre 7, ont tendance à sous-estimer, voire à nier le rôle important des dirigeants. Ces auteurs font une revue de la littérature qui montre que les dirigeants sont très importants dans les changements stratégiques et ils décrivent les relations qui existent entre les caractéristiques socio-démographiques et les comportements dans la gestion des changements.

D'abord, les auteurs suggèrent qu'il est plutôt pertinent de s'intéresser à des équipes de dirigeants qu'au dirigeant principal seul :

> *Although it is true that in most firms the chief executive has the most power, it still is of interest to study management teams (Bourgeois, 1980; Hambrick, 1981) [...] study of an entire team increases the potential strength of the theory to predict, because the chief executive shares tasks and, to some extent, power with other team members*[22].

22. Bien qu'il soit vrai que dans la plupart des firmes, le président a le plus de pouvoir, il reste intéressant d'étudier des équipes de dirigeants ( ) [...]. L'étude d'une équipe entière accroît le potentiel de prévision de la théorie, parce que le président partage ses tâches et, dans une certaine mesure, son pouvoir avec d'autres membres de l'équipe.

6.2.1 QUELQUES RÉSULTATS GÉNÉRAUX

D'abord, de jeunes dirigeants ont été associés à une croissance de l'entreprise (Child, 1974; Hart et Mellons, 1970). Aussi, l'augmentation des ventes et des profits est attribuée à la jeunesse. Donc, les plus jeunes dirigeants semblent vouloir essayer ce qui est nouveau, ce qui est unique, ce qui est risqué. Cela peut inclure des diversifications non reliées, des innovations de produits et de grands leviers financiers.

D'autres études ont montré que les dirigeants qui ont de l'expérience dans des fonctions de développement, comme le marketing, les ventes et la R&D, ont tendance à favoriser ces fonctions dans les stratégies qu'ils préconisent (Dearborn et Simon, 1958; Miles et Snow, 1978; Lawrence et Lorsch, 1967). Cela fait naître des stratégies d'innovation, de diversification reliée, de publicité et d'intégration vers l'aval. Ce genre d'orientation est associé à la croissance. De même, ceux qui ont une expérience dominante dans des fonctions d'exploitation, comme la production, l'ingénierie de processus, la comptabilité, vont favoriser les stratégies d'automatisation, de renouvellement des équipements, d'intégration vers l'amont.

En général, une rentabilité plus grande dans des industries turbulentes et différenciées semble associée à une expérience plus grande des dirigeants dans des fonctions de développement. Par contre, une expérience dominée par l'exploitation est associée à une rentabilité plus grande dans des industries stables. Il semble aussi que, lorsque les dirigeants ont surtout de l'expérience dans des fonctions périphériques, on a noté une plus grande complexité administrative et un haut degré de diversification non reliée.

Par ailleurs, des dirigeants dont l'expérience a été surtout confinée à une seule organisation seraient plus « timides » dans la prise de décision. Ils auraient tendance à ne pas faire des choix audacieux ou risqués. Par contre, avec ces mêmes dirigeants, la rentabilité et la croissance seraient grandes lorsque l'environnement est stable. Lorsque l'environnement est en grand changement, on peut toutefois s'attendre à des problèmes de croissance et de rentabilité.

Dans une étude célèbre conduite un peu partout par des chercheurs commandités par la société de consultants McKensey, on a trouvé que les entreprises dans lesquelles il y avait une plus grande continuité du groupe de direction et une ancienneté plus grande chez les dirigeants principaux étaient durablement plus rentables. Les résultats suggèrent aussi que, contrairement à ce qui est généralement attendu, les dirigeants qui sont là depuis longtemps et qui se connaissent bien sont plus capables de décisions rapides, d'adaptation et de réponse concurrentielle appropriée. Il est probable que ces résultats soient plus vrais lorsque les changements nécessaires restent à l'intérieur du cadre existant et ne supposent pas une remise en cause des fondements sur lesquels repose la gestion actuelle.

En général, l'homogénéité des groupes de dirigeants a un effet important sur leur comportement. Ainsi, il semble que les groupes homogènes sont capables de prendre des décisions plus rapidement que les autres. Dans des environnements stables, ils peuvent aussi obtenir des performances meilleures. Par contre, lorsque l'environnement est turbulent, les groupes hétérogènes obtiennent une meilleure performance. Dans le cas du conseil d'administration, il apparaît que lorsqu'il est soit très diversifié, soit composé d'un grand nombre de personnes, il y aurait tendance à l'inertie (Goodstein, Gautam and Boeker, 1994); la taille du conseil n'est toutefois vraiment une contrainte qu'au moment d'une réorganisation.

Le niveau de scolarité et la nature de l'éducation ont également été étudiés, mais les résultats ne sont pas très concluants. Il semble que seul le niveau de scolarité atteint par un groupe de direction soit associé à l'innovation. On soupçonne cependant, malgré l'absence d'études concluantes, que la nature de l'éducation puisse aussi avoir un effet. Une formation de généraliste ou littéraire engendre des comportements différents d'une formation de spécialiste, scientifique ou professionnelle. En général, l'instruction aurait tendance à rendre prudent. Les gestionnaires ayant beaucoup étudié seraient moins enclins à prendre des risques que ceux qui ont été à l'école moins longtemps. De plus, une forte scolarisation a tendance à faire augmenter le besoin de structurer et de complexifier le mode de gestion.

Dans une étude récente, Hambrick, Geletkanycz et Frederickson (1993) trouvent que l'engagement en faveur du statu quo (*commitment to status quo*), c'est-à-dire une orientation psychologique qui favorise la résistance au changement, est déterminé par (1) l'ancienneté dans l'industrie (plus que l'ancienneté dans l'organisation), (2) la performance actuelle (surtout dans les industries où il y a une forte discrétion) et (3) la croyance par les dirigeants que leurs successeurs leur ressembleraient.

Bien que rarement étudiée, l'origine sociale semble aussi avoir des effets intéressants (Collins et Moore, 1970) :

> *Firms whose top managers come disproportionately from lower socioeconomic groups will tend to pursue strategies of acquisition and unrelated diversification [...] such firms will experience greater growth and profit variability than will firms whose top managers come from higher socioeconomic groups*[23].

Cette propension à prendre plus de risques a aussi été observée chez les émigrants (Toulouse et Brenner, 1988). Chez les dirigeants qui vivent des perturbations et des moments difficiles au cours de leur jeunesse, il y a une volonté de compenser ces difficultés par plus d'initiative, de prise de risques, d'innovation, d'entrepreneuriat. Cela est à la base des théories psychanalytiques appliquées à la gestion (Lapierre, 1993 *a* et *b*; Zaleznik, 1970). Ainsi, Kets de Vries et Miller (1984) mentionnent que les choix stratégiques et même structurels peuvent être expliqués par les « régressions » névrotiques des dirigeants. Ils proposent ainsi cinq types de comportement reconnaissables : paranoïde, compulsif, théâtral, dépressif et schizoïde.

On a parfois affirmé que les dirigeants qui possédaient des actions de l'entreprise seraient plus motivés que les autres et feraient donc mieux. Les études qui ont été effectuées ne montrent pas de différence entre les « propriétaires » et les « professionnels » (Hay et Morris, 1979). Cela

23. Les entreprises dont les dirigeants viennent surtout de groupes socio-économiques pauvres auront tendance à poursuivre des stratégies d'acquisition et une diversification non reliée [...]. La croissance et les profits de ces entreprises varieront plus que ceux de firmes dont les dirigeants viennent de groupes socio-économiques plus riches.

indique que ce qui fait la différence, c'est plutôt le revenu que les dirigeants reçoivent de l'entreprise (Masson, 1971).

En combinant certaines de ces caractéristiques, on peut dire que des interventions de changement importantes sont plus souvent entreprises par des équipes de direction jeunes, relativement récentes (dans l'entreprise), homogènes et surtout ayant des expériences de développement (marketing, ventes et R&D). Les caractéristiques inverses ont tendance à faire limiter les interventions.

6.2.2 Les dirigeants et la conduite du changement : des résultats plus complexes

Bhambri et Greiner (1991) ont adopté une approche différente. Ils se sont clairement orientés vers le changement et ils se sont posé les questions suivantes :

- Quels sont les facteurs qui influent sur l'intervention du dirigeant pour le changement ? (Ils ne parlent pas d'équipes mais à notre avis ils n'excluraient pas l'hypothèse de Hambrick et Mason sur l'importance de l'équipe.) C'est ce qu'ils appellent la probabilité d'intervention.
- Comment les approches d'intervention vont-elles changer avec les types de dirigeants ? Dans leur étude, cela correspond aux types d'intervention.
- Quels facteurs affectent l'efficacité d'intervention du dirigeant ? Ceux-ci ont trait à la réalisation du changement.
- Quels facteurs agissent sur l'efficacité d'une intervention particulière ? Ce sont les contingences environnementales.

L'orientation vers l'action (OA) est un concept qui est lié à la probabilité d'intervention du dirigeant ; il est aussi lié à la localisation du contrôle (Miller, Kets de Vries et Toulouse, 1982) et au fait qu'un dirigeant soit « interne » (avec un grand sentiment de contrôle sur la vie) ou « externe » (dominé par le destin), au degré du besoin de réalisation (McClelland, 1961) du dirigeant, au fait qu'il soit « conservateur » ou

« libéral » (Sturdivant, Ginter et Sawyer, 1985) et à son expérience en ce qui concerne le changement. Ainsi, plus l'orientation vers l'action est élevée (contrôle interne, grand besoin de réalisation, libéral et expérience avec le changement), plus le dirigeant a tendance à intervenir pour déclencher des changements stratégiques.

Certaines conditions peuvent stimuler la nécessité du changement. Ainsi, une mauvaise performance de l'organisation (Gabarro, 1987 ; Singh, 1986) ou d'autres sources d'insatisfaction ont tendance à déclencher l'intervention en vue du changement. Souvent aussi, un nouveau dirigeant est amené à provoquer le changement. Cependant, il faut noter que l'orientation vers l'action et les conditions de changement peuvent être en conflit ou se compléter. Ainsi, un dirigeant avec une forte orientation vers l'action peut être frustré par des conditions de changement défavorables (par exemple une réception tiède à ses propositions de changement par ses supérieurs). Une étude sur des gestionnaires nigérians (Sawyier, 1993) montre aussi que plus l'environnement est incertain, plus les dirigeants sont enclins à surveiller l'environnement et donc à promouvoir l'adaptation de manière proactive.

L'importance du changement entrepris dépend de l'expérience et de la « complexité cognitive » du dirigeant[24] :

> *The cognitively complex executive is an « intuitive » individual whose mind has the capacity to pattern and organize seemingly unrelated information and diverse cues into a wholistic view of the problem ; such an individual by taking a wide perspective and high level of abstraction, can cope with a greater information input load and operate with a long time span of discretion*
>
> (Jacques, 1976).

24. Cette idée de complexité cognitive sera reprise lorsqu'on parlera des caractéristiques psychologiques. Nous l'abordons ici parce qu'elle a été associée à des caractéristiques démographiques.

> *[...] the low cognitive complexity executive is a « sensing » individual who is most comfortable with tangible events and details*[25] *(Slocum et Hellriegel, 1983).*

En conséquence, le dirigeant ayant une complexité cognitive élevée ou une expérience préalable multifonctionnelle ou de direction aurait tendance à envisager des changements importants, peut-être même radicaux. Si les dirigeants n'ont eu qu'une seule expérience fonctionnelle (en finances ou en marketing, par exemple), ils seraient enclins à effectuer des changements d'envergure limitée ayant une relation avec leur expertise dominante.

Les jeunes dirigeants ont tendance à être plus directifs que les plus vieux (Pinder et autres, 1973). De même, les managers établis depuis longtemps sont plus portés à collaborer au processus de décision (Heller et Yulk, 1969). Une autre étude (Bass, Valenzi et Farrow, 1977) a montré que les styles autoritaires et l'orientation vers la tâche étaient (négativement) associés au degré d'instruction. Ils sont de plus positivement associés au degré de maturité, au statut, à la formation technique et au sexe masculin (Bass, 1981). Cela permet d'affirmer :

> *Unilateral strategic change interventions are more likely to be made by chief executives who have a high need for achievement and assertive personalities [...]. Collaborative strategic change interventions are more likely to be made by chief executives who have low need for achievement and high need for affiliation*[26].

Les organisations peuvent être dominées par un contrôle culturel (les « défenseurs culturels ») ou par des systèmes formels de planification et de contrôle (Jaeger et Baliga, 1985). Les premières sont portées à ne

25. Le dirigant qui a une complexité cognitive élevée est une personne « intuitive » dont l'esprit et la capacité de mettre en forme et d'organiser des informations apparemment non reliées et des signaux divers en une vue d'ensemble du problème ; une telle personne, en adoptant une perspective large et un haut degré d'abstraction, peut faire face à une plus grande quantité d'information et fonctionner avec une discrétion durable.
    Le dirigeant à faible capacité cognitive est une personne « sensuelle » qui est plus confortable avec des événements et des détails tangibles.
26. Les interventions unilatérales de changement stratégique seraient entreprises plutôt par des présidents qui ont un haut besoin de réalisation et une personnalité affirmée [...]. Quant aux interventions de changement stratégique faites en commun, elles sont entreprises plutôt par des présidents qui ont un faible besoin de réalisation et un fort besoin d'affiliation.

réaliser que des changements incrémentaux et les secondes sont plus susceptibles d'entreprendre des changements globaux.

Les personnes qui ont expérimenté il y a peu de temps des changements globaux ont tendance à être méfiantes à l'égard de ces changements globaux (Miller et Friesen, 1986; Tushman et Romanelli, 1985). Donc, les changements globaux ont tendance à être entrepris par des personnes qui n'en ont pas fait récemment. Bien entendu, plus le changement est global, plus les ressources excédentaires (*slack*) nécessaires pour le réussir sont grandes (Yasai-Ardekani, 1986).

Les caractéristiques du groupe de direction ainsi que la nature de l'organisation et de la situation influent sur le style avec lequel le changement est entrepris. Ainsi, un changement est fait de manière ouverte et avec la collaboration des membres de l'organisation lorsque :

- le groupe de direction est hétérogène et libéral (Sturdivant, Ginter et Sawyer, 1985);
- le mode de fonctionnement de l'organisation est orienté vers l'intégration plutôt que la segmentation (Kanter, 1983);
- lorsque l'organisation vit une situation de faible stress (Sherif et Sherif, 1953; Janis et Mann, 1977; Fodor, 1976).

Inversement, le changement a tendance à être unilatéral lorsque le groupe de direction est homogène, que l'organisation fonctionne de manière segmentée et que le stress est élevé.

Les changements globaux n'améliorent pas toujours des résultats financiers. Ils y réussissent lorsque :

1. l'organisation montre des symptômes généralisés (dans la plupart des domaines, à l'interne et à l'externe) de déclin de performance;
2. les dirigeants ont une grande latitude de décision (une grande discrétion) (Hambrick et Finkelstein, 1984).

Quant aux changements limités, ils donneraient de bons résultats financiers lorsque les symptômes sont spécifiques et limités à certains aspects ou fonctions et lorsque les dirigeants n'ont pas une grande latitude de décision.

Par ailleurs, les changements qui sont effectués en collaboration avec les personnes concernées sont plus susceptibles de produire des résultats financiers positifs lorsque l'environnement est très incertain, que les actions sont entreprises sur la base de faibles signaux venant de l'environnement (Ansoff, 1984) et qu'il y a beaucoup de ressources excédentaires dans cet environnement (pas de crise). La proposition inverse est vraie aussi.

Finalement, il faut considérer que l'approche d'intervention d'un dirigeant doit être adaptée à la fois à la réceptivité de l'organisation et aux contingences environnementales. Lorsqu'il y a compatibilité, on peut s'attendre au succès; autrement, le changement ne peut être réalisé, ou il ne mène pas au résultat escompté, ou il engendre une crise qui ne peut être résolue que par le départ du dirigeant.

Les recherches ont aussi beaucoup mis l'accent sur l'origine des dirigeants et leur influence sur le changement. Ainsi, D. L. Helmich et W. B. Brown (1972), en utilisant une méthodologie quantitative sur un échantillon de 208 entreprises de l'industrie chimique, lesquelles avaient expérimenté au moins un changement de dirigeant au cours des 10 dernières années, découvrent que les entreprises qui ont choisi leurs nouveaux dirigeants à l'intérieur de l'organisation ont vécu moins de changement que celles qui sont allées chercher leurs nouveaux dirigeants à l'extérieur.

Miller (1991) a, quant à lui, étudié la relation qui existait entre la durée du mandat réalisé par le président d'une entreprise et la capacité de l'organisation à s'adapter à son environnement. Son échantillon comprenait 95 entreprises québécoises de taille moyenne ou petite et peu diversifiées. Il a alors découvert que, pour ces entreprises, l'adaptation de la stratégie et l'adaptation de la structure à la nature de l'environnement étaient inversement reliées à la longueur du mandat du président. En d'autres termes, les entreprises dans lesquelles les présidents étaient là depuis très longtemps s'ajustaient plus lentement à leur environnement que les entreprises ayant des présidents plus nouveaux. Dans ce dernier cas, à la fois la stratégie et la structure étaient mieux adaptées à l'environnement.

6.3 LE RÔLE DES CARACTÉRISTIQUES PSYCHOLOGIQUES DES DIRIGEANTS

On peut faire l'hypothèse que les dirigeants possèdent une sorte d'équation psychologique qui affecte de manière décisive leur comportement et notamment leur capacité à gérer des changements stratégiques. Le problème est d'avoir accès à cette équation. Il semble raisonnable de s'orienter vers les études psychologiques pour découvrir les caractéristiques psychologiques pertinentes et discuter de leurs effets sur le changement. Cette section nous les présente.

6.3.1 L'ATTITUDE FACE AU CHANGEMENT

Il s'agit de déterminer dans quelle mesure les cadres supérieurs sont favorables au changement. Cette variable, qu'on qualifie parfois de « réceptivité managériale au changement », a déjà été mesurée dans la littérature en management (Dewar et Dutton, 1986) à partir d'une échelle de mesure des valeurs favorables au changement (Neal, 1965). Fabi et Hafsi (1992) ont proposé une adaptation d'une des échelles de mesure les plus connues (Calori et autres, 1989). Cette adaptation vise à mesurer des énoncés relatifs à l'attitude à l'égard du changement de structure organisationnelle, et à des pratiques de gestion, d'innovation technologique, de droit à l'erreur, de prise de risque, de tolérance, d'autonomie et d'anticipation ; elle permet en somme de tracer un portrait de cette variable.

Si l'attitude d'un dirigeant face au changement est favorable, les craintes liées à un changement dans l'organisation sont moindres que si le dirigeant a une attitude négative. Cette attitude peut être influencée par, entre autres choses, un diagnostic des questions stratégiques (DQS). Dutton et Duncan (1987) se sont intéressés à ce qui se passe au moment où une question stratégique, qui a le potentiel de modifier la stratégie actuelle ou future de l'organisation, n'est qu'un événement ou le sujet de discussions et avant qu'elle ne devienne l'objet formel d'une décision. Comme nous l'avons déjà décrit, ces auteurs indiquent que le DQS peut avoir un effet déterminant sur la mise en branle du changement. Plus les décideurs ont l'impression qu'ils comprennent une question ou une situation stratégique et que l'organisation a la capacité de lui faire face, plus le mouvement vers le changement sera fort.

Plus le diagnostic des décideurs sur une question stratégique indique qu'il y a urgence à la réaliser et que cela est faisable, plus le mouvement vers le changement sera fort et plus celui-ci aura tendance à être radical. Ainsi, que le dirigeant soit prédisposé au changement à la suite de son attitude favorable au changement ou que des facteurs dans son environnement viennent renforcer cette attitude, cette caractéristique est considérée comme positive. D'ailleurs, Hunter et autres (1982) trouvent dans leur analyse une relation positive entre l'innovation et l'attitude de la direction face au changement.

6.3.2 L'internalisation du lieu de contrôle

Cette caractéristique psychologique a pour objet de déterminer les racines (pouvoir et compréhension) des dirigeants principaux et fait référence à la force du lien qu'une personne établit entre ses comportements et ce qui lui arrive. Ce concept, plus précisément appelé lieu de contrôle interne-externe du renforçateur, a été particulièrement abordé par Rotter (1966). Cet auteur a décrit ce concept par un continuum sur lequel chaque personne peut se trouver. À une extrémité, il y a les personnes qui croient que ce qui leur arrive dépend de leurs comportements et de leurs qualités personnelles : elles expriment un contrôle interne. À l'autre extrémité, on retrouve les personnes pour lesquelles les événements semblent se produire indépendamment de leurs agissements : elles croient à un contrôle externe des renforçateurs et attachent beaucoup d'importance aux forces extérieures telles que la chance, le hasard ou l'influence des autres.

La caractéristique la plus fondamentale d'un individu qui croit à un contrôle interne est qu'il déploie de plus grands efforts pour venir à bout de son environnement que celui qui croit à un contrôle externe pour venir à bout de son environnement. De plus, le premier fait montre d'un plus grand contrôle de soi et semblerait valoriser davantage les résultats qui sont le fruit de ses efforts et de ses aptitudes que ceux qui sont déterminés par le hasard. Enfin, les recherches démontrent que, dans une situation où le renforçateur est retardé, celui qui croit à un contrôle interne peut s'engager plus à fond dans une activité d'accomplissement et va maintenir son effort plus longtemps que l'individu qui croit au contrôle externe.

Plus l'orientation vers l'action est élevée, plus le dirigeant a tendance à intervenir pour déclencher des changements stratégiques. Ces points sont liés à la probabilité d'intervention du dirigeant. L'orientation vers l'action est conditionnée par diverses caractéristiques psychologiques comme l'internalisation du lieu de contrôle, qui selon certaines recherches (Miller, Kets de Vries et Toulouse, 1982) suggèrent que plus le dirigeant croit au contrôle interne (sentiment plus grand de contrôle sur la vie), plus il a tendance à intervenir.

La validité et l'utilité de ce concept en contexte de travail ne semblent faire aucun doute lorsqu'on consulte les études ayant souligné une multitude de relations significatives entre les résultats et différentes variables comme le rendement, la satisfaction, la motivation au travail et la satisfaction face à différents styles de supervision (Mitchel, Smyser et Weed, 1975). Bien que ces relations ne soient pas toujours très fortes, il demeure exact que les liens sont généralement cohérents d'une étude à l'autre, ce qui constitue la véritable valeur du concept lieu de contrôle (Phares, 1976). Par ailleurs, les qualités métrologiques de cet instrument sont très bonnes et les coefficients de fidélité sont élevés (Rotter, 1966; Lefcourt, 1976; Phares, 1976).

6.3.3 La complexité cognitive

Le dirigeant ayant une complexité cognitive élevée est plus intuitif. Son esprit a la capacité de découvrir les patterns et d'organiser en un ensemble cohérent des renseignements et des signaux apparemment non reliés. Ce dirigeant, en ayant une bonne vue d'ensemble et en étant capable d'un haut degré d'abstraction, peut traiter une charge d'information plus grande et peut être discret plus longtemps (Jacques, 1976).

À l'opposé, un dirigeant ayant une complexité cognitive faible est une personne plus terre-à-terre et plus à l'aise avec des événements et des détails tangibles (Slocum et Hellrieger, 1983). Cela rejoint d'ailleurs une des compétences faisant partie du profil de leadership d'ordre stratégique des cadres supérieurs et de la haute direction chez Northern Telecom : l'esprit de réflexion et d'analyse qui exige de saisir les éléments clés des questions complexes, de déceler les causes fondamentales des questions plutôt que les symptômes, de tirer des conclusions de sources de renseignements diverses, de voir les questions dans une perspective globale, d'établir des parallèles avec des situations antérieures, de penser en fonction des possibilités à venir et d'encourager les autres à voir les choses différemment (Gouvernement du Québec, 1993). Le dirigeant ayant une complexité cognitive élevée (Jacques, 1976) aurait tendance à considérer des changements importants, peut-être même radicaux et son orientation vers l'action serait élevée.

Cette notion de complexité cognitive s'apparente quelque peu au concept plus global de quotient intellectuel (QI) et à d'autres dimensions similaires relatives au fonctionnement intellectuel. Un instrument psychométrique qui se rapproche de cette dimension est celui qui permet de mesurer la capacité d'apprentissage, ou *learning ability profile* (LAP) (Henning, 1976). Le score obtenu au LAP constitue un indice quantitatif qui reflète la capacité de raisonnement inductif et déductif ainsi que les habiletés cognitives pour la résolution de problèmes. La version française du LAP, qui comprend moins de questions, a été validée en contexte québécois par Fabi (1983, 1984) et Fabi et Maillet (1987), avec des coefficients de cohérence interne du LAP très élevés variant entre 0,93 et 0,96.

6.3.4 La capacité d'apprentissage

Comme nous l'avons indiqué, cette dimension est très liée à la précédente. Étant donné notre orientation (changement organisationnel d'ordre stratégique), dans un contexte où l'on envisage de profonds changements organisationnels, il semble indiqué de s'intéresser non seulement à la qualité du fonctionnement intellectuel des dirigeants mais également à leur capacité d'apprentissage.

Une personne ayant une complexité cognitive élevée est aussi capable d'apprendre davantage et plus vite. Caractéristique importante en contexte de changement, la complexité cognitive est associée à la capacité d'apprentissage. La capacité d'apprentissage est peut-être aussi plus pertinente que seulement la complexité cognitive lorsqu'on veut apprécier la capacité de changement d'une organisation. C'est ce qui explique notre adoption du LAP comme instrument utile pour la mesure de la complexité cognitive.

6.3.5 Le besoin d'accomplissement

Ce concept a été popularisé et opérationnalisé par David McClelland (1961). Le sentiment de s'être réalisé dans la vie satisfait un besoin d'accomplissement. Les personnes qui cherchent à s'accomplir s'acceptent elles-mêmes, se font accepter par les autres et augmentent leurs aptitudes à résoudre les problèmes (Hellriegel, Slocum et Woodman, 1989). Ces personnes expriment le désir de réaliser des choses importantes, qui vont survivre à l'individu qui les a réalisées (McClelland, 1961). Ce besoin dans la pyramide de Maslow (1954) fait partie des besoins considérés comme supérieurs; dans ce cas, l'orientation vers l'action est conditionnée par cette caractéristique psychologique qu'est le besoin de réalisation.

Dans ses études originales, McClelland a utilisé le *thematic apperception test* (TAT), qui lui a permis d'obtenir des résultats habituellement regroupés en trois catégories : les besoins d'affiliation, de pouvoir et d'accomplissement. Progressivement, McClelland a modifié le TAT, qui est devenu le *picture story exercise* (PSE) dans le cadre de ses activités avec la firme McBer and Co. (Boyatzis, 1982). Le PSE exige, pour son utilisation, le développement d'une expertise psychométrique assez spécifique. Par ailleurs, la littérature rapporte des variations importantes quant à la fidélité test-retest (Kagan et Lesser, 1961 ; Murstein, 1963). C'est pour cela que Fabi et Hafsi (1992) proposent plutôt de mesurer un concept proche et ayant des qualités métrologiques plus appropriées. Il s'agit du concept de motivation au travail, mesuré à l'origine par Featherman (1971) et adapté au contexte québécois par Allaire et autres (1975). Le questionnaire permet d'établir si le sujet présente une conception instrumentale du travail en étant davantage motivé par des facteurs extrinsèques au travail (par exemple salaire, statut) ou s'il attache plus d'importance à certains facteurs intrinsèques (par exemple accomplissement, défi personnel).

6.3.6 En conclusion

Les études qui ont été faites par Frederickson (1984), Frederickson et Mitchell (1984) et surtout Gioia et Poole (1984), Lord et Kernan (1987) et Priem (1991) suggèrent que les orientations cognitives des dirigeants jouent un rôle important dans le comportement volontaire des organisations. Priem montre notamment que les entreprises dont les présidents emploient des règles de décision qui sont cohérentes avec la théorie normative de la contingence font mieux que les autres. Plus encore, la rationalité dans le processus de prise de décision est positivement reliée à la performance. On pourrait appliquer cela à la gestion du changement, car les caractéristiques psychologiques précédemment citées font appel à cette rationalité et indiquent comment elles affectent le changement organisationnel d'ordre stratégique.

6.4 Les caractéristiques culturelles générales

6.4.1 La philosophie de gestion participative

Après consultation de nombreux articles et volumes traitant de la gestion participative, nous en proposons la définition suivante : une philosophie de gestion, se concrétisant à travers un ensemble de techniques et de pratiques, visant à faire partager l'information, la connaissance, le pouvoir décisionnel et les renforcements financiers afin de responsabiliser l'ensemble des travailleurs à l'égard du succès de l'entreprise et d'améliorer la coïncidence entre les objectifs individuels et objectifs organisationnels, en vue d'accroître la satisfaction des travailleurs et la productivité de l'entreprise.

On cherche principalement à déterminer dans quelle mesure la direction d'une organisation favorise la participation des subordonnées à la prise de décision (Barlett, 1983; Cole et Tachiki, 1984; Drago, 1988) et, en corollaire, le développement d'habiletés telles que la résolution de problèmes, la maîtrise des outils d'analyse et la créativité (Brannen et Hranac, 1983). En regard du contexte de changement organisationnel d'ordre stratégique, on peut évaluer la philosophie de gestion participative par le nombre et la fréquence de réunions de divers comités de travail permettant la participation des subordonnés. On pense ici à des pratiques de gestion telles que les comités d'entreprises, les cercles de qualité, les groupes de travail semi-autonomes, les groupes de qualité totale ou toute autre structure visant les mêmes objectifs.

Une philosophie de gestion participative orientée vers la possession d'actions de l'entreprise par les « professionnels » œuvrant au sein de celle-ci ne montre pas de différence selon certaines études (Hay et Morris, 1979). Mais un principe de plus en plus accepté en management veut que les décisions se prennent le plus près possible de l'endroit où a lieu l'action et que ces décisions soient le reflet de la participation à la gestion d'ordre technologique, sociale, économique et politique.

6.4.2 Les communications internes

Les communications internes existent dans la mesure où est mis en place un mécanisme ou un système de transmission et d'échange d'information, reliée ou non à la tâche, entre les différentes strates de l'organisation. Le nombre de contacts (face à face ou autres) parmi les personnes d'un même niveau hiérarchique et de niveaux différents (Aiken et autres, 1980), le degré de partage dans la prise de décision entre les diverses unités de l'organisation (Hull et Hage, 1982) et le nombre de comités dans l'organisation et leur fréquence de réunions (Aiken et Hage, 1971; Kim, 1980) sont des éléments représentatifs de la qualité des communications internes.

Dans leur analyse, Hunter, Shmidt et Jackson (1982) trouvent une relation positive entre l'innovation et les communications internes. Le changement est donc encouragé lorsque ces déterminants augmentent.

Pour sa part, le Conference Board du Canada (McLaughlin, 1992) fait également référence à la notion d'adaptabilité en tant que qualité personnelle pour obtenir de meilleurs résultats et pour faire des progrès au travail. Cet organisme mentionne que communiquer constitue une compétence que la main-d'œuvre canadienne doit posséder pour comprendre et parler les langues utilisées pour la conduite des affaires, pour écouter afin de comprendre et apprendre, pour lire, comprendre et utiliser les documents écrits, dont les graphiques, tableaux et affichages. Le dirigeant doit donc être un bon communicateur afin de rallier ses subordonnés dans une même voie de changement, l'ambiguïté n'ayant alors pas sa place. Enfin, Guérin (1993) mentionne qu'il importe d'avoir une stratégie de communication appropriée afin de réduire les résistances au changement et de créer un climat favorable à l'implantation du changement. Une stratégie de communication répond généralement aux quatre questions suivantes : Quoi communiquer ? À qui le communiquer ? Sous quelle forme ? Quand ? (Guérin, 1993).

6.4.3 Les communications externes

Les communications externes sont des mécanismes ou systèmes d'information générale, destinés à accroître la compréhension par l'environnement des préoccupations de l'organisation et inversement à accroître la compréhension par l'organisation des besoins et des exigences de l'environnement. On inclut aussi dans cette catégorie les actions des membres de l'organisation au service de l'environnement pertinent de celle-ci. Une étude (Hunter, Shmidt et Jackson, 1982) indique entre autres choses une relation positive entre l'innovation et les communications externes. Le changement est donc encouragé lorsque les communications externes augmentent.

6.5 La synthèse : changement stratégique et volonté des personnes

Cette section propose une simple récapitulation des variables citées précédemment, tout en rappelant leurs effets. Ces variables peuvent être regroupées comme suit :

- Des caractéristiques culturelles générales (communications internes, communications externes, philosophie de gestion participative, type du leadership);
- Des caractéristiques psychologiques des dirigeants (attitude face au changement, internalisation du lieu de contrôle, complexité cognitive, besoin d'accomplissement);
- Des caractéristiques socio-démographiques des dirigeants (âge, origines sociales, éducation ou scolarisation, expérience variée, ancienneté dans le poste, ancienneté organisationnelle, expérience du changement, origine organisationnelle — interne ou externe, carrière de dirigeant).

Le tableau 6.1 présente en synthèse ces variables tout en indiquant le rôle de chacune dans la détermination du potentiel de changement organisationnel d'ordre stratégique.

Tableau 6.1 : Caractéristiques des dirigeants offrant un potentiel de changement organisationnel d'ordre stratégique

VARIABLES	FACILITATRICE OU DE SUPPORT	RÉSISTANTE OU DE CONTRAINTE	NON SIGNIFICATIVE
Caractéristiques culturelles générales			
Communications internes	+		
Communications externes	+		
Leadership transformationnel	+		
Philosophie de gestion participative	+		
Caractéristiques psychologiques			
Attitude face au changement	+		
Internalisation	+		
Complexité cognitive	+		
Capacité d'apprentissage	+		
Besoin d'accomplissement	+		
Caractéristiques socio-démographiques			
Âge		–	
Origine sociale		–	
Scolarisation		–	
Variété de l'expérience			X
Ancienneté dans le poste		–	
Expérience du changement	+		
Ancienneté organisationnelle		–	
Origine organisationnelle externe	+		

6.6 CONCLUSION

Ce chapitre visait à améliorer notre compréhension du changement stratégique en reconnaissant l'existence de la complexité causée par le facteur humain, notamment par les caractéristiques des dirigeants, dans l'organisation. Quelle sera la capacité de changement d'une organisation ? Comment gérer le changement stratégique ? Les deux derniers chapitres nous ont permis de clarifier les rôles joués par le facteur humain, notamment le rôle des dirigeants dans la détermination du changement stratégique. Nous allons à présent aborder les facteurs structurels et les dimensions qui intègrent à la fois les personnes et les arrangements structurels influant sur leurs relations. Mais avant cela, revenons sur certains éléments du présent chapitre.

En combinant certaines caractéristiques, on peut dire que des interventions de changement radical sont plus souvent entreprises par des équipes de direction jeunes, relativement nouvelles (dans l'entreprise) et dominées par des expériences de développement (marketing, ventes, R&D). De plus, les dirigeants susceptibles de mener à bien leurs projets de changement stratégique possèdent habituellement un certain nombre de caractéristiques personnelles : ils manifestent de bonnes habiletés de leadership transformationnel, ils ont un haut niveau de complexité cognitive et de capacités d'apprentissage, des habiletés de communicateur et préconisent une philosophie de gestion participative. On remarque également une attitude favorable face au changement, une internalisation du lieu de contrôle, un besoin d'accomplissement fort tout en ayant un niveau de scolarité pas trop élevé, une expérience du changement et une faible ancienneté dans le poste. Enfin, l'origine sociale, de classe socio-économique défavorisée, ainsi qu'une carrière de dirigeant démontrant de l'expérience à diriger en matière de changement influent favorablement sur les interventions de changement. Les caractéristiques inverses ont tendance à engendrer des interventions moins fréquentes et peut-être moins réussies. Il faut considérer que l'approche d'intervention d'un dirigeant doit être adaptée à la fois à la réceptivité de l'organisation et aux contingences environnementales. Lorsqu'il y a compatibilité, on peut s'attendre au succès ; autrement le changement ne peut être réalisé ou il ne mène pas au résultat escompté ou, encore, il engendre une crise qui ne peut être résolue que par le départ du dirigeant.

Globalement, les efforts de changement organisationnel, a fortiori ceux d'ordre stratégique, doivent nécessairement tenir compte des attitudes, des croyances et des valeurs des individus et des groupes constituant une organisation ; sinon, les changements envisagés risquent fortement de rencontrer des résistances et d'être ultimement rejetés (Burnes, 1991).

Au cœur du changement, il y a les gens... Bref, le changement est une aventure risquée. Il occasionne des blessures qui peuvent détruire l'organisation. Il faut donc l'aborder avec précaution. On suggère que certains facteurs liés aux dirigeants puissent permettre de penser que le changement a plus de chance d'être radical ou évolutif. Les chances de survie de l'organisation sont plus grandes lorsque les dirigeants sont capables de résister à l'appel illusoire d'un règlement définitif incluant un changement radical et agissent de manière prudente quoique déterminée, de sorte que le changement permette les ajustements sans produire de traumatismes porteurs de comportements destructifs.

{ Chapitre 7 }

Le changement stratégique comme résultat des modifications du cadre structurel

> *Organization, simple or complex is always an impersonal system of coordinated human efforts; always there is purpose as the coordinating and unifying principle, always [...] the indispensable ability to communicate, always the necessity for personal willingness and for effectiveness and efficiency in maintaining the integrity of purpose and the continuity of contributions*[27] *[...].*
>
> Barnard (1937)

Barnard a raison de nous rappeler la nature même d'une organisation. Les transformations que les gestionnaires effectuent, qu'elles soient sous la forme de réingénierie ou d'autres types de restructuration, doivent tenir compte du fait que celles-ci sont en interaction étroite avec les éléments les plus fondamentaux du fonctionnement organisationnel, notamment la volonté de coopérer des personnes. Évidemment, les transformations provoquent une rupture dans l'équilibre établi, alors que l'équilibre nouveau prend du temps à s'instaurer, ce qui mène inévitablement à la résistance et parfois à l'autodestruction. Résistance et autodestruction sont souvent plus forts dans les changements de structure, précisément parce que rares sont les praticiens qui ont conscience des effets considérables des arrangements structurels et des difficultés qu'il y a à les remettre en cause.

Dans ce chapitre, nous examinons l'effet des arrangements structurels sur la conduite du changement organisationnel d'ordre stratégique. Nous nous posons des questions du type : comment la structure influe-t-elle sur le fonctionnement des organisations et comment peut-on la modifier ? Ce genre de question, explicite ou non, anime la plupart des recherches qui sont présentées plus loin.

La structure est « une technologie invisible », disait Michel Berry du Centre de recherche en gestion de l'École polytechnique de Paris. Il voulait ainsi dire qu'elle a le même effet « structurant » qu'une

27. L'organisation, simple ou complexe, est toujours un système impersonnel d'efforts humains coordonnés. On y retrouve toujours la finalité comme principe unificateur et coordonnateur, toujours [...] la capacité à communiquer indispensable, toujours la nécessité pour une volonté personnelle (à coopérer) et toujours le besoin d'efficacité et d'efficience pour le maintien de l'intégrité de la finalité et la continuité des contributions.

machine. L'avantage de la machine est qu'elle est visible. On peut apprécier ses effets sur les personnes, tandis que la structure n'est qu'un ensemble de règles et donc n'a pas de corps matériel proprement dit. En conséquence, on a tendance à la sous-estimer, voire à croire que c'est un instrument facile à manipuler. Rien n'est plus éloigné de la réalité. En fait, plus l'organisation est complexe et plus les arrangements structurels ont une vie propre, souvent indépendante de la volonté de ceux qui les ont mis en place.

Depuis les travaux de Simon, mentionnés au chapitre 2, on reconnaît l'importance des arrangements structurels pour modifier ou simplement influencer les comportements des personnes de l'organisation. On croyait alors avoir compris l'essence de la structure et on ne considérait plus les choix de structure que comme des choix techniques, pas toujours dignes de l'intérêt des chercheurs préoccupés par l'organisation dans son ensemble. En fait, la conception et la construction des arrangements structurels n'ont de technique que l'apparence. Les comportements qui sont engendrés par les modifications de mécanismes structurels ne sont pas automatiques. Ils sont même souvent « situationnels » et dépendent de la nature des personnes concernées, de la situation de l'environnement, des ressources disponibles, etc.

Les interactions entre les éléments de structures et la situation considérée, ainsi que l'effet historique des arrangements structurels, représentent des défis importants, face auxquels praticiens et universitaires sont généralement bien démunis. Les praticiens expérimentent des procédés dans les limites de leurs possibilités, parfois avec bonheur, parfois avec des résultats fâcheux. Les universitaires, quant à eux, essaient d'étudier de manière aussi systématique que possible les relations de cause à effet. Mais pour ce faire, ils sont obligés de procéder à des simplifications. Certains des travaux qui sont décrits ci-dessous mettent l'accent sur les effets « isolés » d'un certain nombre de variables. Il est évident que les résultats doivent alors être considérés avec prudence. Toutefois, les travaux les plus importants sont de nature théorique et fondamentale. Ils permettent de dégager l'effet de structure de manière globale. Nous les examinerons d'abord, puis nous verrons les travaux empiriques.

Ce chapitre est divisé en six grands ensembles. Nous étudierons d'abord une école qu'on appellera volontariste ou prescriptive, dont les origines peuvent être rattachées à Taylor, mais qui a repris du service avec les modes actuelles, dont la réingénierie. Nous expliquerons ensuite quatre courants de recherches plus descriptives mais aussi plus déterministes : le courant de l'école de la contingence; celui de l'école de la configuration ou école de Montréal, qui s'inspire des mêmes fondements que ceux du courant de l'école de la contingence mais s'en démarque par sa méthodologie et par son caractère plus global; celui de l'école de la rationalité limitée ou école Carnegie; celui de l'école de l'écologie des populations d'organisations. Dans chacun de ces quatre courants, nous aborderons tour à tour les contributions théoriques et les contributions empiriques. La dernière partie tentera de conclure en dégageant les leçons à retenir de ces différents travaux pour la gestion du changement stratégique.

7.1 L'école volontariste ou prescriptive

L'école volontariste est tellement étendue que nous n'en donnerons qu'une brève description, en mettant l'accent sur les contributions les plus marquantes et leurs significations. Cette école prend probablement ses origines dans les travaux de Taylor (1911) et surtout dans ceux de Fayol (1979). Taylor a prescrit une organisation minutieuse du travail comme base de la structuration des organisations et Fayol a suggéré une structure du travail de gestion en général qui faisait une place importante aux arrangements structurels dans l'organisation. Notamment, trois des quatre tâches managériales que préconisait ce dernier, soit la planification, l'organisation et le contrôle, sont des tâches éminemment structurelles. La quatrième, la direction, peut être considérée comme une tâche de leadership. Pour Taylor, comme pour Fayol, tous deux des ingénieurs, le changement n'est qu'une question de design ou, pour utiliser un terme à la mode, une question d'ingénierie.

Toutefois, c'est sans doute Drucker qui a été le pape de la prescription moderne. Dans ses multiples ouvrages, il a laissé des trésors d'idées que les nouveaux gourous exploitent encore. Dans un livre qui a fait écho dans le milieu universitaire (1971), il a rappelé les éléments importants qui étaient alors connus :

> *The first thing we have learnt is that Fayol and Sloan were right : Organization structure will not just "evolve". The only things that evolve in an organization are disorder, friction, malperformance. Nor is the right [...] structure "intuitive"[...]. Organization design and structure require thinking, analysis, and a systematic approach.*
>
> *(Second) we have learnt that the first step is not designing an organization; that is the last step. The first step is to identify and organize the building blocks of organization, that is, the activities which have to be encompassed in the final structure and which, in turn, carry the "structural load" of the final edifice.*
>
> *(Third) "structure follows strategy" [...] Organization is organic and unique to each individual business or institution*[28].

Par ailleurs, Drucker suggère de distinguer entre trois types de travail : le travail opérationnel, qui permet de prendre en charge ce qui existe déjà, le travail de la haute direction et le travail d'innovation. Ces différents types de travail doivent être structurés différemment et séparément. Drucker, dans des élans intuitifs géniaux, aborde toutes les grandes questions et tous les types de structures qui sont devenues à la mode plus tard. En particulier, mentionnons les exigences qu'il impose à tout effort de structuration (1971, p. 553-557) :

1. *La clarté*, qui permet à chacun de bien se situer et de comprendre son rôle.

28. La première chose que nous avons apprise est que Fayol et Sloan avaient raison de dire que la structure organisationnelle ne se développe pas toute seule. Les seules choses qui risquent de se développer dans une organisation, ce sont le désordre, les frictions, la mauvaise performance. On ne peut pas dire non plus que la bonne [...] structure est « intuitive » [...]. Le design et la structure organisationnels demandent de la réflexion, de l'analyse et une approche systématique. (Deuxièmement) nous avons appris que le premier pas ne doit pas être le design de l'organisation ; ce doit être le dernier. Le premier pas doit servir à déterminer et à organiser les éléments constitutifs de l'organisation, c'est-à-dire les activités qui doivent être prises en considération dans la structure finale et qui, à leur tour, vont soutenir l'ensemble de l'édifice. (Troisièmement) « la structure suit la stratégie » [...]. L'organisation est organique et unique pour chaque entreprise ou institution.

2. *L'économie*, qui fait qu'un effort minimum est nécessaire pour superviser, contrôler et amener les personnes à performer.
3. *L'orientation*, qui doit faire qu'on privilégie la performance plutôt que l'effort.
4. *La compréhension de sa tâche et de la tâche de l'ensemble*, qui facilite les liens et améliore l'efficacité collective.
5. *La prise de décision*, qui doit aussi être facilitée, notamment par la prise de bonnes décisions au bon niveau.
6. *La stabilité et la faculté d'adaptation.*
7. *La perpétuation et le renouvellement.*

Drucker fournit aussi des guides pour le design spécifique des organisations. Pour lui, il y a cinq types de design d'une structure : (1) la structure fonctionnelle de Fayol, (2) la décentralisation fédérale de Sloan, qui est l'équivalent de la structure divisionnelle de Chandler (1962), (3) l'organisation en équipe, (4) la décentralisation « simulée » lorsque les unités ne peuvent avoir une autonomie complète ou lorsqu'elles ont des liens forts avec les autres unités et doivent les servir, par exemple comme fournisseurs, avec utilisation, dans la relation, de prix simulés, et enfin (5) la structure « système » qui, dans l'esprit de Drucker, est similaire à la structure en équipe, avec des organisations comme membres de l'équipe. Il cite les grandes Zaibatsus japonaises comme étant typiques de ce genre de structure.

Drucker est connu pour sa créativité, mais pas nécessairement pour la cohérence et la stabilité de ses recommandations. Il propose en effet simultanément des choses paradoxales, comme stabilité et adaptation, sans apparemment s'en rendre compte et surtout sans indiquer comment on est supposé les réconcilier, comme le montre la citation suivante :

> *An organization needs a substantial degree of stability [...] The individual needs a "home". Nobody gets any work done in a railroad station waiting room; no one gets any work done as a transient [...]. But stability is not rigidity. On the contrary, organization structure requires a high degree of adaptability. A totally rigid structure is not stable; it is brittle. Only if the structure can adapt itself to new situations, new demands, new*

> *conditions — and also to new faces and personalities — will it be able to survive. Adaptability is a major requirement therefore*[29].

Néanmoins, la contribution de Drucker est suffisamment marquante pour qu'on la mentionne ici. Si l'on voulait tirer des conclusions à propos du changement, vu par Drucker, on pourrait dire que celui-ci ne devrait pas poser de problème si l'on était capable d'atteindre tous les objectifs qu'il nous assigne et surtout s'il n'y avait pas de personnes dans les organisations. Le manager de Drucker est une sorte d'homme-dieu, capable de tout comprendre et de tout réaliser, les difficultés n'étant qu'une irritation temporaire et insignifiante.

Chandler, nous l'avons mentionné, a révélé une relation particulièrement puissante pour le changement de structure. Celui-ci a plus de chance de réussir s'il est compatible avec les orientations stratégiques choisies. Les descriptions de Chandler ont aussi montré combien le changement de structure, même lorsque nécessité par les modifications de positionnement stratégique, est difficile. En fait, il ne se produit qu'après une crise sérieuse à laquelle l'organisation n'est pas sûre de survivre.

Sur les traces de Drucker et de Chandler, deux chercheurs ont eu une influence certaine sur le monde universitaire et sur le monde des affaires ; ce sont Andrews, avec l'équipe de Harvard, et Ansoff. Tous deux sont plutôt connus pour leur contribution à la formalisation du concept de stratégie, mais la réalisation de la stratégie passe par la structure et ils offrent des démarches qui permettent de donner forme aux structures les plus appropriées pour les stratégies choisies. Learned, Christensen, Andrews and Guth (1965) et Ansoff (1965) mettent beaucoup l'accent sur la cohérence entre la stratégie et la structure et préconisent des démarches générales d'adaptation. On peut dire que, comme chez Drucker, même si elles sont plus systématiquement formulées, les questions de réalisation du

29. Une organisation a besoin d'une mesure substantielle de stabilité [...]. L'individu a aussi besoin d'un « chez-soi ». Personne ne peut faire de travail dans la salle d'attente d'une gare, personne ne peut faire grand-chose sans domicile fixe [...]. Mais stabilité ne veut pas dire rigidité. Au contraire, une structure organisationnelle requiert un haut degré d'adaptation. Une structure totalement rigide n'est pas stable ; elle est fragile. La structure pourra survivre seulement si elle peut s'adapter à de nouvelles situations, à de nouvelles demandes, à de nouvelles conditions et aussi à de nouveaux visages et personnalités. La faculté d'adaptation est donc une exigence majeure.

changement de structure ne sont pas abordées dans le détail. Learned, Christensen, Andrews and Guth (1965) fournissent cependant beaucoup d'exemples basés sur les cas écrits à la Harvard Business School, mettant surtout l'accent sur le rapport stratégie-structure.

Les héritiers de l'ensemble de ce courant sont apparus depuis peu de temps. On pourrait presque dire qu'ils sont portés par un courant philosophique nouveau, qui rejette le pessimisme intellectuel face à la complexité croissante des organisations et affirme l'importance de l'expérimentation et de la créativité pratique. Les tenants modernes de ce courant sont beaucoup plus affirmatifs et carrément orientés vers la pratique du changement de structure.

Le plus flamboyant des représentants de ce courant est sans nul doute T. Peters, qui, avec Waterman, a déjà écrit un livre à succès : *Le prix de l'excellence* (1985). Dans un plus récent livre, Peters (1988) ne propose rien de moins que le « chaos management ». Ses « prescriptions pour un monde à l'envers » sont résumées à l'annexe 1 de ce chapitre.

En ce qui concerne la structure, qui selon cet auteur est la source de beaucoup de maux et peut même détruire l'organisation, Peters indique qu'il faut :

- Réduire de manière radicale le nombre d'échelons hiérarchiques (Drucker pensait que sept était un maximum, Peters affirme que cinq est plus qu'assez).
- Envoyer les fonctionnels — des services de comptabilité, des ressources humaines, des achats, etc. — sur le terrain ; ils doivent dépendre des cadres opérationnels.
- Accroître sensiblement le nombre de personnes par agent de maîtrise (au minimum de 25 à 75).

En transformant la structure, il faut prêter attention aux éléments suivants :

i. L'existence de forces pressantes à la centralisation ;
ii. La dépendance psychologique, des cadres supérieurs, des réponses immédiates (bien qu'inadaptées) fournies par les états-majors ;
iii. L'utilisation des cadres et des agents de maîtrise qui deviennent superflus (les recycler ou les remercier) ;
iv. L'accroissement nécessaire du pouvoir financier des responsables à des échelons plus bas ;
v. Le remplacement de l'encadrement disparu par de nouveaux systèmes de contrôle (écoute des clients, y compris visite des mécontents, responsabilisation totale, valeurs partagées) ;
vi. La pagaille apparente et les redondances inévitables entre les nouvelles unités autonomes qui travaillent pour des clientèles très proches ; mais il ne faut pas en avoir peur.

Du même souffle, Peters offre de « bons trucs du management paradoxal » :

- Soyez en permanence sur la brèche.
- Insistez sur l'importance de l'expérimentation.
- Écoutez et favorisez l'écoute.
- Apprenez à aimer et à approuver l'échec (tester vite, échouer vite et ajuster vite).
- Vantez les vertus de l'action horizontale ultra-rapide.
- Découvrez les dénominateurs communs et portez votre attention sur ceux-ci.
- Suivez les « enseignements » de la clientèle.
- Prenez du plaisir à affronter le changement.
- Donnez l'avantage aux champions du paradoxe.

En d'autres termes, la capacité à changer est liée à la capacité à gérer en mettant en question toutes les règles traditionnelles. La volonté de le faire est la mesure de cette capacité.

Ricardo Semler est probablement le plus célèbre des pratiquants du chaos-management. Il a réussi en donnant le pouvoir à ses employés à faire de l'entreprise familiale, SEMCO, une entreprise modèle. Pour lui, liberté et efficacité ne sont pas incompatibles. Il suffit d'y croire et de renverser les logiques. La structure doit être la plus simple possible et de préférence disparaître :

> *En l'absence de consignes, tous les problèmes trouvent une réponse dictée par le bon sens. (p. 110)*

> *Chez Semco, nous avons éliminé les contraintes qui imposent le « comment » et créé un terrain propice aux différences. Nous donnons à nos salariés l'occasion d'expérimenter, de mettre en cause et d'être en désaccord. Nous les laissons choisir leur formation et leur avenir. Ils sont libres d'aller et venir à leur guise, de travailler chez eux s'ils le veulent, de fixer leur salaire, de choisir leur patron. Ils peuvent changer d'avis et nous obliger à en faire autant, nous prouver que nous avons tort quand cela nous arrive, nous empêcher d'avoir la grosse tête. Un tel système fait la part belle au changement, seul antidote au lavage de cerveau qui a condamné à un avenir incertain des génies de l'industrie au passé glorieux (p. 314).*

> *[...] le plus difficile de tous les défis : faire en sorte que les gens soient heureux de se rendre à leur travail tous les matins (p. 315).*

Les appels à la réduction des échelons hiérarchiques et à la simplification avaient cependant besoin d'un manuel opératoire qui a été rapidement fourni par d'autres « gourous », M. Hammer et J. Champy, sous la forme du *Reengineering* (1993). Ce livre s'est vendu, aux États-Unis seulement, à plus de deux millions d'exemplaires en deux ans. Peu de romans en font autant !

Le *reengineering* est « une remise en cause fondamentale et une redéfinition radicale des processus opérationnels pour obtenir des gains spectaculaires dans les performances critiques que constituent aujourd'hui les coûts, la qualité, le service et la rapidité ». Le *reengineering* doit tout remettre en question, même les pratiques les plus solides, et doit le faire non pas pour « apporter des changements superficiels ou bricoler l'existant, mais faire place nette des vieilleries ». Ce faisant, on doit réaliser des améliorations de performance considérables, qui se mesurent autour des 70 % plutôt que des 10 % à 20 %.

Malgré les précautions de langage, le *reengineering* des processus est un retour à Taylor, mais avec une formulation adaptée à l'ère actuelle de la rectitude politique. D'ailleurs, les utilisations qui ont été faites du travail de Hammer et Champy avaient plus à faire avec la réduction féroce et effrénée des emplois qu'avec une amélioration spectaculaire de la performance. Une synthèse de ces influences, présentée à l'Académie de management (Cascio, 1993) montre que les résultats s'apparentent plus à un affaiblissement des organisations qui entreprennent ces « charcutages massifs » qu'à un renforcement de leur capacité concurrentielle. D'ailleurs, Champy (1995) se sentit obligé d'écrire un livre complémentaire, sur le « reengineering du management », dans lequel, après une étude extensive des résultats du *reengineering* auprès d'un échantillon de 621 entreprises, il reconnaît du bout des lèvres :

> *Dans l'ensemble toutefois, même les projets de reengineering les plus prometteurs ne semblent pas avoir réalisé tout leur potentiel [...]. Un double constat [...] d'une part, la révolution que nous avons déclenchée n'a réussi — dans le meilleur des cas — qu'à moitié; d'autre part, une demi-révolution, ne vaut pas mieux que l'absence de tout changement, et peut même être pire dans certain cas (p. 10-11).*

Ses nouvelles prescriptions s'apparentent alors aux prescriptions traditionnelles de Learned et autres (1965) ou d'Ansoff (1965), que nous avons évoquées précédemment. Le nombre de livres apparentés à celui de Hammer et Champy est considérable. Nous mentionnerons cependant un ouvrage précurseur, celui de Parker et Benson (1988), qui propose, sous le titre de *Information Economics*, une technique de «quasi-reengineering», mais dont les fondements sont plutôt didactiques, pour évaluer les projets d'investissement en technologie de l'information. C'est dans l'évaluation de l'effet des projets d'informatisation que ce livre aborde les questions de modification de la structure et de transformation de la performance. Pour ces différents auteurs, les projets de technologie de l'information, lorsque leurs effets sont entièrement pris en considération, fournissent des rendements sur l'investissement qui sont de l'ordre du millier de pour-cent.

En résumé, le courant volontariste croit que le changement est une question de vouloir. Le reste est fait soit de principes ou de cadres conceptuels qui permettent de guider l'action comme dans les travaux de Drucker, LCAG, Ansoff ou plus récemment Senge (avec le développement d'une organisation apprenante), soit de techniques, comme avec le chaos-management ou le *reengineering*. La capacité de changement se mesure toujours a posteriori et de manière simple : si l'on a réussi, elle est bonne; sinon elle ne l'est pas. Il faut tout de même mettre à part le courant prescriptif universitaire, représenté par LCAG, dont l'apport a été surtout une synthèse et qui met l'accent sur les processus de changement stratégique qui ont le plus de chance de voir émerger les stratégies souhaitées.

Rappelons, avant d'aborder la littérature descriptive, que Barnard (1937) et Simon (1945) ont été les promoteurs modernes du développement des théories sur le fonctionnement des organisations. Ces deux auteurs ont surtout révélé que le facteur humain était important et ne pouvait être négligé dans l'effort d'ingénierie. Ils ont décrit les facteurs qui semblaient affecter les personnes et qu'on devait alors prendre en considération dans le design des arrangements structurels. Barnard avait mis l'accent sur les conditions de la coopération, notamment avec sa théorie de l'échange, tandis que Simon proposait une théorie qui obligeait les acteurs de l'organisation à être rationnels. Ces deux auteurs ont inspiré une grande partie des développements théoriques qui ont pris place au cours de ce siècle. Nous allons à présent essayer de les résumer, en mettant l'accent sur quatre courants dominants : l'école de la contingence, l'école des configurations, l'école du comportement de la firme, et l'école de l'écologie des populations d'organisations.

7.2 L'école de la contingence

Les recherches de Joan Woodward (1965) sur des entreprises anglaises au cours des années 1950 ont montré que la structure d'une firme est étroitement liée à son système technique de production. Ainsi une production de masse allait bien avec une structure formalisée, tandis que les entreprises ayant une production sur mesure ou à processus automatisé avaient tendance à être organisées de manière plus souple.

Lawrence et Lorsch (1967) ont étudié, quant à eux, trois industries, celles des conteneurs, de l'alimentation et des plastiques. Ils ont trouvé que l'environnement jouait un rôle important dans la détermination de la structure. Ainsi, les entreprises de conteneurs, dont l'environnement était simple et stable, avaient une structure basée sur la standardisation et la supervision directe ; en revanche, les entreprises de plastiques, qui faisaient face à un environnement complexe et dynamique, avaient une structure basée sur une coordination par ajustement mutuel. Les firmes du secteur de l'alimentation avaient une situation et une structure mitoyennes.

Finalement, c'est Thompson (1967) qui a vraiment élaboré la théorie de la contingence. L'hétérogénéité et le dynamisme de l'environnement, ainsi que la nature de la technologie dans le noyau technologique, influent sur les réponses les plus rationnelles des organisations. Ces travaux ont été repris par Mintzberg dans sa remarquable synthèse sur la structure (1978), que nous allons évoquer lorsque nous aborderons l'école des configurations. De manière plus spécifique, Thompson définit les règles du design organisationnel et de la structure telles qu'elles ressortent des travaux de recherche sur les organisations. Ainsi en matière de design organisationnel :

> *Under norms of rationality, organizations seek to place their boundaries around those activities which if left to the task environment would be crucial contingencies. Because different types of technologies pose different kinds of crucial contingencies, we expect the direction of this boundary expansion to be patterned according to the kind of core technologies used in the organization*[30].

30. Sujettes à des normes de rationalité, les organisations essaient d'inclure en leur sein les activités qui pourraient être la source de contingences cruciales si elles étaient réalisées par l'environnement-tâche. Comme différents types de technologies posent différents types de contingences cruciales, on peut s'attendre à ce que le développement des limites de l'organisation soit modifié par le type de technologie de son noyau.

The acquisition of components to handle otherwise crucial contingencies frequently forces organizations to acquire components of unequal capacities, and this raises balancing problems. We expect organizations subject to rationality norms to seek to grow until the least reducible component is approximately fully occupied. If necessary in order to achieve this state, organizations with excess capacity will seek to enlarge their domains[31] *(p. 50).*

Le design n'est qu'une étape ; la structure organisationnelle doit aussi être mise au point, mais pour cela Thompson considère d'abord les activités qui font partie du noyau technologique. La clé de la structure est le type d'interdépendance que la technologie utilisée impose. Trois grandes formes d'interdépendance sont énumérées : l'interdépendance groupée ou généralisée, l'interdépendance séquentielle et l'interdépendance réciproque. Chacune d'entre elles doit être coordonnée par un mode différent. La première requiert des standards, soit le mode le plus économique. La seconde requiert la planification, un mode de coordination moyennement coûteux. La troisième est coordonnée par ajustement mutuel, le mode le plus coûteux. Sur cette base :

Under norms of rationality, organizations group positions to minimize coordination costs, localizing and making conditionally autonomous, first reciprocally interdependent positions, then sequentially interdependent ones, and finally grouping positions homogeneously to facilitate standardization[32] *(p. 65).*

Because first groupings do not entirely handle interdependence, organizations link the groups involved into higher-order groups, thus introducing hierarchy. When interdependence is not contained by such departmental and divisional arrangements,

31. L'acquisition de composantes pour prendre en charge ce qui pourrait devenir une contingence cruciale force souvent les organisations à acquérir des composants de capacités inégales, ce qui pose des problèmes d'équilibre. On s'attendrait alors à ce que des organisations rationnelles essaient de croître jusqu'à ce que le composant le moins réductible soit entièrement occupé. Pour réaliser cela, les organisations ayant des capacités excédentaires tenteront d'élargir, si nécessaire, leur domaine d'activité.
32. Des organisations rationnelles groupent les activités de manière à minimiser les coûts de coordination ; elles situent et rendent conditionnellement autonomes d'abord les positions réciproquement interdépendantes, puis celles qui sont séquentiellement interdépendantes ; enfin elles groupent les positions de manière homogène pour faciliter la standardisation.

> *organizations assign remaining problems of coordination to committees or to task-force or projet teams*[33] *(p. 65).*

Cependant, la structure doit aussi refléter l'interdépendance de l'organisation, de sa technologie et de son environnement. En effet, l'organisation doit s'ajuster aux contraintes et contingences qu'elle ne peut contrôler. C'est le rôle qu'exercent les composantes organisationnelles, qui s'occupent de la «surveillance des frontières». En général, une rationalité limitée s'impose et les organisations faisant face à des environnements-tâches hétérogènes tentent de découvrir des segments homogènes et d'établir des unités structurelles pour leur faire face. Il est encore possible de diviser ces unités pour pouvoir assurer la surveillance de ce qui se passe dans l'environnement. Cela dépend bien entendu du niveau de turbulence de l'environnement auquel font face ces unités. Ainsi :

> *When technical core and boundary-spanning activities can be isolated from one another except for scheduling, organisations will be centralized with an overarching layer of functional divisions. When technical-core and boundary-spanning components are reciprocally interdependent, however, such components will be segmented and arranged in self-sufficient clusters, each cluster having its own domain. This is the major form of decentralization. Finally, organizations designed to handle unique or custom tasks will base specialists in homogeneous groups for housekeeping purposes, but deploy them into task forces for operational purposes*[34] *(p. 82).*

33. Comme les premiers regroupements ne permettent pas de résoudre tous les problèmes d'interdépendance, les organisations relient les groupes en question en des groupes de niveaux plus élevés, introduisant ainsi la hiérarchie. Quand l'interdépendance n'est pas suffisamment prise en considération par ces arrangements divisionnels et entre services, les organisations confient les problèmes de coordination qui restent à des comités, à des groupes de travail ou à des équipes de projet.
34. Lorsque le noyau technologique et les activités «de frontière» peuvent être isolés les unes des autres, sauf pour la programmation, les organisations seront centralisées avec une couche supérieure de divisions fonctionnelles. Lorsque le noyau technologique et les activités de frontière sont réciproquement interdépendantes, cependant, ils seront segmentés et arrangés en groupements autosuffisants, chacun ayant son propre domaine. Cela représente la forme de décentralisation la plus grande. Finalement, les organisations conçues pour prendre en charge des tâches uniques ou sur mesure mettront les spécialistes dans des groupes homogènes pour des raisons d'administration générale, mais les déploieront dans des groupes de travail pour des raisons opérationnelles.

Changer est une tâche permanente qui exige de relier les exigences de l'environnement aux caractéristiques de l'organisation, comme l'affirme Thompson :

> *The basic function of administration appears to be co-alignment, not merely of people (in coalitions) but of institutional action — of technology and task environment into a viable domain, and of organizational design and structure appropriate to it. Administration, when it works well, keeps the organization at the nexus of the several streams of action. Paradoxically, the administrative process must reduce uncertainty but at the same time search for flexibility*[35] *(p. 157).*

Un exemple de travaux intéressants apparentés aux théories de la contingence est celui de Bourgeois et Eisenhardt (1988). En examinant en détail le comportement de quatre entreprises dans les environnements très turbulents de la micro-informatique, ces auteurs ont étudié les situations de prise de décision lorsque « le taux de changement technologique et concurrentiel est tellement extrême que les données du marché sont souvent soit non disponibles, soit périmées. Ce sont des situations où les fenêtres stratégiques s'ouvrent et se ferment à un rythme rapide, et où une erreur amène souvent la sortie du marché ».

Dans les environnements très turbulents, les firmes qui réussissent sont celles qui utilisent un processus de décision rationnel, qui sont innovatrices et prennent des risques, qui prennent leurs décisions rapidement, qui ont des règles de décision préétablies et qui donnent plus de pouvoir aux gestionnaires de tous les niveaux.

Par ailleurs, Habib et Victor (1991) ont examiné la relation entre la diversité des produits/services à l'étranger et l'engagement à l'étranger, d'une part, et la structure globale adoptée par la corporation, d'autre

35. La fonction de base de l'administration semble être le coalignement, non seulement des personnes (dans des coalitions) mais de l'action institutionnelle — de la technologie et de l'environnement-tâche —, en un domaine viable, et du design et de la structure organisationnels les plus appropriés à cette action. L'administration, lorsqu'elle fonctionne bien, maintient l'organisation en lien avec plusieurs courants d'action. Paradoxalement, le processus administratif doit à la fois réduire l'incertitude et rechercher la flexibilité.

part. En utilisant un échantillon de 144 entreprises multinationales réparties dans les secteurs de la fabrication industrielle (72) ou des services (72), ils ont trouvé des raisons de croire que les hypothèses résumées dans le tableau 7.1 étaient vérifiées.

Tableau 7.1 : Structures des multinationales

	DIVERSITÉ RELATIVE DES ACTIVITÉS INTERNATIONALES	
IMPORTANCE RELATIVE DES ACTIVITÉS INTERNATIONALES	Faible	Élevée
Faible	Structure fonctionnelle mondiale ou Division internationale	Structure multidivisionnelle mondiale (basée sur produits/services)
Élevée	Structure géographique par région	Structure mixte ou matricielle

Cependant, ces auteurs n'ont pu vérifier les hypothèses qui tendaient à suggérer quelle était la différence réelle, en ce qui a trait à la performance, entre les sociétés de services ou de fabrication, dans la valeur de la compatibilité (*fit*) et entre la stratégie et la structure. Curieusement, ils n'ont pas trouvé de soutien non plus en ce qui concerne l'importance du *fit* en général en ce qui concerne la performance.

Nohria et Goshal (1994) ont quant à eux étudié la gestion des rapports entre la haute direction d'une entreprise multinationale et ses filiales. Ils voulaient en particulier savoir comment le mode de structuration des relations et en particulier la relation entre cette structuration et le contexte particulier de chaque filiale influaient sur la performance. Ils ont aussi examiné d'autres choix que la structure pour gérer les rapports, notamment en créant des valeurs partagées, « en mettant l'accent sur des mécanismes comme la sélection, la formation et la rotation des managers [...] aussi [...] des relations nombreuses et ouvertes entre la haute direction et la filiale [...] aussi [...] en prêtant attention à la socialisation et aux communications entre les membres de l'organisation » (p. 494). Pour étudier le mode de structuration des relations, ils ont proposé un modèle qui suggère que « lorsque la complexité de l'environnement de la filiale augmente, l'efficacité de la formalisation et de la centralisation décline», ce qui donne les possibilités du tableau 7.2.

Tableau 7.2
Un cadre conceptuel pour la structure des relations direction-filiales

	Ressources de la filiale	
Complexité de l'environnement	**Faibles**	**Importantes**
Élevée	Centralisation : modérée Formalisation : faible	Centralisation : faible Formalisation : modérée
Faible	Centralisation : élevée Formalisation : faible	Centralisation : faible Formalisation : élevée

Leurs résultats empiriques, sur un échantillon de 54 entreprises dont 31 américaines et 23 européennes, confirment leur théorie. La performance était généralement meilleure lorsque la structure correspondait à la situation de la filiale. Elle était aussi meilleure lorsque les valeurs étaient partagées. Nohria et Goshal indiquent finalement que la combinaison de valeurs partagées et de structure adéquate doit donner une performance encore meilleure.

Par leur étude des institutions d'épargnes et de prêts (savings and loans) du Texas, Jennings et Seaman (1994) ont montré que les organisations ayant une faculté d'adaptation élevée, ou encore une grande capacité à changer pour répondre aux besoins de l'environnement ont tendance à choisir une structure organique, flexible, et à adopter une stratégie de prospection (Miles et Snow, 1978). Par ailleurs, les institutions ayant une faculté d'adaptation faible ont tendance à choisir une structure mécaniste, donc plus rigide, et à adopter une stratégie de défense. La performance à l'intérieur de chacun de ces groupes étant différenciée, il semble que les performances les plus élevées sont enregistrées par les institutions qui ont le meilleur *fit* entre faculté d'adaptation, structure et stratégie. Cette étude se rapproche aussi beaucoup des travaux des théoriciens de l'écologie des populations d'organisations que nous verrons plus loin.

L'école de la contingence est modérément déterministe. Elle mentionne l'importance de l'environnement sur la détermination des structures, mais elle laisse la place à une créativité structurelle qui respecte les grands principes. Il est important de se rendre compte que la rationalité est profondément contrainte à la fois par la nature de la technologie choisie et par les caractéristiques de l'environnement (degré de stabilité et d'homogénéité et donc d'incertitude). La marge de manœuvre dont disposent les gestionnaires tient au choix de déterminants technologiques et environnementaux. Apparentés à ceux de l'école de la contingence, les travaux de l'école des configurations apportent à la fois des contributions méthodologiques et une perspective théorique enrichissante.

7.3 L'ÉCOLE DES CONFIGURATIONS OU ÉCOLE DE MONTRÉAL

Les travaux de Mintzberg sur la structure (1978) sont à l'origine de l'école des configurations. La littérature portant sur la structure était dans les années 60 et 70 dans un état de dispersion et d'éclatement très grand. Les chercheurs étaient souvent noyés dans le nombre et la variété des recherches qui étaient décrites. On manquait alors de ce que Roethlisberger (1977) appellerait une théorie globale, une théorie de synthèse. Il y avait certes la synthèse tentée par March et Simon (1954), mais celle-ci était trop orientée vers les questions techniques de structuration. Elle était opératoire et n'offrait pas un cadre qui permette de classifier et de comprendre les contributions empiriques qui se faisaient de plus en plus nombreuses.

Cependant, l'idée de configuration (stratégie-structure) peut être attribuée à Chandler (1962). Depuis, la structure est un facteur inséparable des traités de stratégie. Chandler a établi que la structure organisationnelle évolue suivant un cycle qui s'apparente au cycle stratégique. De la même manière que la stratégie semble évoluer vers la croissance, la consolidation et la spécialisation, puis encore vers la croissance mais avec diversification, la structure évolue d'un schéma de fonctionnement simple, à une structure décentralisée par produits ou régions, en passant par une structure fonctionnelle centralisée.

Les écrits et les études empiriques ont été très nombreux sur la relation entre la stratégie et la structure, nous en avons évoqué plusieurs dans l'école de la contingence. Quelle que soit l'optique qu'on adopte, plutôt déterministe ou plutôt volontariste, on ne peut manquer de noter que **la structure et la stratégie semblent de toute façon intimement associées et s'il n'y avait pas de cohérence entre elles on ne pourrait s'attendre à une performance acceptable.**

Une question importante est de savoir quel degré de structure on doit avoir pour que le fonctionnement soit satisfaisant. Dans son étude, McKinsey (1981) répond que « la structure ne doit être ni trop lâche ni trop étroite » et il ajoute :

> *Every large and complex enterprise faces a fundamental paradox. On the one hand, senior managers need to be certain that, in a competitive and tough business environment, they are positioned to pull the levers that result in an adequate and timely response to key changes. On the other hand, they must guard zealously against imposing controls so rigid as to choke the life from the organization*[36].

On pourrait alors se demander s'il n'existe pas des relations stratégie-structure qui s'imposent selon les situations. C'est la réponse à cette question que Mintzberg a entrepris de donner en proposant une synthèse de la littérature et en introduisant son idée de configurations structurelles (1978).

Mintzberg a mentionné que les structures se présentent en configurations reconnaissables et il propose des variables pour les déterminer. Parmi les variables importantes qu'il avance, on peut retenir les deux plus importantes : (1) la division du travail, qui définit les différentes parties de l'organisation ; (2) la coordination du travail. Ces deux dimensions (et toutes les autres) ne se combinent pas de n'importe

36. Toute grande entreprise complexe fait face à un paradoxe fondamental. D'une part, les dirigeants principaux doivent s'assurer, dans un environnement concurrentiel difficile, qu'ils comprennent et maîtrisent les leviers qui permettent une réponse convenable et appropriée dans le temps pour faire face aux changements importants qui se produisent. D'autre part, ils doivent faire très attention à ne pas imposer des contrôles si rigides qu'ils risquent d'étouffer l'organisation.

quelle manière. On ne retrouve en réalité que cinq combinaisons possibles, donnant ainsi naissance à cinq types de structure.

En matière de division du travail, toutes les organisations comportent cinq parties :

i. Le sommet stratégique (généralement la haute direction et ceux qui l'assistent directement);
ii. Le noyau opérationnel, composé des personnes qui produisent les services ou les produits qui sont la raison d'être de l'organisation;
iii. La technostructure ou l'ensemble des professionnels dont la mission est d'établir les standards (de travail, de résultats, de savoir faire) pour les autres;
iv. Le personnel de soutien, qui réalise des activités qui ne sont pas liées à la mission première de l'organisation et qui, à la limite, pourraient être « achetées » (imparties selon le jargon technique) à l'extérieur;
v. La ligne hiérarchique, qui apparaît lorsque l'organisation prend une dimension importante.

De même, on ne retrouve que cinq modes de coordination dans toutes les organisations :

1. La supervision directe
2. L'ajustement mutuel
3. La standardisation du travail
4. La standardisation du savoir-faire
5. La standardisation des résultats

Les cinq modes de coordination principaux et les cinq parties dominantes de l'organisation se combinent « de manière naturelle » pour donner cinq structures génériques qui sont les suivantes :

- **La structure simple**, lorsque la partie dominante est le sommet stratégique et que le mode de coordination principal est la supervision directe. Généralement, ce genre de structure est très peu formalisé. Il n'y a donc pas de technostructure, ni de ligne hiérarchique, ni souvent de personnel de soutien. Cette structure est très adaptée à des innovations simples et rapides, dans des environnements changeants.

- **La bureaucratie mécaniste**, lorsque le mode de coordination principal est la standardisation du travail et que la partie dominante est la technostructure (qui établit les standards). Dans ce cas, l'organisation est complexe et a une ligne hiérarchique substantielle et un personnel de soutien nombreux. Ce genre de structure convient bien à la production de masse, dans des environnements stables.
- **La bureaucratie professionnelle**, dans laquelle la partie importante est le noyau opérationnel, formé des professionnels, et le mode de coordination principal est la standardisation du savoir-faire. Il n'y a généralement pas de technostructure parce que les professionnels résistent à toute tentative de standardisation du travail. En revanche, le personnel de soutien a tendance à être très nombreux. Ce genre de structure convient bien aux activités qui requièrent un savoir-faire complexe, dans un environnement qui est relativement stable.
- **L'adhocratie**, où le mode de coordination principal est l'ajustement mutuel et où la partie importante est le personnel de soutien, parce que c'est la partie la plus permanente de l'organisation. Il n'y a dans cette structure que peu de technostructure et l'organisation est généralement en flux constant, avec des regroupements provisoires de professionnels pour répondre à des besoins spécifiques temporaires. Ce genre de structure est très adapté à la réalisation de tâches uniques et donc à l'innovation.
- **La structure divisionnalisée**, dont les unités peuvent être des structures de tous les autres types. C'est une forme dans laquelle le mode de coordination principal est la standardisation des résultats et, par conséquent, la partie principale est la ligne hiérarchique. Cette structure est très bien adaptée à des situations où les activités sont multiples et diversifiées. Mintzberg proposait au départ une description légèrement différente de ce qui est décrit ici et pensait que cette configuration était instable. *Nous ne partageons pas cette opinion.*

Le génie de Mintzberg a été de sortir de la logique de recherche traditionnelle et de faire un acte de foi, qui pourrait être formulé simplement comme suit : *Dans la nature, il ne pouvait y avoir des formes structurelles en nombre infini. Il devait y avoir des formes simples qui seraient à la base de tout effort de structuration ou vers lesquelles tendraient toutes les structures.* Cette affirmation, quasi religieuse, a amené son auteur à rechercher ce qui pouvait unir les théories. Grâce aux travaux de l'école de la contingence, notamment ceux de Thompson (1967), il a ainsi offert un cadre qui permettait de donner du sens à tout ce qu'on pouvait lire en la matière. Ses configurations structurelles restent populaires, non pas tellement à cause de leur caractère descriptif, les structures réelles pouvant être tellement complexes qu'on aurait du mal à les accrocher aux structures de Mintzberg, mais surtout parce que c'est un cadre convenable pour penser au comportement des organisations en général. Les configurations structurelles de Mintzberg sont aujourd'hui devenues des objets familiers. Bien que personne ne songe à structurer concrètement son organisation en la modelant sur l'une ou l'autre des configurations, chacun peut construire sa structure en pensant aux comportements que les configurations de Mintzberg suggèrent.

Le décollage de l'école des configurations est venu des travaux de D. Miller (1980). Dans sa thèse de doctorat, Miller a montré que le concept de configuration était particulièrement puissant pour la recherche systématique de patterns et l'a appliqué à la structure, à la stratégie et à la relation stratégie-structure. Il a notamment démarqué l'école des configurations en montrant que l'école traditionnelle de la contingence avait tendance à mettre l'accent sur des typologies, un peu sur la lancée de Chandler (1962), plus théoriques et plus intuitives, tandis que la perspective configurationnelle rendait naturelle le développement de taxonomies, enracinées empiriquement. Après une série de publications utilisant cette approche (Miller et Friesen, 1982 ; 1984), dans un article qui vient d'être primé pour sa contribution fondamentale au champ de la stratégie, Miller (1986) fournit les éléments de base de l'approche configurationnelle. Dans une étude plus récente sur les périls de l'excellence, Miller (1990) montre comment l'approche des configurations est capable de puiser aux autres approches, y compris celles que nous évoquons plus loin, pour offrir des réponses convaincantes aux observations des chercheurs. Sa théorie de la simplicité, tout en étant enracinée dans l'idée de configuration, est évolutive, montrant la rigidité inéluctable de toute configuration, mais aussi associée à la dynamique de la structure, telle qu'elle a été exprimée par Cyert et March (1963); elle peut au fond servir à expliquer la dynamique historique et globale des populations d'organisations.

En complément à l'approche généralement quantitative et positiviste de Miller, Mintzberg et Waters (1985) montrent combien l'idée de configuration peut se prêter aussi à des données qualitatives, rendant alors complètement légitime une approche qui est en fait un reflet plus fidèle de la réalité. De nombreuses thèses de doctorat sont venues renforcer la crédibilité de l'approche et révéler sa puissance aussi bien en stratégie (Shamsie, 1992; Brunet, 1989, entre autres) qu'en leadership (Lapierre, 1985; Noël, 1989; Pitcher, 1994). Mintzberg et Westley l'ont encore récemment montré dans une réflexion sur les cycles de changement organisationnel (1992). Pour eux, l'étude du changement ne tient pas suffisamment compte des aspects contextuels importants. Ces auteurs proposent alors d'examiner quatre cycles fondamentaux : concentrique pour révéler les contenus et niveaux du changement; circonférenciel pour tenir compte des moyens et processus du changement; tangentiel pour tenir compte des épisodes et des étapes du changement; en spirale pour montrer les séquences dans les patterns de changement. Ils ont illustré leur propos en discutant des changements dans les grandes religions.

L'approche configurationnelle part donc de l'idée que les dimensions de la réalité se fixent autour de valeurs reconnaissables, dont le nombre est fini. C'est ainsi qu'on peut trouver un certain nombre de stratégies ou de structures ou de comportements de direction, génériques. L'approche ne nie pas la capacité des dirigeants et des firmes à créer leur propre configuration; elle suggère seulement que les multitudes de stratégies possibles soient des variations autour de thèmes reconnaissables.

L'école des configurations étant de plus en plus une école de méthodes, les travaux qui peuvent y être rattachés sont maintenant trop nombreux pour être recensés de manière exhaustive. Signalons toutefois les recherches de Cool et Schendel (1988), de Hatten et Hatten (1987) et de McGee et Thomas (1986) sur les groupes stratégiques, celles de Kets de Vries et Miller (1984) sur les pathologies organisationnelles, celles de Nohria et Garcia-Pont (1991) sur les blocs stratégiques, celles de Carter et autres (1994) sur les actions entrepreneuriales (*new ventures*), celles de Miller (1991) et de Miller et Toulouse (1992) sur les comportements et la psychologie des dirigeants, celles de Doz (1986), de Doz et Prahalad (1991) et de Bartlett et Ghoshal (1991 ; 1993) sur la gestion des multinationales. On pourrait aussi mentionner les travaux de Miles et Snow (1978), de Hinings et Greenwood (1988) sur les archétypes, qui sont très similaires à ceux de l'école des configurations.

Les règles et principes de l'école de la contingence, puis ceux de l'école des configurations, sa petite cousine, ont exercé une influence profonde sur les réflexions concernant le fonctionnement organisationnel et interagissent avec ceux de deux autres courants dominants :

1. Le courant dit de l'école de Carnegie, ou courant du comportement organisationnel ou « de la dynamique de coalition » de la firme, qui a été inspiré par les travaux de Simon (1945) et de Cyert et March (1963), évoqués au chapitre 2 parmi les classiques ;
2. Le courant de l'« écologie des organisations », inspiré de travaux en biologie et marqué par les contributions de Hannan et Freeman.

Comme l'école de la contingence, ces deux courants mettent l'accent sur l'importance du contexte pour comprendre ou influencer les comportements. Mais plus que la théorie de la contingence, ils nient ou considèrent comme marginal le libre arbitre des personnes. Celles-ci ne peuvent pas vraiment changer les comportements directement. Au mieux peuvent-elles espérer le faire à travers la modification des structures ou du contexte général de fonctionnement de l'organisation.

Les deux courants considèrent que le changement radical, donc par nature très proactif, lié à l'action des dirigeants, est à proscrire. Le changement stratégique doit être évolutif. S'il est radical, les chances de survie de l'organisation sont faibles. En d'autres termes, tenter de changer l'organisation de manière radicale, c'est risquer de la détruire ou détruire sa capacité à jouer le rôle qu'on lui avait donné.

7.4 LA THÉORIE DU COMPORTEMENT DE LA FIRME

Dans la foulée de Simon (1945) et de Cyert et March (1963), March et Simon (1957) ont systématiquement défini les règles qui permettent de comprendre le comportement d'une organisation. Une organisation est alors présentée comme l'effort systématique d'influence, à travers des routines, du comportement des personnes pour rendre cet effort prévisible. Parmi les grandes règles du fonctionnement organisationnel, ces auteurs mentionnent :

1. « L'essentiel du comportement [...] dans les organisations, est gouverné par des programmes de performance [...] ou plus adéquatement des stratégies de performance » (p. 142). L'idée de programme et de routines domine ces travaux.
2. Dans les organisations, le comportement rationnel implique que des tâches complexes soient « décomposées en une séquence d'actions plus petites, dont la conjonction permet de réaliser le travail dans son ensemble ». De ce fait, la division du travail influe sur la nature des renseignements que les membres reçoivent. C'est cela aussi qui fait que les membres de l'organisation ne comprennent que partiellement le fonctionnement global de l'organisation.
3. La division du travail suppose alors une compréhension des problèmes que pose la spécialisation du travail, à la fois des individus et des unités. Ainsi, les auteurs ont mis en évidence toute une série de propositions qui dominent la littérature sur les structures :
   - Plus il y a spécialisation par sous-programmes (spécialisation processus), plus il y a interdépendance entre les unités de l'organisation.
   - La spécialisation sera plus poussée dans les environnements stables, alors que lorsque l'environnement est turbulent, la spécialisation sera sacrifiée pour faciliter l'unité des programmes.
   - Plus la standardisation est grande, plus l'interdépendance entre unités est soutenable.
   - Plus la situation est stable, plus la coordination peut se faire par plan ; plus la situation est turbulente, plus la coordination devra se faire par feed-back.

4. La communication est un élément essentiel du fonctionnement des organisations. En particulier, « la capacité d'une organisation à maintenir un pattern d'activités complexes et interdépendantes est limitée en particulier par sa capacité à gérer les communications requises pour la coordination » (p. 162) et on peut dire que :
   - Plus les communications sont efficaces et plus les interdépendances sont acceptables. Bien entendu, pour faciliter cela, l'organisation peut adopter des mesures de simplification comme (*a*) un répertoire de réponses standard, (*b*) une classification de situations d'évocation de programme et (*c*) un ensemble de règles précisant ce qui est approprié pour chaque classe de situations.

Dans des travaux ultérieurs, March et Olsen (1976) ainsi que Cohen, March et Olsen (1976) ont décrit comment l'organisation, lorsqu'elle atteint un degré supérieur de complexité, peut devenir encore plus imprévisible. Le niveau d'ambiguïté augmente et les hypothèses de comportement sont à revoir complètement. Ainsi, pour ces auteurs, un processus de choix (organisationnel) doit être perçu comme une occasion :

- d'exécuter les procédures opératoires standard et de satisfaire les attentes en matière de rôles, les devoirs et les engagements précédents...
- de définir la vertu et la vérité...
- de distribuer gloires et blâmes pour ce qui s'est produit dans l'organisation...
- d'exprimer et de découvrir « l'intérêt personnel » et « l'intérêt de groupe » en ce qui concerne la socialisation et le recrutement...
- pour avoir du plaisir[37]... (p. 11-12)

Ce processus est très ambigu. Notamment, il y a **ambiguïté des intentions** : souvent les objectifs sont incohérents ou mal définis. Il y a aussi

37.
- for executing standard operating procedures, and fulfilling role-expectations, duties, or earlier commitments...
- for defining virtue and truth...
- for distributing glory or blame for what happened in the organization...
- for expressing and discovering "self-interest", and "group-interest", for socializing, and for recruiting...
- for having a good time... (p. 11-12)

ambiguïté dans la compréhension : le monde de causalité dans lequel certaines organisations vivent est au mieux obscur. Il y a **ambiguïté de l'histoire** : le passé est important, mais difficile à interpréter. Finalement, il y a **ambiguïté de l'organisation** : les individus ne prêtent pas la même attention aux décisions. Les personnes ont tendance à se déplacer d'une situation de choix à l'autre sans grande stabilité. Elles observent surtout que nous avons plutôt affaire à un monde chaotique qu'à un monde organisé (March et Olsen, 1976) :

> *Les facteurs externes peuvent dicter l'action individuelle sans respect pour l'apprentissage des individus, l'action organisationnelle sans tenir compte de l'action des individus, l'action environnementale sans tenir compte de l'action de l'organisation, ou l'apprentissage individuel sans tenir compte de l'action environnementale*[38] *(p. 21).*

En conséquence, Cohen, March et Olsen (1976) affirment ce qui suit :

> *Une organisation est un ensemble de procédures pour l'argumentation ou l'interprétation, ainsi que pour la résolution de problèmes et pour la prise de décision. Une situation de choix est une occasion de rencontre entre des préoccupations et des sentiments à la recherche de situations de décision dans lesquelles ils peuvent être exprimés, des solutions à la recherche de préoccupations pour lesquelles elles pourraient être des réponses, et des participants à la recherche de problèmes et de plaisirs*[39] *(p. 25).*

Cette situation a été décrite comme le modèle de prise de décision « de la poubelle[40] » (*garbage can*). Dans ce type de modèle :

38. External factors may dictate individual action without regard to individual learning, organizational action without regard to individual action, environmental action without regard to organizational action, or individual learning without regard to environmental action (p. 21).
39. An organization is a set of procedures for argumentation and interpretation as well as for solving problems and making decisions. A choice situation is a meeting place for issues and feelings looking for decision situations in which they may be aired, solutions looking for issues to which they may be an answer, and participants looking for problems or pleasure (p. 25).
40. Cette traduction ne fait pas consensus. De nombreuses variantes ont été proposées notamment : « modèle de la tour de Babel » et « modèle du chaos ».

- Les problèmes sont des préoccupations de personnes à l'intérieur ou à l'extérieur de l'organisation.
- Les solutions sont des produits que des personnes fabriquent et soutiennent. On peut ainsi avoir des réponses/solutions avant d'avoir les questions/problèmes.
- Les participants flottent d'une situation décisionnelle à l'autre, sans stabilité réelle.
- Dans certaines occasions, une organisation doit faire naître un certain comportement qu'on appelle décision. « Bien que les flux ne soient pas complètement indépendants les uns des autres, un choix organisationnel est une rencontre fortuite. »

Cette situation qui paraît complètement folle est tout de même descriptive de cas très complexes, lorsque le degré d'ambiguïté est élevé. Elle est aussi, curieusement, très fonctionnelle :

> *Il est clair que le processus de la poubelle n'est pas très bon pour la résolution de problèmes. Mais il semble permettre de faire des choix et parfois de résoudre des problèmes, même lorsque l'organisation est minée par le conflit et l'ambiguïté des objectifs, avec des problèmes mal compris qui flottent vers le système ou qui en sortent, avec un environnement variable et des décideurs qui peuvent avoir d'autres choses à l'esprit. Ce qui est toute une réalisation*[41] *(p. 37).*

Dans des conditions très ambiguës, le changement stratégique est difficile à imaginer. Tout au plus peut-on espérer, un peu comme le font Braybrooke et Lindblom (1963), que des décisions disjointes et incrémentales finissent par converger vers une destination désirable. Malgré son caractère légèrement caricatural et désespéré, le modèle de la poubelle suggère que les décisions organisationnelles en situation d'ambiguïté, même si elles comportent peu de liens, peuvent être très fonctionnelles. En ce sens-là, il est optimiste.

41. It is clear that the garbage can process does not do a particularly good job of resolving problems. But it does enable choices to be made and problems sometimes to be resolved even when the organization is plagued with goal ambiguity and conflict, with poorly understood problems that wander in and out of the system, with a variable environment, and with decision makers who may have other things on their minds. This is no mean achievement (p. 37).

Une série de travaux récents (voir notamment Mezias et Glynn, 1993, Lant et Mezias, 1990, Lant et autres, 1992 ;) ont cherché à pousser plus loin la logique des « modèles de comportement » de l'école de Carnegie, en étudiant par exemple les significations concrètes pour le changement organisationnel.

Mezias et Glynn (1991) s'appuient sur le « modèle d'apprentissage expérienciel » de Levitt et March (1988) pour révéler l'efficacité des approches institutionnelle, révolutionnaire et évolutionniste de changement organisationnel. Levitt et March ont décrit les organisations comme étant des systèmes d'apprentissage « basés sur les routines, historiquement contraints et orientés vers des buts ». Lant et Mezias (1990, 1991) précisent que ces modèles ont trois catégories de routines : recherche, performance et changement. La contrainte historique vient du fait que, lorsqu'une innovation (administrative) est introduite, les efforts qui normalement devraient servir à raffiner l'innovation et à améliorer la recherche vers d'autres innovations sont utilisés pour amener l'organisation à fonctionner avec l'innovation déjà introduite. Donc, il y a toujours une période pendant laquelle aucune recherche ni aucun changement ne suit une innovation.

Par ailleurs, on suppose qu'on apprend en faisant des choses. Ainsi, les organisations améliorent leur performance avec de nouvelles technologies et gagnent à les utiliser; elles réduisent les coûts de la recherche lorsqu'elles prennent de l'expérience avec celle-ci. L'orientation vers des buts, le dernier élément du modèle, influe sur le niveau d'aspiration. Les études sur l'apprentissage organisationnel ont toujours tenu pour acquis que plus le niveau de performance est éloigné du degré d'aspiration, plus le changement est probable. Cependant, les questions qu'il reste à résoudre sont : À quelle vitesse le degré d'aspiration s'ajuste-t-il en fonction des performances ? Quel pattern de succès et d'échec cela engendre-t-il ? Quelles routines sont associées aux patterns de succès et d'échec (Levinthal et March, 1981 ; Lant et Mezias, 1990, 1991) ?

Les auteurs montrent ensuite qu'il y a trois grands paradoxes :

1. Contrairement aux intentions du modèle institutionnel, consacrer plus de ressources à la recherche dans le contexte d'un fonctionnement organisationnel dominé par des routines ne produira pas plus d'innovation (donc de changement).
2. Dans le cadre de l'approche révolutionnaire du changement, consacrer plus de ressources à la recherche dans le contexte d'un fonctionnement organisationnel dominé par des routines ne produira pas plus d'innovation (donc de changement).
3. Dans le contexte des approches évolutionnistes du changement, la perspective d'apprentissage suggère la valeur de la variance : accroître la variance de la recherche entraînera un accroissement de l'innovation et donc des chances de changement.

Ainsi, une organisation dominée par des règles, ce qui est le cas de toutes les organisations qui ont atteint un haut degré de complexité, ne pourra vraiment changer que de manière évolutive.

À partir de la même logique, Starbuck (1985) et Starbuck ainsi que Greve et Hedberg (1979) affirment que, contrairement à ce qu'on postule habituellement, l'analyse et la réflexion ne précèdent pas l'action. « Tirer puis viser ensuite » semble être le processus anachronique des situations de gestion. Cet anachronisme s'explique cependant par le fait qu'en agissant on apprend, ce qui permet de s'ajuster ensuite. Cette idée a été défendue par de nombreux auteurs et récemment par Mintzberg (1991). Par conséquent, pour pouvoir changer, il faut qu'il y ait de l'espace pour l'expérimentation. Une organisation qui veut être capable de s'adapter aux changements qui se produisent dans son environnement doit veiller à encourager l'expérimentation. Faute de cela, ou si les routines ne permettent pas cela, l'adaptation ne se fera pas.

Le courant du comportement organisationnel de la firme met l'accent sur l'inertie des appareils et suggère, de manière presque tautologique, qu'il ne peut vraiment y avoir de changement « qu'en concevant des structures qui permettent le changement ». Le problème est alors que le changement est imprimé dans les routines un peu comme le Bon Dieu a imprimé nos comportements dans nos gènes. De ce fait, le changement ne peut être ni révolutionnaire ni institutionnel ou, s'il l'était, il ne pourrait aboutir à des comportements fonctionnels. Le changement volontariste est une recette pour l'échec. Le changement fonctionnel et efficace ne peut venir que de manière évolutive. Les leaders du changement dans ce genre de situation sont des experts en « génie organisationnel ».

7.5 L'ÉCOLOGIE DES POPULATIONS D'ORGANISATIONS

Le dernier courant important de cette littérature a été appelé par ses pionniers « l'écologie des populations d'organisations » (Hannan et Freeman, 1984). D'après ces derniers, il faut regarder les organisations de manière collective comme le font les biologistes avec les espèces. Les chercheurs se sont ainsi intéressés aux mécanismes de sélection et proposent ce qui suit :

Dans les sociétés modernes, les pressions de sélection ont tendance à favoriser les organisations qui peuvent jouer leur rôle de manière fiable et qui offrent des possibilités de contrôle et une responsabilisation satisfaisantes.

Un préalable à une performance fiable est la capacité de reproduire une structure avec une grande fidélité. Malheureusement, le prix à payer pour la fidélité de la reproduction structurelle est l'inertie. Donc, choisir la fiabilité et la responsabilisation favorise en même temps de hauts degrés d'inertie. La structure, dans le langage des théoriciens de l'écologie des organisations, fait référence à un noyau dur composé : (1) des objectifs et buts principaux, (2) des formes que prend l'autorité, (3) du noyau technologique, (4) de la stratégie de marketing.

Par ailleurs, la sélection exerce une influence sur beaucoup d'autres dimensions que la reproductibilité de la structure. En effet, si les pressions de sélection d'aspects spécifiques de la structure sont assez fortes, les organisations qui ont les caractéristiques les plus adéquates pour l'environnement considéré sont favorisées même si elles ont des niveaux de reproductibilité assez bas.

En outre, dans des environnements où les changements sont turbulents et incertains, il n'y a pas vraiment de régime de sélection systématique et pas de « régime constant ». Dans ce cas, la capacité à répondre rapidement à de nouvelles occasions est en concurrence avec la capacité à fonctionner de manière fiable et imputable.

Finalement, la reproductibilité augmente avec l'âge, et donc les pressions à l'inertie aussi. L'effet de la taille est quant à lui problématique : l'expérience montre que les petites organisations non seulement sont plus susceptibles de tenter de changer mais elles sont aussi plus susceptibles de périr dans le processus.

Les théorèmes importants de la théorie sont alors au nombre de cinq :

- Théorème 1 : La sélection, dans les populations d'organisations des sociétés modernes, favorise les organisations dont la structure présente une grande inertie.
- Théorème 2 : L'inertie structurelle augmente de manière uniforme avec l'âge.
- Théorème 3 : Le taux de mortalité des organisations diminue avec l'âge.
- Théorème 4 : Les tentatives de réorganisations augmentent le taux de mortalité.
- Théorème 5 : La complexité augmente le taux de mortalité due à la réorganisation.

Ces théorèmes ont été largement vérifiés dans les travaux de Hannan et Freeman et des auteurs qui les ont suivis. Récemment, deux tentatives de validation empirique ont été proposées. Boeker (1991) a étudié les brasseries, et Kelly et Amburgey (1991) ont étudié les sociétés de transport aérien aux États-Unis. Boeker a découvert que les brasseries dont l'envergure était régionale réussissaient moins bien que les brasseries à envergure nationale et moins bien que les brasseries locales. Les hypothèses qu'il a vérifiées sont les suivantes :

- **Hypothèse 1 :** Les brasseries nationales auront plus de difficultés à accroître leurs ventes dans les États où il y a une haute densité de brasseries que dans ceux où il y a une faible densité de brasseries.

- **Hypothèse 2 :** Les brasseries nationales auront plus de difficultés à accroître leurs ventes dans les États où le niveau de concentration (du marché de la bière) est élevé que dans ceux où le niveau de concentration est faible.
- **Hypothèse 3 :** Dans les États où la demande est croissante, les brasseries nationales seront capables de prendre une plus grande part de marché que les autres.
- **Hypothèse 4 :** Les brasseries nationales auront plus de difficultés à accroître leurs ventes dans les États où il y a une régulation des prix.
- **Hypothèse 5 :** Les brasseries nationales auront plus de facilité à accroître leurs ventes dans les États ayant un niveau de taxation de la bière plus élevé.

Ces résultats sont tout à fait conformes à la théorie de Hannan et Freeman. Kelly et Amburgey, cependant, ont trouvé des résultats moins convaincants. Leurs hypothèses étaient exprimées comme suit :

- **Hypothèse 1 :** La probabilité du changement d'orientation stratégique augmente avec les changements dans l'environnement. *Pour les sociétés de transport aérien, cette hypothèse a été rejetée.*
- **Hypothèse 2 :** La probabilité du changement d'orientation stratégique diminue avec l'âge. Cette hypothèse à été confirmée.
- **Hypothèse 3 :** La probabilité du changement d'orientation stratégique diminue avec la taille. Cette hypothèse n'a reçu qu'un soutien mitigé.
- **Hypothèse 4 :** La probabilité du changement d'orientation stratégique augmente avec l'expérience qu'on a eue avec ce genre de changement. *Cette hypothèse a été fortement soutenue, ce qui confirme aussi l'idée de momentum ou d'inertie. On refait les changements qui ont bien fonctionné dans le passé.*
- **Hypothèse 5 :** La probabilité d'échec augmente à mesure que le nombre cumulatif de changements d'orientation stratégique tentés augmente.

> Cette hypothèse, qui est au cœur de la théorie, a été rejetée. En général, donc, si certains aspects importants ont été confirmés, d'autres ont été mis en doute. La théorie reste cependant particulièrement importante. Elle est en fait une des théories les plus convaincantes lorsqu'il s'agit de comprendre ou de réaliser des changements d'orientation stratégique (ce que Hannan et Freeman appelaient des changements de structure) dans des organisations dont l'âge et le degré de complexité sont élevés.

Pour aller plus loin, dans deux études récentes, Haveman (1992) a apporté des résultats intéressants pour confirmer et préciser la théorie écologique. Dans les deux cas, la population étudiée était l'ensemble des institutions d'épargne et de crédit en Californie. La première étude montre que « lorsque l'environnement est sujet à des transformations soudaines, les changements en matière de structure et en matière de domaine d'activités sont bénéfiques pour la survie ». De même en se diversifiant, les firmes qui font face à un tel environnement réussissent mieux lorsque la diversification est reliée. Même s'ils sont évidents, ces résultats sont intéressants pour confirmer la théorie. La deuxième étude est un peu plus surprenante. Alors qu'on s'attendrait à ce que les petites organisations soient plus capables de changer lorsque apparaissent des occasions d'entrer dans des domaines nouveaux et prometteurs, l'auteur a trouvé qu'au contraire ce sont les grandes organisations qui en sont le plus capables, probablement à cause de l'importance de leur part de marché, de leur structure décentralisée et différenciée et de la disponibilité de ressources excédentaires (*slack*). Dans certains cas, une relation en U a été observée entre la taille et la capacité à changer.

Par ailleurs, Amburgey, Kelly et Barnett, en étudiant 1011 journaux finlandais sur une période de 193 ans, ont découvert qu'une vue dynamique du changement organisationnel montre que les forces qui rendent les organisations rigides sont aussi celles qui les rendent plus malléables. En particulier, le changement semble accroître à la fois, à court terme, la probabilité d'échec et celle du déclenchement de changements additionnels. Pourtant, dans les deux cas, l'effet décline avec le temps et il est modéré par la période dans le cycle de vie de l'organisation.

Finalement, Ito et Rose (1994) ont apporté une contribution nouvelle à la compréhension des phénomènes de génétique organisationnelle en indiquant que les aspects généalogiques sont révélateurs du comportement stratégique d'une organisation. Ils ont pris l'exemple des firmes japonaises et des liens spéciaux que celles-ci entretiennent avec leurs multiples créations (filiales proches ou lointaines). En particulier, leurs études ont porté sur les formes de désinvestissement partiel (*spinoffs*), qui donne une liberté plus grande à l'unité « libérée » tout en gardant avec elle des liens privilégiés. Cette pratique étant fréquemment utilisée au Japon, les entreprises japonaises fournissent alors des données intéressantes pour l'étudier.

La métaphore principale que les auteurs utilisent pour présenter leur sujet est celle des arbres et des racines (p. 38) :

> *Frequently, when Japanese firms have developed or created the seed of a core competency that differs from their original one, they separate the new core competency and plant another "tree", complete with a new root system, trunk, major limbs, smaller branches, leaves, flowers, and fruit. Initially, the new root system of the spinoff is totally connected to the old tree's root structure [...]. As the spinoff matures, we expect its dependency on the parent to diminish. The new "tree" becomes more independent, growing on its own [...]. Eventually, the root system of the younger tree may serve to support the parent tree*[42].

Cette similitude biologique amène les auteurs à suggérer que la pérennité des organisations, qui est loin d'être évidente, pourrait être gérée comme celle des personnes, ou des autres êtres vivants, en admettant qu'il faille « passer le bâton » d'une génération à l'autre. Ainsi, les organisations non seulement vivent et meurent mais peuvent continuer à survivre grâce à leurs descendants. Cela montre aussi que la meilleure

42. Fréquemment, lorsque les firmes japonaises ont développé ou créé un noyau de compétence différent de l'original, elles ont séparé le nouveau noyau et planté un nouvel « arbre », avec son système de racines, son tronc, ses branches principales et secondaires, ses feuilles, ses fleurs et ses fruits. Au début, le nouveau système de racines est totalement relié à l'ancien système de racines du vieil arbre [...]. À mesure que le « rejeton » grandit, on s'attend à ce que sa dépendance à l'égard de la souche parente diminue. Le nouvel arbre devient plus indépendant et croît par lui-même [...]. Le système de racines du nouvel arbre peut même servir à soutenir la vieille souche.

manière de survivre au temps n'est pas d'assembler des systèmes de plus en plus compacts, mais au contraire de les séparer tout en gardant une relation productive.

Bien que n'étant pas vraiment dans la logique de l'écologie des populations d'organisations, cette nouvelle forme de darwinisme vient en fait la compléter en proposant une dynamique au comportement des populations.

7.6 LES COURANTS APPARENTÉS

Hannan et Freeman indiquent qu'on peut rattacher aux études sur l'écologie des populations d'organisations certaines des théories que nous avons décrites plus haut et d'autres plus « lointaines ». Ils mentionnent ainsi deux grands courants :

a) Un courant, qu'ils appellent « théorie de l'adaptation rationnelle », qui propose que la variabilité organisationnelle reflète les changements de stratégie et de structure conçus pour répondre à des changements environnementaux, à des occasions ou à des menaces. Parmi les variantes à cette théorie, Hannan et Freeman incluent les théories de la contingence, que nous avons déjà étudiées, lesquelles mettent l'emphase sur les changements de structure qui tentent de correspondre aux paires technologie-environnement (Thompson, 1967 ; Lawrence et Lorsch, 1967). Il y a aussi les théories dites de dépendance-ressources, lesquelles portent sur les changements de structure qui essaient de neutraliser les sources d'incertitude environnementale (Pfeffer et Salancik, 1978). Une version institutionnelle soutient que les structures organisationnelles sont rationnellement adaptées aux modes d'organisation qui prévalent et sont alors soutenues par les règles normatives du moment (Meyer et Rowan, 1977 ; DiMaggio et Powell, 1983). Finalement, les théories marxistes soutiennent que les structures organisationnelles sont des solutions rationnelles aux problèmes de maintien du contrôle sur les travailleurs par les propriétaires (capitalistes) (Edwards, 1979 ; Burawoy, 1979).

b) Un courant qu'ils appellent « la théorie de la transformation aléatoire ». Celle-ci, basée sur les travaux déjà mentionnés de Cyert et March sur le comportement de la firme, soutient que les organisations changent leurs structures en réponse à des processus endogènes, mais que ces changements ne sont que lâchement reliés aux désirs des leaders ou aux exigences et menaces de l'environnement (March et Olsen, 1976; Weick, 1976).

Dans leurs études sur les universités, March et Olsen (1978) ont donné de nombreux exemples de la deuxième catégorie. Le modèle « de la poubelle » de prise de décision, que nous avons vu plus tôt, est révélateur de la nature désarticulée de la participation au processus de décision.

7.7 ÉPILOGUE

Les théories de ce chapitre sont pour l'essentiel déterministes. Il ne peut en être autrement, la structure étant conçue pour infléchir les comportements dans les directions souhaitées par ses concepteurs. Quant aux théories prescriptives, elles sont plus affirmatives et donnent aux gestionnaires et à leurs conseillers plus d'assurance en ce qui concerne leurs capacités à obtenir les résultats désirés et à en comprendre les relations de cause à effet. Sur ce terrain, elles divergent sensiblement, bien qu'à des degrés divers, des autres théories.

La théorie de la contingence, comme la théorie des configurations, met l'accent sur la nécessaire compatibilité (ou *fit*) entre un grand nombre de variables ou dimensions pour assurer la performance de la firme, sa capacité à s'adapter et à survivre. Ces théories voient le changement comme une course à étapes, avec apparition inévitable de décalages ou de déséquilibres entre deux étapes ou configurations, qui sont rattrapés lorsque l'étape est atteinte. Ce cheminement cyclique est souvent conçu comme une alternance de changements évolutifs (incrémentaux) et de changements révolutionnaires, lorsque les changements incrémentaux ne peuvent permettre de faire face aux décalages que l'action introduit.

La théorie du comportement de la firme est plus radicale dans ses conclusions. Pour cette théorie, le changement ne peut se faire que de manière progressive, par le biais de changement dans les routines de l'organisation. Les autres changements, notamment révolutionnaires, ne sont pas accessibles. Tenter un changement révolutionnaire revient en fait non seulement à transformer la structure mais à détruire l'organisation existante et à la remplacer par une autre organisation, ce qui comporte de grands risques d'échec.

Pour la théorie de l'écologie des populations d'organisations, le changement radical est encore plus préoccupant. Les risques de mortalité augmentent avec les réorganisations. Pourtant, cette théorie a encore besoin d'être affinée, les études empiriques montrant que les changements importants ne sont pas toujours dommageables et peuvent même, lorsque la situation dans l'environnement le justifie, être bénéfiques.

Dans toutes ces théories, la structure est un concept technique, représentant la façon dont les tâches sont organisées, mais est en même temps, surtout lorsque les systèmes deviennent complexes, une expression du comportement de l'organisation, incluant ainsi en plus du corps des éléments de l'âme de l'organisation, donc de sa raison d'être. Le changement est sûrement déterminé par la modification de la structure, même si à présent on peut admettre que la structure n'est pas la seule à intervenir. Pourtant, la structure joue un rôle plus permanent et plus perceptible que les dirigeants. C'est pour cela qu'on pourrait avoir tendance à ne la voir que d'une manière mécanique, avec une relation de cause à effet simple. Les théories sur la structure que nous venons d'examiner montrent bien que tel n'est pas le cas.

La structure est difficile à changer et lorsqu'on la change on n'est pas sûr de ne pas contribuer à détruire l'organisation. C'est peut être là que les personnes et en particulier les dirigeants jouent un rôle complémentaire essentiel et que le contexte se manifeste de manière plus décisive. Cela nous mène tout naturellement à une perspective d'ensemble sur le changement qui s'appuie sur les théories générales que propose la littérature. Ainsi les théories du chapitre qui suit sont là pour nous aider à regrouper toutes ces notions en nous offrant des visions plus synthétiques et plus globales.

{ Chapitre 8 }

Le changement stratégique : un équilibre complexe

Les chercheurs en gestion stratégique des organisations se sont naturellement intéressés au changement, puisque la gestion stratégique elle-même n'est rien d'autre que la gestion du changement majeur, celui qui a un effet sensible sur le comportement de l'organisation. Leur perspective étant générale, ils ne se satisfont pas des études spécifiques, comme la plupart de celles que nous avons abordées dans les chapitres précédents. Ils préfèrent, malgré l'imperfection des outils de recherche disponibles, faire face à la complexité. De ce fait, ils mettent l'accent sur des théories plus globales, qui visent à la compréhension par l'intégration plutôt que par la dissection. C'est pour cela que les travaux qui nous intéressent dans cette section sont essentiellement des travaux de synthèse. Les auteurs se sont attachés au changement en prenant en considération tous les éléments qui venaient agir sur lui. Les théories qui en résultent sont alors des théories du changement en général et pas seulement l'examen de l'effet de quelques variables sur le changement. Cinq grands courants de littérature peuvent être proposés ici :

1. **Un courant des théories évolutionnistes,** qui est basé sur l'idée que le changement se fait par cycles et, peut-être, apparaît à des périodes ou à des phases de la vie de l'organisation qui sont prévisibles.
2. **Un courant des théories configurationnelles,** qui toutes reconnaissent que les changements sont des passages d'une configuration de comportement stratégique déterminée, souvent connue ou découverte grâce à la recherche, à une autre configuration, aussi connue ou découverte grâce à la recherche.
3. **Un courant des théories basées sur des résultats empiriques,** qui cherchent à révéler la dynamique du changement en montrant quelles variables influent le plus sur lui et comment ces variables se combinent pour donner les résultats attendus.
4. **Un courant de théories éclectiques,** souvent construites sur la base de théories disciplinaires ou fonctionnelles existantes, par combinaison ou par modification de celles-ci ;
5. **Un courant prescriptif,** qui porte sur les méthodes les plus appropriées pour réaliser le changement. Les prescriptions sont généralement basées sur la littérature ou sur les recherches et les expériences des auteurs eux-mêmes.

Dans ce chapitre, nous allons décrire les théories qui sont représentatives de ces courants et de leur évolution et discuter de leur importance relative dans la compréhension du changement stratégique complexe. Le lecteur ne doit pas être surpris de trouver parfois des recoupements avec les descriptions qui ont été proposées dans les chapitres précédents. En effet, dans ces chapitres, nous avions décidé de décrire les aspects structure ou leadership de certaines études importantes, dont la nature est globale. Ce chapitre nous préparera naturellement au prochain, lequel est consacré à la description du modèle de changement stratégique qui semble le plus compatible avec les résultats des recherches décrites jusqu'ici.

8.1 LES THÉORIES ÉVOLUTIONNISTES

Très tôt, les chercheurs en stratégie se sont intéressés au changement comme étant cyclique. Le travail qui a été effectué par Chandler (1962, 1977, 1991) a dominé le champ. Chandler, un historien du monde des affaires, est sans aucun doute un classique. Il a étudié l'évolution historique de très grandes entreprises comme General Motors, Sears Roebuck, Standard Oil of New Jersey et DuPont, puis il a généralisé ses résultats en étudiant beaucoup d'autres entreprises manufacturières.

Les leçons essentielles de Chandler ont été les suivantes :

- Les forces extérieures, en particulier le marché, sont les déclencheurs des changements de stratégie.
- Le changement de stratégie, donc des objectifs à long terme et des moyens nécessaires pour les réaliser, se fait pour harmoniser l'utilisation des ressources de l'entreprise aux exigences du marché.
- Le changement de stratégie entraîne alors un ajustement correspondant des arrangements structurels, d'où l'expression : la structure suit la stratégie.
- Les changements de stratégie et de structure suivent un cycle reconnaissable : (1) une phase d'expansion et de développement initial, correspondant à une structure relativement simple; (2) une phase de consolidation, correspondant à une structure fonctionnelle

centralisée; (3) une phase d'expansion par diversification, correspondant à une structure divisionnelle centralisée.

- Chaque phase connaît à son tour un cycle reconnaissable : d'abord, une croissance qui entraîne ou accompagne une transformation stratégique; ensuite, des difficultés voire une crise de fonctionnement opérationnel, dues à l'évolution inévitablement inégale des ressources et des capacités; enfin, si les difficultés sont résolues, une adaptation du fonctionnement (la structure dans le langage de Chandler).

Les résultats de Chandler ont été confirmés par de nombreux auteurs, en France (Dyas, 1978), en Allemagne (Thanheiser, 1976) et en Grande-Bretagne (Channon, 1973) et dans beaucoup d'autres pays. Ils ont été confirmés aussi par des études quantitatives comme celles de Rumelt (1974). Récemment, Amburgey et Dacin (1995) ont testé la théorie sur un échantillon de 268 firmes sur une période de 28 ans, pour découvrir non seulement que Chandler avait raison sur la relation entre stratégie et structure mais que la direction de causalité semble le plus souvent être celle qu'il a proposée avec la stratégie, un déterminant plus important de la structure que l'inverse. Également, Jennings et Seaman (1994) ont montré que les entreprises dont la faculté d'adaptation aux changements environnementaux était la plus forte avaient aussi une compatibilité optimale du couple stratégie-structure, comme l'avait suggéré Chandler.

L'idée du cycle a en général inspiré de nombreuses recherches (en particulier Salter, 1970). Il est peut-être utile de mentionner en particulier une étude directement inspirée de Chandler (Greiner, 1972), parce qu'elle met beaucoup l'accent sur les défis du changement.

D'après Greiner, cinq grandes dimensions peuvent être utilisées pour construire un modèle du développement de la firme : (1) l'âge de l'organisation, (2) sa taille, (3) les étapes d'évolution, (4) les étapes révolutionnaires et (5) le taux de croissance de l'industrie. La croissance de l'industrie influe sur la rapidité avec laquelle l'entreprise passe par chacune des étapes, lesquelles sont directement reliées à la taille et à l'âge de l'organisation.

Par ailleurs, la firme passe par des phases de croissance, ou d'évolution, très faciles à déterminer et chacune se termine par une crise, ou révolution, qu'il faut résoudre avant de pouvoir passer à la suivante. La première phase correspond à la croissance d'une petite organisation ; c'est la phase de créativité, dit Greiner, parce que c'est l'étape de création où ce qui fait la différence, c'est la capacité à créer un produit et à découvrir un marché où l'on peut avoir un avantage compétitif. L'accent est mis sur les aspects techniques, alors que les aspects managériaux sont plutôt délaissés. La communication informelle, la réaction rapide aux clients, des salaires faibles avec l'espoir d'un partage dans la propriété caractérisent cette phase.

Toutefois, lorsque l'entreprise se développe, beaucoup de ces caractéristiques deviennent problématiques. Le management prend de l'importance, et il faut introduire des techniques de gestion plus adaptées. Mais les fondateurs généralement résistent à l'idée de céder la place à des professionnels. C'est une véritable crise de leadership.

La deuxième phase de croissance, par direction, apparaît lorsqu'on a résolu la crise de leadership. Cela se manifeste notamment par la mise en place d'une structure élaborée comportant des systèmes formels de contrôle, de rémunération, de planification et de coordination. La direction est centralisée et les responsables fonctionnels sont des spécialistes mais sans pouvoir de décision. La crise qui en résulte est alors une crise d'autonomie.

Plus l'organisation grandit et se diversifie, plus les procédures centralisées de la structure fonctionnelle sont perçues comme trop étroites. La hiérarchie devient trop tatillonne et les initiatives sont étouffées par la pesanteur de l'appareil. La crise vient du conflit entre les demandes pour plus d'autonomie des échelons inférieurs et les habitudes en matière de hiérarchie prises par la direction. Les compagnies qui n'arrivent pas à résoudre cette crise peuvent perdre leurs meilleurs employés et la contestation interne qui s'installe peut finir par détruire l'organisation.

Si la crise est résolue, on passe à la phase de la croissance par délégation. Beaucoup de responsabilité est alors donnée au personnel opérationnel (usines et territoires de vente). Les dirigeants au sommet ne dirigent plus que par exception sur la base des rapports venant de la base. Lorsque la délégation est poussée à son extrême, elle peut mener à la crise suivante, dite de contrôle.

La liberté a tendance à faire naître un comportement autonomiste dangereux pour la survie de l'ensemble de l'organisation. La balkanisation est le résultat de comportements locaux étroits qui mettent en cause les besoins de coordination plus large. Les dirigeants au sommet sont alors tentés de réagir de manière à centraliser davantage le fonctionnement.

La centralisation n'est cependant pas une solution viable. Il faut plutôt passer à une phase de plus grande coordination. On utilise alors des systèmes plus élaborés pour favoriser une meilleure intégration des activités. La restructuration nécessaire à une meilleure coordination, par la création de groupes de produits ou par la centralisation de certaines fonctions comme l'informatique, s'accompagne de procédures formelles de planification et de recrutement ainsi que du développement d'un personnel fonctionnel plus nombreux pour assurer le suivi du fonctionnement et son contrôle. Les règles d'investissement sont plus sévères et la rentabilité de chaque unité constitue une préoccupation.

Cette nouvelle situation poussée à son extrême engendre à son tour une crise de bureaucratisation. La méfiance s'installe entre le personnel fonctionnel et la ligne opérationnelle. La procédure prend le dessus sur la résolution des problèmes et l'innovation est écrasée. Lorsque la crise est résolue, on arrive à la phase suivante.

La phase de collaboration s'installe lorsqu'on conçoit des arrangements structurels et des systèmes flexibles, comme la création de groupes de travail pour prendre en charge les activités. Le contrôle social et l'autodiscipline prennent la relève du contrôle formel. La transition est particulièrement difficile pour les experts qui ont construit le système précédent ainsi que pour les gestionnaires opérationnels habitués à des méthodes formelles pour obtenir leurs réponses. Les équipes qui sont créées sont souvent multifonctionnelles, le personnel fonctionnel est réduit considérablement, les systèmes sont simplifiés, une formation est donnée pour augmenter les capacités de relations interpersonnelles des gestionnaires, les récompenses sont basées sur la performance des équipes et des expérimentations sont permises, dans une structure qui a tendance à devenir matricielle.

La crise suivante n'était pas connue au moment où Greiner a écrit son article. Nous savons maintenant qu'elle vient de la multiplication des conflits et de la paralysie qui peut en résulter. L'auteur l'entrevoyait tout de même :

> *I imagine the revolution will center around the « psychological saturation » of employees who grow emotionally and physically exhausted by the intensity of the teamwork and the heavy pressure for innovative solutions*[43].

L'idée du cycle de Chandler a ainsi fait école et est considérée aujourd'hui comme une vérité incontournable. Progressivement, cependant, de nombreuses études sont venues préciser cette évolution cyclique et plutôt biologique proposée par Chandler. Parmi les travaux les plus citées, notons celui de Tushman, Newman et Romanelli (1985). Ils ont proposé un modèle décrivant les régularités dans le développement d'une organisation et ont en fait précisé chacune des étapes prévues dans la théorie chandlerienne puis indiqué que ces étapes peuvent se répéter à l'infini. Ainsi, ils voient l'évolution d'une organisation comme une série de couples convergence-révolution (ou bouleversement). La période de convergence comprend le fignolage des politiques en place, des liens entre unités et des mécanismes de fonctionnement pour réduire les coûts et augmenter la qualité. Au cours de cette période, on peut aussi former le personnel ; accroître l'engagement des personnes et des groupes ; promouvoir la confiance dans les normes, les croyances, les mythes ; clarifier les rôles, les pouvoirs, les statuts, les dépendances ; raffiner les mécanismes de répartition de ressources et peut-être aussi procéder à des ajustements incrémentaux pour tenir compte de variations mineures dans l'environnement.

43. J'imagine que la révolution va être centrée autour de la « saturation psychologique » des employés qui deviennent de plus en plus épuisé, physiquement et émotivement, par l'intensité du travail d'équipe et par les pressions pour des solutions innovantes.

Puis, lorsque des changements importants dans l'environnement se produisent ou sont attendus, il peut y avoir des changements fondamentaux du cadre de fonctionnement. Cela peut se produire lorsqu'il y a des discontinuités dans l'industrie, par exemple une déréglementation, l'apparition de produits substituts ou de designs révolutionnaires et des changements juridiques ou législatifs majeurs (comme dans l'industrie du tabac ou le domaine pharmaceutique). Les changements peuvent alors toucher la stratégie, la structure, les personnes et les processus. Le changement révolutionnaire a tendance à être rapide de manière à réduire les poches de résistance, à encourager les synergies et à réduire la durée de la période de transition, qui est pleine d'incertitude.

Gustafson et Reger (1995) mentionnent que, dans les conditions de « révolution périodique », du type décrit auparavant, l'identité organisationnelle est essentielle. Bien établie, elle permet en effet de survivre aux turbulences inévitables, mais si elle doit être modifiée alors que le processus de changement doit tenir compte des modifications rapides que connaît l'environnement. Tyre et Orlikowski (1994) montrent quant à elles que le processus d'adaptation technologique obéit aussi à cette idée de « révolution périodique », mais que plus important il faut se rendre compte qu'il n'y a que des opportunités pour explorer et modifier une nouvelle technologie. Ensuite la technologie et le contexte ont tendance à se fixer, laissant traîner dans la routine des pratiques organisationnelles les problèmes non résolus.

En 1994, Romanelli et Tushman ont entrepris de tester cette théorie à partir de données prises dans des entreprises de l'industrie des producteurs de micro-ordinateurs américains. Ils ont trouvé des évidences favorables à des éléments cruciaux de la théorie. Notamment, ils ont montré que : (1) la grande majorité des transformations organisationnelles étudiées était accomplie de manière rapide et discontinue en touchant la plupart ou tous les domaines d'activité de l'organisation ; (2) de petits changements de stratégie, structure et distribution de pouvoir ne se sont pas accumulés pour produire des transformations fondamentales ; (3) des changements environnementaux radicaux et des changements de dirigeants ont influé sur les transformations.

Dans une critique de la théorie du changement par révolution périodique (*punctuated equilibrium*) de Romanelli et Tushman, Lichtenstein (1995) mentionne que le modèle reste trop simpliste. Il propose une autre théorie qui n'est pas incompatible avec le modèle, celle de la théorie de l'auto-organisation. Celle-ci, bien que montrant les mêmes patterns de changement progressif suivi de transformation révolutionnaire, est plus riche et révèle une dynamique plus complexe, plus proche de la réalité de la transformation organisationnelle.

De manière similaire à l'approche par révolution périodique et utilisant l'approche interprétative des études ethnographiques, Gioia et Chittipeddi (1991) ont étudié un changement stratégique dans une grande université et ont proposé une série de phases qui caractérisent les changements de ce type. Ces phases sont au nombre de quatre : (1) développement d'une vision (*envisioning*), (2) signalisation ou encore publicisation de la vision, (3) adaptation/ajustement de la vision (*re-visioning*) et (4) la mise sous tension (*energizing*).

Toutefois, un examen plus approfondi montre que ces actions pourraient être considérées comme la répétition d'un cycle comprenant deux phases, une phase de compréhension (*sensemaking*) et une phase d'influence ou d'action (*sensegiving*). Ainsi le développement de la vision est une phase où l'on essaie de trouver du sens à ce qui se passe ; dans la phase de signalisation, on essaie de transmettre ce sens aux autres ; la phase d'ajustement de la vision est clairement encore une recherche plus approfondie de sens ; quant à la mise sous tension, elle est le déclenchement systématique d'actions pour mettre en pratique la vision. Selon les auteurs, ce processus répétitif de recherche de sens puis de transmission de ce sens aux autres est l'essence de l'action de changement stratégique.

Finalement, nous terminerons par une intéressante modélisation du changement, élaborée par Huff et Huff (1991), qui fournit une explication à la dynamique sous-jacente aux changements par révolutions périodiques. Ces auteurs indiquent que le changement peut être conçu comme le résultat d'une interaction ou d'une lutte entre l'accumulation de stress et d'inertie. L'inertie cumulative est une indication du degré d'engagement à l'égard de la stratégie existante : (1) la façon dont on opère, (2) les mécanismes institutionnels utilisés pour la mise en œuvre, (3) les investissements (engagements) financiers. Le stress organisationnel est fonction de l'insatisfaction des acteurs et de la désarticulation-désacouplement entre l'organisation et son environnement. Il faut cependant noter qu'il peut y avoir des actions homéostatiques qui réduisent le stress.

Huff, Huff et Thomas (1992) voient la dynamique du fonctionnement d'une organisation comme un balancement entre stress (ou ensemble des forces qui poussent au changement) et inertie (ensemble des forces qui poussent au statu quo). Cette dynamique permet de préciser le déroulement de la transformation et de la prévoir. Quatre phases sont proposées : (1) la phase d'adaptation incrémentale à l'intérieur du cadre de la stratégie actuelle; ici, on ne se pose la question d'un effort significatif de renouvellement que si le stress excède de manière importante la capacité de l'organisation à s'ajuster; (2) la phase de décision de considération d'un changement substantiel de la stratégie, ce qui se produit lorsque des acteurs importants de l'organisation sont forcés par le stress non écoulé d'envisager les bénéfices et les coûts d'une transformation; (3) la phase de conception et de développement d'une solution de renouvellement. Lorsque cette solution est convaincante et qu'elle semble capable de liquider le stress accumulé, alors l'inertie « s'envole » rapidement. Le changement de stratégie prend ainsi place et on arrive à la dernière phase : (4) la lune de miel et l'évaluation. Au cours de cette phase, les personnes favorables au changement se comportent comme si la nouvelle stratégie concrétisait tout le potentiel attendu, tandis que les sceptiques attendent les résultats pour se prononcer. On passe ainsi de la lune de miel à la mise à l'épreuve de la nouvelle stratégie.

Les étapes du modèle de renouvellement organisationnel résultant de ces études ont été décrites comme suit :

Étape 1. Savoir s'adapter dans le cadre de la stratégie actuelle

> *In most organizations, most of the time, strategic renewal is not a topic of sustained consideration within the organization;*

> *instead, it is accomplished as part of ongoing problem-solving activity. In this mode of « normal » activity (adopting the adjective Kuhn (1970) used to describe « normal » science), the researcher interested in working with the concepts of inertia and stress to understand renewal can only observe atomistic components of satisfaction/dissatisfaction that evolve as separate and largely unconscious entities*[44].

Étape 2. Décider s'il faut ou non envisager un changement significatif de la stratégie

> *More conscious consideration of problems is quite likely to unearth potential indicators of trouble that were not recognized previously, and reveal connections between problems that were previously separate, further increasing the stress felt by individual. As these indicators are put into a larger negative pattern, concern about strategy is expected to increase and calls for a major renewal effort are expected to become more likely... The key question is whether the situation is grave enough to risk jeopardizing current coalitions (Cyert & March, 1963); grave enough to justify committing resources that could otherwise be used directly to reduce stress within the context of current strategy; grave enough to deflect organizational energies along new paths, many of which are likely to be dead-ends*[45].

44. Dans la plupart des organisations, la plupart du temps, le renouvellement stratégique n'est pas un sujet considéré de manière soutenue. Il est plutôt accompli à mesure que prennent place les activités régulières de résolution des problèmes. Dans ce mode, d'activités «normales» (au sens où l'entendait Kuhn quand il décrivait la science «normale»), le chercheur intéressé à travailler avec les concepts d'inertie et de stress pour comprendre le renouvellement ne peut observer que des éléments épars de satisfaction/insatisfaction qui évoluent comme des entités séparées et souvent inconscientes.
45. Une considération plus consciente des problèmes pourrait déterrer des indicateurs potentiels de problèmes qui n'étaient pas reconnus auparavant et pourrait révéler des relations entre des problèmes qui paraissaient séparés, accroissant encore plus le stress senti par les personnes. À mesure que ces indicateurs sont associés à un pattern négatif plus global, les préoccupations en matière de stratégie vont alors augmenter et des appels en faveur d'un effort de renouvellement vont se faire entendre [...] La question clé est de savoir si la situation est assez grave pour risquer la mise en cause des coalitions existantes (Cyert et March, 1963); pour justifier l'engagement de ressources qui autrement pourraient être utilisées pour réduire le stress dans le contexte de la stratégie existante; pour réorienter les énergies organisationnelles vers de nouveaux chemins, dont beaucoup pourraient se révéler des culs-de-sac.

Etape 3. Concevoir les solutions de renouvellement

> *Each strategic frame by definition makes different assumptions, highlights different data, suggests different problems as the most important ones to solve (Huff, 1982; Rumelt, 1984). The result of considering such alternatives is more volatility in stress and inertia throughout the organization*[46]...

Comme le décrit Quinn (1980), les organisations complexes, en situation de crise, ne peuvent aller immédiatement vers une nouvelle pratique :

> *First, Key issues in the environment take time to unfold. Then, the details of complex strategy cannot be outlined instantaneously. Even if a few people have a very detailed view of what must be done, just preparing the marching orders takes some time*[47].

Étape 4. Mettre en place la nouvelle stratégie, parce que les membres de l'organisation sont souvent fatigués par les incertitudes et les débats qui entourent les renouvellements majeurs

> *Nonetheless, the organization almost certainly must come to grips with the very real problems and prospects of implementation. This phase of the renewal process involves trial and error; and there is still a substantial risk of reverting back to phase III in search of « a better solution » because expectations are high, while the actual effectiveness of the newly formulated strategy is likely to be relatively low*[48].

Les auteurs vont cependant plus loin et utilisent une version mathématique de leur modèle pour faire une simulation de l'interaction entre le

46. Par définition, chaque cadre stratégique fait des hypothèses différentes, met en évidence des données différentes, suggère des problèmes différents, comme étant les plus importants à résoudre (Huff, 1982; Rumelt, 1984). Considérer ces possibilités engendre plus de stress et d'inertie dans l'organisation...
47. Premièrement, les questions importantes dans l'environnement prennent du temps à se déployer. Ensuite, les détails d'une stratégie complexe ne peuvent être décrits instantanément. Même si quelques personnes ont une vision détaillée de ce qui doit être fait, la préparation seule des instructions de mise en œuvre prend du temps.
48. Quoi qu'il en soit, l'organisation doit presque toujours faire face aux problèmes très réels et aux perspectives de la mise en œuvre. Cette phase du processus de renouvellement implique des approximations successives, et il y a toujours un risque substantiel de retour à la phase III à la recherche d'une «meilleure solution» parce que les attentes sont élevées, tandis que l'efficacité de la stratégie nouvellement formulée est plutôt relativement faible.

stress et l'inertie cumulés. Dans des conditions très réalistes, ils montrent que, selon le niveau de stress et d'inertie, on peut trouver seulement deux types de comportement stable. Il y a d'abord les organisations qui avancent (*movers*), lorsque le stress est élevé et l'inertie faible. Dans ce cas, la situation est caractérisée par l'expérimentation et la réorientation, un peu comme l'indiquaient les auteurs cités auparavant (Miller et Friesen, 1984 ; Tushman & Romanelli, 1985). Il y a ensuite les organisations qui se maintiennent (*stayers*), lorsque le stress est faible et l'inertie élevée, ce qui correspond aux périodes de consolidation que rapporte la littérature.

Les deux autres situations, stress et inertie tous deux élevés ou faibles, paraissent instables. La simulation paraît être une excellente façon de travailler à prévoir le comportement d'un système, mais cette prévision est très intimement liée à la qualité de la conceptualisation sous-jacente. Dans ce cas, les résultats ont été tout à fait cohérents avec les résultats de la littérature empirique et avec des chiffres de la situation dans l'industrie pharmaceutique, qui servait de laboratoire (Huff et Huff, 1991*b*, Huff et Huff, 1995).

Le travail de ces auteurs permet de prévoir les comportements stratégiques, en prenant en considération les différentes phases envisagées et en adoptant des scénarios de stress et d'inertie différents. Le test sur des données de l'industrie pharmaceutique a été tellement convaincant que le travail de ces auteurs a été primé par l'Academy of Management en 1994.

Les travaux rattachés au courant évolutionniste mettent l'accent sur le déroulement historiquement prévisible de la vie d'une organisation. Cependant, tous ces travaux parlent d'étapes discrètes, et non d'évolution continue. Ces étapes discrètes sont des synthèses chaque fois nouvelles, une expression d'un nouvel équilibre compatible avec l'environnement de l'organisation et ses capacités. Les théories configurationnelles, quant à elles, s'intéressent plutôt aux étapes elles-mêmes et au processus qui mène d'une étape à l'autre. Elles ont aussi généralement des démarches méthodologiques différentes, ce que nous examinons à présent.

8.2 Les théories configurationnelles

Les théories configurationnelles sont très apparentées aux théories évolutionnistes, mais au lieu de mettre l'accent sur l'évolution des organisations, de leurs stratégies et de leurs structures, elles s'attachent au contenu même des étapes dans cette évolution en suggérant que ces étapes correspondent à des regroupements reconnaissables des variables qui déterminent l'environnement, la stratégie ou le fonctionnement de l'organisation.

Les configurations, c'est la nature même de la stratégie. C'est Mintzberg qui a proposé ce terme. Dans ses travaux de synthèse sur les modes de gestion (1973) et sur les structures (1978), il a expliqué et systématisé une démarche utilisée depuis longtemps dans la méthode des cas (Learned et autres, 1965) et dans la recherche en stratégie (entre autres Woodward, 1965 ; Lawrence et Lorsch, 1967 ; Thompson, 1967 ; Miles et Snow, 1978). L'idée de configuration a été cependant formalisée sur le plan didactique par Miller dans un grand nombre d'articles (notamment Miller et Friesen, 1977 et 1978, et Miller, 1986), traitant notamment de configurations de stratégie et de structure. Miller (1996) décrit ainsi la méthode :

> *Afin d'illustrer [...] il convient de simplifier les choses en comparant deux façons de relier la stratégie à la structure. La première serait de prendre un ou deux éléments de stratégie à la fois (par exemple l'innovation, le nombre de vendeurs par rapport au nombre d'employés ou la qualité relative des produits) et de les relier un à un à certaines caractéristiques structurelles (centralisation du pouvoir de décision, différenciation organisationnelle, etc.). Un des problèmes de cette approche est qu'elle nous forcerait à formuler une multitude d'hypothèses associant deux ou plusieurs éléments [...] et peut-être difficilement justifiable conceptuellement [...]. Une autre faiblesse encore plus grave [...] est que la réalité ne peut être réduite à des relations linéaires à deux, voire même à multiples variables, car les relations statistiques et réelles entre variables sont largement fonction du contexte dans lequel elles se produisent [...].*

Nous avons toutefois une deuxième option. Nous croyons que les éléments de la structure, comme le font ceux de la stratégie, se regroupent à l'intérieur de configurations courantes. Qui plus est, ces configurations sont elles-mêmes interreliées en ce qu'il existe des relations naturelles entre certaines configurations stratégiques, structurelles et, bien sûr, environnementales...

Dans sa thèse, Miller (1976) avait déjà mis en évidence des archétypes de gestion stratégique. Plus tard, Miller et Mintzberg (1983) ont réaffirmé le rôle important de la conjonction de facteurs ou de variables dans ce qu'ils ont alors renommé configurations, au lieu d'archétypes. On peut alors penser à une organisation comme une configuration relativement stable et bien intégrée de variables et de facteurs pendant une période donnée.

Il y a modification dans les configurations lorsque le changement est évolutif, puis, dans des situations particulières où les déséquilibres entre variables et facteurs deviennent insupportables, lorsque le changement est révolutionnaire, il mène à une nouvelle configuration. Miller et Friesen (1984) donnent de nombreux exemples de modifications de structure et suggèrent les processus de passage d'une configuration à une autre. La théorie du changement par bonds (*quantum change*) qui en résulte est aujourd'hui la référence classique du domaine.

La théorie de Miller et Friesen (1984) a par ailleurs des répercussions considérables en ce qui concerne la compréhension de la dynamique du changement stratégique. Ces auteurs indiquent que le passage d'une configuration à l'autre est trop coûteux pour l'organisation ; celle-ci va donc avoir tendance à le retarder. Pour pouvoir continuer à fonctionner, l'organisation devra apporter des ajustements secondaires ; on dira que l'inertie l'emporte et continue à entraîner l'organisation dans la voie qu'elle avait choisie auparavant, jusqu'à ce qu'elle en vienne à devoir changer de manière radicale. Voici comment Miller et Friesen expriment tout cela :

1. Les organisations doivent maintenir une certaine harmonie entre les éléments de leur structure (technologie, distribution de l'autorité,

différenciation et intégration, *span of control*). Ces éléments, interdépendants, doivent être combinés dans une configuration fonctionnelle pour maximiser la performance de l'organisation.

2. L'organisation doit ajuster sa structure pour tenir compte des changements de son environnement et de sa stratégie.
3. Pour tenir compte de (1) et (2), deux coûts doivent être considérés — le coût d'une structure en déséquilibre par rapport à la stratégie et à l'environnement, C1, et le coût de destruction ou de rétablissement des complémentarités parmi les éléments structurels, C2. Quand, à long terme, C1 est moins élevé que C2, la structure ne doit pas être changée.
4. À cause des interdépendances entre les éléments structurels, C2 sera souvent élevé, parce que beaucoup d'éléments doivent changer en même temps. Ces changements qualitatifs (radicaux) doivent alors être retardés jusqu'à ce que les coûts prévus sur une longue période, C1, soient supérieurs à C2. Ces retards peuvent être considérables.
5. Quand le changement arrive enfin, il peut être révolutionnaire. Le décalage important en matière d'adaptation a créé des incompatibilités importantes avec la stratégie ou l'environnement, ce qui requiert des actions correctives spectaculaires.

En essayant de démontrer sa théorie, Miller (1983) étudie les déterminants de l'entrepreneuriat dans trois configurations souvent citées dans la littérature : les firmes simples, les firmes de planification et les firmes organiques.

Dans les firmes simples, Miller découvre que la personnalité des dirigeants et leur base de pouvoir (interne ou externe) jouent un rôle critique dans l'entrepreneuriat. Les plus entreprenants auraient tendance à centraliser le processus de prise de décision; ils auraient aussi tendance à rester attentifs à l'environnement et à entretenir des liens privilégiés avec les personnes ayant des connaissances convenables en matière de technologies et de marchés.

Dans les firmes où la planification domine, la tendance des planificateurs est de se protéger de l'environnement. Leur degré d'entrepreneuriat est rarement adapté aux circonstances extérieures auxquelles ils font face. Donc, l'entrepreneuriat est une affaire d'initiative interne, qui ne peut venir que de la stratégie produit-marché et de la personnalité du leader.

Dans les firmes organiques, toutes les variables semblent interreliées pour agir sur l'entrepreneuriat :

> *Given that their goal is to adapt to the environment, the nature of the environment will influence structure and strategy. Strategy and structure will in turn influence decision-making and entrepreneurship... for example, highly dynamic and uncertain environments will breed technocratic, decentralized, organic structures, flexible but well articulated strategies, a great analytical effort to master uncertainty, and a high level of entrepreneurship. In stable and more predictable environments, most of these variables will shift. There will be fewer technocrats, more centralisation, less internal communication, less analytical decision-making, more rigid strategies, and less entrepreneurship*[49].

Justification formidable de la démarche stratégique, le concept de configuration obtient du succès dans le monde de la gestion, comme l'affirme Hambrick (1996) :

> *Le concept même de stratégie étaye le point de vue configurationnel. Les composantes de la firme ont besoin de former un tout cohérent, suivant une logique interne. Les méthodes analytiques comme la régression multiple, qui traitent les variables indépendamment les unes des autres, représentent l'antithèse de la pensée stratégique.*

49. Comme leur but est de s'adapter à l'environnement, la nature de l'environnement influera sur la stratégie et la structure. En retour, la stratégie et la structure influenceront la prise de décision et l'entrepreneuriat [...] par exemple, des environnements très dynamiques et incertains vont donner naissance à des structures technocratiques, décentralisées et organiques, à des stratégies flexibles mais bien articulées, à un grand effort analytique pour maîtriser l'incertitude et à un haut degré d'entrepreneuriat. Dans des environnements stables et plus prévisibles, la plupart de ces variables vont changer. Il y aura moins de technocrates, plus de centralisation, moins de communications internes, une prise de décision moins analytique, des stratégies plus rigides et moins d'entrepreneuriat.

On comprendra alors que beaucoup de recherches puissent être rattachées à ce courant. Nous n'évoquerons ici que les travaux les plus récents sur ces sujets, en espérant que les lecteurs garderont à l'esprit que l'essentiel de la littérature en stratégie, notamment les recherches marquantes d'auteurs comme Mintzberg (1984), Porter (1980), Hinings et Greenwood (1988), Grinyer et Spender (1978), Miles et Snow (1978), etc., est généralement classifié dans ce courant.

Poursuivant leurs travaux sur les configurations, Mintzberg et Westley (1992) ont mentionné comme les évolutionnistes que le changement pouvait être décrit comme une série de cycles interreliés : un cycle concentrique pour représenter les contenus et niveaux du changement, un cycle circonférentiel pour révéler les moyens et processus du changement, un cycle tangentiel pour représenter les épisodes et les étapes du changement et un cycle en spirale pour décrire les séquences et patterns du changement. Cependant, en utilisant le cas de trois grandes religions, ils révèlent des configurations de cycle intéressantes, qu'ils appellent « le modèle de l'enclavement », pour la religion catholique, « le modèle du clonage », pour la religion protestante, et « le modèle du déracinement », pour la religion bouddhiste.

Hinings and Greenwood (1988) ont étudié des organisations du secteur public en Angleterre et au pays de Galles de 1972 à 1982. Les organisations étudiées étaient des « autorités locales » et la recherche a été menée en utilisant une combinaison de méthodes comprenant des interviews, des questionnaires, l'étude de la documentation, l'observation et la discussion informelle. Les organisations, concluent-ils, ont tendance à suivre des chemins établis (*tracks*) et à maintenir leur cap pour de longues périodes. Ces chemins sont tracés aussi au moyen d'un archétype de fonctionnement, qui est une sorte de noyau dur influencé par :

- les contraintes situationnelles telles que la taille, la technologie, l'environnement, la propriété ;
- les schémas d'interprétation et les patterns d'engagement ;
- les intérêts en jeux, y compris le degré de satisfaction (ou de non-satisfaction) de ces intérêts ;

- la nature du pouvoir et de la dépendance, notamment le niveau de concentration du pouvoir ;
- les capacités de l'organisation, en particulier le leadership et la capacité de conceptualisation des archétypes.

Les chemins (*tracks*) suivis sont particulièrement contraignants lorsqu'il s'agit de changer. L'inertie qu'ils introduisent est encore mal comprise. On ne sait pas très bien pourquoi certaines organisations arrivent à se transformer et d'autres pas. Les auteurs indiquent que les facteurs qui permettent de comprendre les chemins suivis sont nombreux mais on devrait surtout considérer : les archétypes et leur force, les incompatibilités entre un archétype existant et un archétype de rechange, les événements qui brusquent le changement, comme une performance inacceptable, et les facteurs qui le facilitent, comme la disponibilité de ressources.

Grinyer et Spender (1979) ont conduit une étude longitudinale des changements importants qui ont mené au retournement d'une situation catastrophique de la Newton Chambers Group en Grande-Bretagne ; ils ont tenté d'élaborer des concepts à partir de là. Il est intéressant de noter la typologie introduite par les auteurs. Ils proposent en effet trois grands types de décisions :

- Les décisions relatives à la mise en application des stratégies existantes ;
- Les décisions relatives à l'adoption de nouvelles stratégies mais à l'intérieur des « recettes » ou des « formules » existantes ;
- Les décisions relatives à l'adoption de nouvelles formules, qui sont un ensemble de croyances qui guident l'action, mais qui ne la dictent pas.

Les relations entre les différentes catégories de décisions sont structurées comme l'indique le modèle de la figure 8.1.

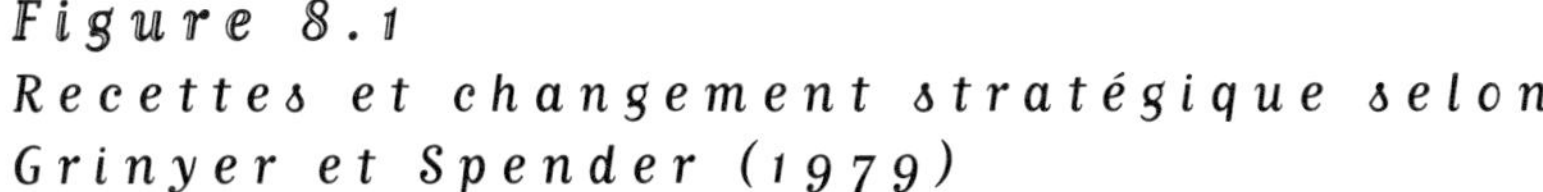

Figure 8.1
Recettes et changement stratégique selon Grinyer et Spender (1979)

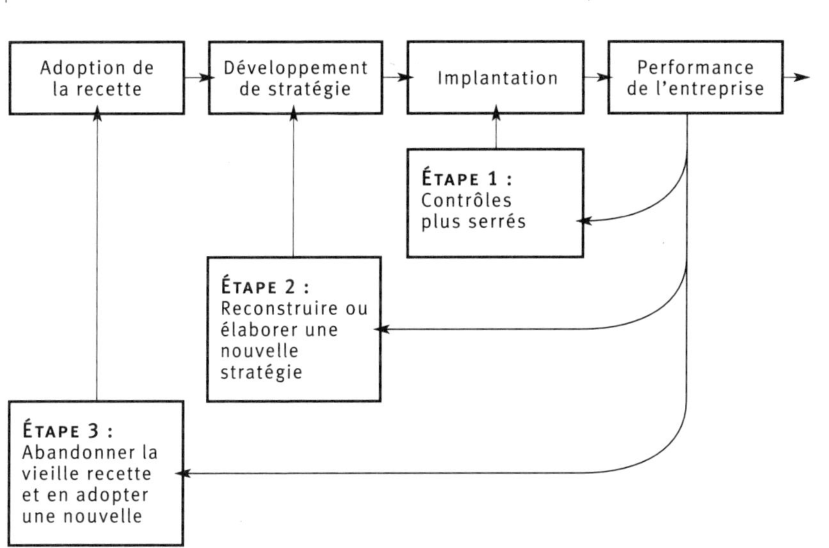

L'utilisation d'un cadre de fonctionnement réduit les risques et l'incertitude puisqu'elle permet d'amasser de l'information sur les événements passés, les séquences, les réponses des fournisseurs, celles des clients et celles des concurrents. Cette information sert dans la prise de décision, mais le jugement des dirigeants est nécessaire pour que les choix soient faits. Il est aussi intéressant de noter :

> *As top management proceeds from implementation and control to new srategies within existing recipes and thence to new recipes, the relevance of past experience and technical knowledge declines and the need for judgment and courage rises along with greater inherent uncertainty.*

La mise en cause d'une « formule » n'est pas facile. Les situations où la mise en question a été possible dans le cas considéré ont été celles où :

i. il y avait incompatibilité avec la connaissance scientifique admise ou les valeurs acceptées ;
ii. il y avait incohérence de la formule avec la logique d'autres organisations du même domaine et ayant plus de succès ;
iii. les prévisions ou les techniques des sciences de management mettent en cause les fondements des succès passés.

Par ailleurs le changement de la haute direction a été la voie la plus sûre pour qu'après la crise se produise un changement de formule. Le changement a aussi plus de chance de réussir si la nouvelle formule est élaborée avec la participation de tous les membres de la haute direction.

Récemment, Greenwood et Hinings (1993) ont repris leur idée d'archétype, qui est une autre formulation pour configuration, et ont tenté de mieux le définir, d'apprécier sa pertinence sur le plan empirique et de discuter des questions de nature méthodologique et théorique qui se posent lorsqu'on veut étudier des archétypes. Ils mettent l'accent dans leur définition sur l'importance d'une approche globale de l'étude des organisations et donc sur la nécessité de prendre en considération les multiples facettes de la réalité organisationnelle, et sur l'importance d'une perspective interprétative pour la reconnaissance des patterns. Cela dit, les archétypes apparaissent comme une réalité du développement stratégique des organisations et du schéma mental des dirigeants.

En s'appuyant sur une étude empirique d'un ensemble de clubs sportifs au Canada, Kikulis, Slack et Hinings (1995) ont montré le rôle des valeurs dans la détermination des patterns de changement. Ils ont ainsi mis en évidence trois patterns, qu'ils appellent « table de cuisine », « conseil d'administration » et « bureau de direction », pour mettre l'accent sur les relations entre valeurs et structures. Ils arrivent à la conclusion qu'il y a une variété, liée aux patterns de changement, dans la cohérence du design organisationnel. Les changements de structures ou de systèmes peuvent agir comme des signaux de la réorientation vers une nouvelle conception de l'organisation et ont de ce fait un effet considérable sur la capacité à réaliser cette nouvelle orientation.

C'est cette même idée de configuration ou de « logique dominante » que Bettis et Prahalad avaient introduite en 1986 et qui a été primée par le *Strategic Management Journal* en 1995. Pourtant leur idée est encore plus fondamentale et peut-être explicative du phénomène de configuration. En la comparant avec le diagnostic médical, ils rappelaient ainsi que « pour déterminer l'échec stratégique, la logique dominante opère à un niveau similaire à celui des facteurs génétiques [...] elle prédispose une firme à certains problèmes et interagit souvent avec la structure et les systèmes organisationnels pour causer les problèmes stratégiques ». Comme le faisaient Mintzberg et Miller, Bettis et Prahalad affirment qu'il est possible de définir cette logique en interrogeant précisément les dirigeants sur leurs vues à propos de la stratégie et de l'industrie. Dans une discussion plus récente (1995), ils suggèrent que cette logique est une propriété émergente des organisations perçues comme des systèmes complexes « adaptatifs ». Ce n'est pas un produit linéaire du fonctionnement organisationnel. Au contraire, la nature non linéaire des organisations produit des modèles mentaux non linéaires et c'est pour cela que la logique dominante détermine directement la capacité à s'adapter des organisations.

Dougherty (1992), quant à elle, applique ces mêmes idées de patterns ou de regroupements pour expliquer la capacité des organisations à se renouveler par l'introduction de nouveaux produits. L'innovation par le produit est alors conceptualisée comme « la création et l'exploitation de connaissances qui relient les possibilités du marché et de la technologie ». Cette auteure mentionne que les quatre regroupements traditionnellement basés sur les fonctions, R&D, marketing, ventes et fabrication, peuvent être reconceptualisés pour mettre plutôt l'accent sur la nature des connaissances, tacites et manifestes, et sur la nature du processus. Les quatre processus mentionnés, expédition, recherche, conseil des anciens et surveillance stratégique, correspondent respectivement en matière de contenu à la « viscéralisation », à la faisabilité, au *fit* avec la firme et aux tendances émergentes. Cette reconceptualisation permet de mieux comprendre le processus de l'innovation et ainsi de mieux gérer la capacité des organisations à se renouveler.

Finalement, Miller a utilisé avec beaucoup de finesse l'idée de configuration pour expliquer les problèmes que connaissent les entreprises à succès. Pour lui, comme dans l'histoire d'Icare, les excellentes entreprises souvent échouent pour les mêmes raisons qui les ont fait réussir. À vouloir continuer à parfaire ce qu'on a toujours fait, on « simplifie » ou on spécialise de manière excessive et on finit par perdre la capacité à s'adapter (Miller, 1994). Comme Icare, à vouloir être parfait, on finit par se détruire. Les configurations que propose Miller sont alors des configurations de trajectoires. Quatre trajectoires sont proposées pour expliquer les échecs d'entreprises autrefois florissantes.

Ainsi les « artisans », comme Texas Instrument ou Digital Equipment Corporation, deviennent des « obsédés du détail », préoccupés surtout par les finesses de la production et de la conception et totalement insensibles à leurs marchés et à leurs clientèles, qu'ils ont fini par perdre.

Les « constructeurs », comme Gulf & Western (aujourd'hui Paramount Communications inc.), Dome Petroleum ou ITT, sont devenus des « impérialistes impulsifs », faisant l'acquisition de compagnies non reliées dans des programmes d'extension orgiaques qui ont dilapidé leurs ressources et érodé leur confiance.

Les « pionniers », comme Apple, Wang ou Control Data, sont devenus des « fuyards utopiques », tellement pris dans leur recherche effrénée de grandes découvertes qu'ils finissaient par créer des produits brillamment nouveaux mais complètement inutiles.

Finalement, les « vendeurs », comme Procter & Gamble, Chrysler ou A & P, deviennent des « déviants sans buts », tellement convaincus de leur capacité à vendre n'importe quoi qu'ils finissent par créer une « flopée » de produits insignifiants et de qualité inférieure.

Miller suggère que la meilleure façon d'éviter les situations de simplification excessive et leurs effets destructeurs est d'être conscient des effets inattendus de son propre succès.

Les théories configurationnelles ont apporté une contribution considérable au champ de la stratégie. Cette contribution est, à notre avis, essentiellement méthodologique. Ces théories ont fourni l'arsenal de recherche qui permet de reconnaître les patterns et donc de déterminer les stratégies de manière systématique. Ces théories se situent ainsi dans le prolongement naturel de la démarche stratégique traditionnelle. Mais elles ont tendance à ne pas reconnaître les influences particulières et relatives des dimensions ou variables qui interviennent dans la conception ou la réalisation stratégique. C'est à cela que se consacrent les théories basées sur des études empiriques.

8.3 Les théories basées sur des études empiriques

Depuis quelques années, les progrès en matière de compréhension des facteurs qui influent sur le changement stratégique ont été considérables. Beaucoup de recherches empiriques sont venues clarifier des relations que les développements théoriques précédents avaient annoncées. Dans cette section, nous proposons quelques études récentes qui nous aideront à construire le modèle du changement stratégique que nous proposons plus loin. Il est clair que notre traitement n'est pas exhaustif, mais nous le croyons représentatif; les articles ou ouvrages qui ont dominé les débats dans les principales revues didactiques au cours des dix dernières années sont pris en considération.

On peut commencer avec Frederickson et Iaquinto (1989), qui ont surtout apporté des éclairages importants sur les manifestations et l'importance de la rationalité pour la performance des organisations. Ils ont repris les études de Frederickson (1984) et de Frederickson et Mitchell (1984) pour voir s'il est possible de dégager des conclusions à propos de l'évolution et de l'effet de la rationalité synoptique sur l'évolution des résultats d'une firme avec le temps. Ils ont étudié une industrie stable (peintures et produits connexes) et une industrie changeante (les produits forestiers).

Ces auteurs concluent que le degré de systématisation rationnelle (*comprehensiveness*), déjà associé à la performance dans leurs travaux antérieurs, mentionnés plus haut, avait tendance à persister dans le temps. Cela indiquait que les processus de décision stratégiques montraient une grande inertie dans le temps. La systématisation était en particulier positivement affectée par la taille de l'organisation, par la durée du mandat et par la stabilité du groupe de direction. La systématisation tendait aussi à être plus grande lorsqu'elle était attendue et lorsque l'environnement était plus stable (l'industrie des peintures et produits connexes). En général, ces travaux auraient tendance à suggérer qu'une approche rationnelle, systématique, du changement a plus de chance de donner les résultats espérés, étant entendu que cela est plus vrai dans des industries stables que dans des industries turbulentes.

En matière de changement, en étudiant toute la population des banques d'épargne et de crédit de Californie, Haveman (1992) affirme qu'à l'échelle de la population le changement est bénéfique et permet la survie. En général dans sa population, la performance financière s'est améliorée après que le changement a été instauré. Cela l'amène à discuter de la proposition de la théorie de l'écologie des populations d'organisations qui affirme que le changement est dangereux, puis à la corriger. Pour Haveman, le changement n'est pas dangereux en soi, mais il faut déterminer les conditions dans lesquelles il peut être dangereux ou bénéfique et savoir si la direction du changement a des conséquences sur la performance et la survie.

Dans la même veine, dans une remarquable étude longitudinale de 450 hôpitaux de Californie, sur une période de 11 ans, Goes (1991) s'est demandé si les changements majeurs réussissent vraiment. Il a en particulier étudié les reconfigurations, c'est-à-dire les situations dans lesquelles les organisations essayaient de rétablir l'équilibre rompu avec l'état de leur environnement.

Selon la situation avant l'effort de reconfiguration, on peut avoir deux types de résultats différents. La reconfiguration dans des situations où l'hôpital avait une performance faible n'améliorait que rarement la situation. La reconfiguration dans des hôpitaux qui avaient une performance élevée amenait des performances moins bonnes. Donc, les changements importants ne donnent pas les améliorations attendues et au contraire ils ont tendance à nuire à la performance. Cela est d'autant plus intéressant que des organisations dont la performance relative était faible avaient plus tendance à entreprendre des reconfigurations que les organisations dont la performance était élevée (Goes et Meyer, 1990).

Dans une étude longitudinale d'un changement important qui s'est produit dans une grande société parapublique du Québec, Hydro-Québec, Hafsi et Demers (1989) ont découvert que les difficultés des changements radicaux dans les organisations complexes pouvaient être prévues si on déterminait le mécanisme de gestion (structure, stratégie, idéologie) qui change d'abord. Pour eux, le changement radical suppose le changement vers une configuration nouvelle (Miller et Friesen, 1984) de tous les mécanismes dans une période relativement courte.

Le changement dont le moteur est la structure a tendance à engendrer une situation de crise et bénéficie de toute la légitimité nécessaire. Pour sauver un corps malade, toutes les opérations sont justifiées. Les changements de stratégie et d'idéologie, pour constituer une configuration cohérente avec la structure, suivent subséquemment le changement de structure. Le changement dont la stratégie est le moteur est déjà plus difficile à réaliser. Lorsque la stratégie change, la structure, quant à elle, ne suit pas facilement ; il faut souvent attendre une crise de rentabilité avant que les ajustements ne soient considérés comme acceptables. L'idéologie change pour s'ajuster mais beaucoup plus lentement.

Finalement, le changement mû par l'idéologie est le plus délicat. Il requiert aussi le changement quasi simultané de la stratégie et de la structure, ce qui se produit souvent dans la douleur. Comme, de plus, souvent la performance demeure encore acceptable, le changement rencontre de grosses résistances et peut mettre en péril la capacité de survie de l'organisation. Hydro-Québec, qui avait entrepris un changement de cette nature en 1981, vit en crise permanente depuis cette date.

Baird, Lyles et Orris ont étudié les patterns de renouvellement dans les petites entreprises. Ils ont étudié 116 entreprises dont 20 de services, 76 manufacturières, 10 distributeurs et 10 détaillants. Leur questionnaire comprenait six sections sur les caractéristiques de la firme, les grands changements organisationnels, les changements environnementaux perçus, les changements stratégiques et les objectifs, les processus de planification et de prise de décision stratégique et les renseignements d'ordre démographique.

Leurs résultats indiquent que les firmes peuvent être regroupées en deux grands types : (1) celles qui ont tendance à converger, donc qui entreprennent des changements incrémentaux mais délibérés et (2) celles qui ont tendance à entreprendre des changements importants (*frame-bending*), mais non radicaux (*frame-breaking*). Ces dernières ont des changements plus substantiels dans leur mission, valeurs et structure que les autres et elles semblent plus conscientes de ce qui se passe dans l'environnement plus général, probablement parce que leurs dirigeants sont plus scolarisés et plus généralistes que les autres.

Lant, Milliken et Batra (1991) ont étudié le rôle de l'apprentissage et des interprétations des dirigeants dans l'explication des réorientations. Ils ont pour cela étudié deux industries : celle des logiciels informatiques (turbulente) et celle du meuble (stable), en utilisant une technique d'analyse de contenu de documents publics.

Leurs résultats ont montré qu'une mauvaise performance, un roulement important des présidents (mais pas nécessairement de tous les dirigeants), une hétérogénéité du groupe de direction et la connaissance par les dirigeants des changements dans leur environnement ont tous été associés à la transformation stratégique. Il apparaît aussi que, lorsque les dirigeants expliquaient leur performance en invoquant des éléments externes, ils avaient tendance à entreprendre des changements stratégiques dans l'industrie du meuble mais pas dans l'industrie des logiciels.

Même si les résultats suggèrent qu'un historique de mauvaise performance accroît les chances d'un changement de direction stratégique, la majorité des compagnies qui n'avaient pas une bonne performance persistaient dans leurs stratégies passées malgré des feed-back négatifs. Donc, en général, on peut dire que les systèmes d'interprétation des dirigeants sont effectivement reliés à la mise en œuvre d'une réorientation.

Simons (1994) pose la question du design de système de contrôle qui permettent en même temps flexibilité, innovation et créativité. Il montre que, du fait qu'aucun système de contrôle formel ne peut le faire, les systèmes de valeurs sont déterminants pour permettre l'innovation et l'adaptation à l'environnement. Examinant les perceptions dans un système où le contrôle formel et informel a été traditionnellement très fort, Penrice (1995) a interrogé 200 gestionnaires de pays de l'Est pour conclure simplement que la résistance interne au changement est liée aux attitudes des gestionnaires et des travailleurs et à leur manque de connaissance et de savoir-faire.

Wade (1995) s'intéresse lui aux phénomènes de groupe dans les comportements des firmes. En particulier, en étudiant l'industrie des producteurs de micro-processeurs, il cherche à savoir comment une technologie finit par être soutenue au détriment des autres, ce qui expliquerait pourquoi certaines configurations technologiques sont adoptées ou abandonnées. Il propose alors un cadre explicatif mettant l'accent sur les valeurs et caractéristiques communautaires qui définissent une industrie.

Rowlinson (1995) réexamine l'histoire de Cadbury pour affirmer que, contrairement à ce qu'on avait cru auparavant, le changement de culture dans cette organisation dans les années 1960 n'était pas le résultat d'une gestion délibérée et volontaire de la part des gestionnaires mais qu'il avait été le résultat involontaire de la diversification et de la division que cette entreprise a connues. De la même manière Whittington, McNulty et Whipp (1994) démystifient le « changement mû par le marché » (*market-driven change*) en étudiant deux industries professionnelles, la recherche et le développement ainsi que les services de santé. Ils découvrent que ce qui paraît simplement dominé par le marché est en réalité aussi complexe que ce qu'on connaissait déjà. La synchronisation de multiples niveaux de changement est cruciale pour la gestion du changement. Généralement, on enregistre un retard fréquent de l'échelon stratégique au sommet sur les autres échelons de l'organisation.

Allen et autres (1995) ont étudié, auprès d'un échantillon de 106 gestionnaires (des échelons intermédiaire et élevé) en marketing, les effets d'une restructuration sur les attitudes des survivants et ont découvert, sans surprise, que les effets sont considérables, transformant littéralement les attitudes, mais pas nécessairement de manière prévisible. Sur un thème semblable, Armenakis et autres (1995) affirment l'importance des symboles, verbaux, basés sur l'exemple, ou matériels, dans la gestion du changement. Ceux-ci agissent comme des déclencheurs des changements de compréhension et de comportement

Gersick (1991), partant de l'hypothèse que les organisations présentent à la fois de l'inertie et de la capacité d'adaptation, s'est intéressée aux conditions et aux processus qui permettent le passage de l'inertie vers le changement. Par un examen longitudinal des pratiques d'une entreprise qui a été lancée au moyen de capital de risque, elle a découvert que les dirigeants semblaient utiliser deux types de mécanismes d'influence pour encourager le changement. L'un était basé sur le temps, avec des réorientations ou changements déclenchés à des moments prédéterminés, l'autre était basé sur les événements, avec des initiatives de changement entreprises lorsque le « bon » événement se manifestait. Ces deux formes n'avaient pas la même efficacité mais ensemble semblaient capables de stimuler le changement adéquatement. L'à-propos du changement a certainement beaucoup d'importance. Schreuder (1993) est arrivé à la conclusion que les firmes qui réussissaient leur changement, dans des conditions de grande turbulence, avaient amorcé des changements dans la gestion tôt dans le processus, tandis que les firmes qui échouaient le faisaient tard. Ces dernières ont aussi tendance à réagir par des actions internes pour modifier les coûts sans prêter une attention suffisante à l'environnement. Finalement, Burgelman (1994) a étudié en particulier l'évolution de la position stratégique d'Intel dans deux de ses activités principales pour révéler les problèmes qu'il y a à surmonter les forces d'inertie, notamment pour abandonner les activités qui ne sont plus stratégiquement viables.

Poursuivant l'investigation sur les facteurs qui facilitent le changement, Day (1994) a étudié 136 actions entrepreneuriales internes (*internal corporate venture*). Elle a découvert que les entreprises utilisaient à la fois des processus de soutien du sommet vers la base et de la base au sommet, avec des champions qui animent ces processus. Les champions animant les « processus top-down » sont importants lorsque l'innovation est très coûteuse ou très visible. Apparaît aussi un rôle de champion principal qui agit à la fois comme champion de produit et champion organisationnel. Ce dernier rôle est crucial pour le succès du changement, lorsque les innovations sont très incertaines, sans être mues par la technologie. Il est rempli généralement par des personnes liées au sommet de l'organisation. Ces champions sont d'autant plus importants que les innovations sont souvent illégitimes dans des firmes établies depuis longtemps, ce que Dougherty (1994) a montré en questionnant 134 innovateurs. Elle suggère de plus des efforts de structuration qui donnent plus de valeur et de légitimité aux innovations.

L'engagement des managers au milieu n'est pas toujours facile. Floyd et Woolridge (1992) ont examiné l'engagement stratégique de 259 managers intermédiaires dans 25 organisations, pour conclure que les organisations les plus entrepreneuriales (*prospectors*) montraient beaucoup plus d'engagements stratégiques, de formes divergentes et orientées vers le haut, que les organisations présentant des configurations d'analyste ou de défenseur, selon la catégorisation de Miles et Snow (1978).

La taille de l'organisation a aussi une influence sérieuse mais pas toujours intuitivement facile à déterminer. Ainsi, Haveman (1992) a trouvé que, contrairement à toutes attentes, les grandes organisations sont plus capables de changer que les petites. Elle attribue cela à leur capacité, notamment sur le plan des ressources, à saisir les occasions que présentent les marchés nouveaux et prometteurs.

Finalement, dans deux études intéressantes, Damanpour (1991) et Ginsberg (1988) ont examiné la littérature sur le sujet et en ont dégagé des conclusions intéressantes pour la compréhension des facteurs qui influent sur le changement stratégique. Leurs études nous permettront de conclure cette section en clarifiant la nature de l'apport des études empiriques.

F. Damanpour (1991) a étudié les innovations organisationnelles et a essayé de trouver des relations entre celles-ci et des variables organisationnelles telles que la spécialisation, la différenciation fonctionnelle, la professionnalisation (nombre et proportion de professionnels dans l'organisation), la formalisation, la centralisation, l'attitude de la direction face au changement, la durée et la continuité de la direction, les connaissances techniques, l'intensité administrative, la disponibilité de ressources de réserve (*slack*), les communications internes et externes et la différenciation verticale.

Après avoir procédé à une analyse (Hunter, Schmidt et Jackson, 1982) de 23 études empiriques, 21 articles et deux livres, Damanpour trouve :

1. Une relation positive entre l'innovation et la spécialisation, la différenciation fonctionnelle, la professionnalisation, l'attitude positive de la direction face au changement, les connaissances techniques, l'intensité administrative, les réserves (*slack*) et les communications internes et externes. Le changement est donc encouragé lorsque ces déterminants augmentent;
2. Une relation négative avec la centralisation;
3. Une relation non significative avec la formalisation, la durée et la continuité de la direction et la différenciation verticale.

Damanpour a aussi fait intervenir une série de variables modératrices. Le type d'organisation, en particulier les différences fabrication/service et à but lucratif ou non, était significatif. Le type d'innovation (administrative/technique, produit/processus, radicale/incrémentale) n'a pas semblé pouvoir entraîner de différences significatives. L'étape d'adoption (initiation/implantation) a introduit des différences significatives pour les variables de spécialisation et de différenciation fonctionnelle. Finalement, l'envergure de l'innovation (simple/multiple) jouait un rôle important et il est préférable d'étudier des grappes d'innovations pour avoir des résultats significatifs.

Ginsberg (1988) commence par rappeler qu'« à moins que l'organisation ne modifie son orientation totale à l'environnement de manière à ce que cela altère substantiellement le processus de formation de la stratégie, il ne s'agit que d'un ajustement stratégique, plutôt que d'un changement stratégique » (l'auteur préfère dire changement de stratégie). Par ailleurs, pour apprécier l'importance du changement, on pourrait utiliser deux dimensions : (1) la distinction entre l'aspect positionnement et l'aspect perspective de la stratégie et (2) la nature du changement : de magnitude ou de pattern (gestalt).

Si le changement est un changement de degré ou de magnitude en positionnement, cela peut comprendre un changement dans le nombre d'activités auxquelles participe l'entreprise ou dans l'intensité de sa spécialisation. Cela peut aussi inclure un changement dans l'intensité du déploiement de ressources vers les domaines fonctionnels. Si le changement est un changement d'état (ou de nature) ou de pattern en matière de positionnement, cela peut concerner le degré de relation entre les activités dans lesquelles la firme a des concurrents ou la configuration du déploiement de ressources aux domaines fonctionnels.

Si l'on parle de changement de perspective, la magnitude pourrait être dans le changement de l'intensité des normes et valeurs qui déterminent, ou qui sont reflétées dans, la manière et les raisons pour lesquelles la firme choisit ses domaines d'activités, ses processus de production et ses systèmes administratifs. Le changement de pattern suppose un changement dans la configuration plutôt que l'intensité des normes et valeurs mentionnées.

En ce qui concerne les forces qui provoquent le changement, l'auteur note :

> *The relationship between pressures for, and resistance to, changes in strategy is a function of general managers' continual need to minimize two kinds of costs — those of being mismatched with the economic and sociopolitical environment, and those of changing to avoid the mismatch*[50].

Il faut alors toujours se poser trois questions :

- Quel est le problème avec la stratégie actuelle ?
- Avons-nous besoin d'une nouvelle stratégie ?

50. La relation entre les pressions pour le changement en stratégie et la résistance à ces changements est fonction du besoin que les dirigeants ont de minimiser deux types de coûts — ceux du décalage avec l'environnement économique et socio-politique et ceux du changement pour éviter le décalage.

- L'organisation dispose-t-elle des ressources nécessaires à la mise en œuvre d'une nouvelle stratégie ?

Ginsberg propose alors un modèle qui combine les pressions pour le changement et les résistances au changement (figure 8.2) :

> *To summarize, the basic assumptions of the model shown on Figure (2) are grounded in theories of organizational adaptation. Pressures for change in strategy may be increased by external and internal changes or conditions (links I-A, II-A, III-B and IV-B) and performance outcomes (link VI-A) which create a recognizable « misfit » with the present or future environment... The more strongly external and internal changes or performance outcomes highlight inadequacies of the current strategy and support the need for a new one, the greater will be the pressure for change... In contrast to random organizational action theorists who view organizational change as having a strong component that precludes prediction of any relationship between changes in strategy and performance, organizational adaptation theorists seek to predict specific relationship between changes in strategy and performance*[51].

51. Pour résumer, les hypothèses de base du modèle de la Figure 2 sont dérivées des théories de l'adaptation organisationnelle. Les pressions pour le changement peuvent être augmentées par les changements dans les conditions internes et externes (liens I-A, II-A, III-B et IV-B) ou des résultats de performance (IV-A) qui montrent un problème d'adaptation aux environnements actuels ou futurs reconnaissable... Plus les changements externes et internes ou les performances mettent en évidence que la stratégie actuelle est inadéquate et qu'une nouvelle est nécessaire, plus la pression pour le changement est grande... par contraste avec ce que disent les théoriciens de l'action organisationnelle aléatoire qui voit le changement comme ayant une composante qui empêche la prévision de toute relation entre changement, stratégie et performance, les théoriciens de l'adaptation organisationnelle tentent de prévoir des relations spécifiques entre les changements de stratégie et la performance.

Figure 8.2
Modèle de Ginsberg (1988)

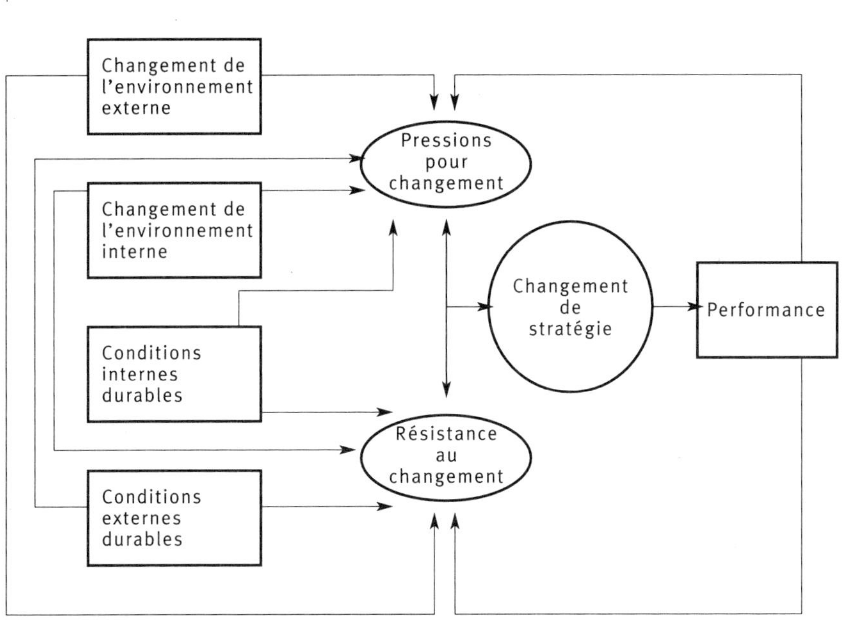

Ensuite, l'auteur examine la littérature empirique et se lamente que les résultats manquent de cohérence ; ce qui est démontré par les uns est rejeté par les autres. Mais les résultats qu'il présente sont très suggestifs et peut-être moins contradictoires qu'il l'indique :

1. Les changements environnementaux, tels que la déréglementation ou la discontinuité technologique, semblent avoir une influence significative sur les changements de stratégie qui sont effectués par les organisations (Smith et Grimm, 1987 ; Tushman et Anderson, 1986), mais certaines études précisent que les changements de perspective stratégique ne se sont produits que lorsqu'en plus des changements environnementaux il y a eu déclin de performance (Graham et Richard, 1979), intervention de nouveaux dirigeants ou de consultants externes (Ginsberg, 1986 ; Tushman, Virani et Romanelli, 1985).

2. L'influence de performances en détérioration ou franchement mauvaises est cependant discutable. En général, des changements de positionnement ne sont entrepris que lorsque le déclin de la performance est significatif (Schendel et Patton, 1976). D'autres études ont au contraire découvert que les performances extrêmes étaient moins susceptibles de provoquer un changement de position que des performances intermédiaires (Fombrun et Ginsberg, 1986). Finalement, un changement de nature (gestalt) ou de direction ne se produit, semble-t-il, que lorsqu'il est accompagné de changements internes, comme un changement de dirigeants (Tushman et autres, 1985) ou d'un changement externe, comme une déréglementation (Graham et Richards, 1979), ou de modifications de caractéristiques de l'industrie (un facteur qui influe sur la résistance).
3. Certains facteurs durables dans l'environnement, comme les barrières à l'entrée ou les conditions de marchés, sont importants lorsqu'on veut entreprendre des changements de magnitude, de nature ou de direction (retournements, désinvestissements et entrée dans de nouveaux groupes stratégiques) plutôt que des changements de perspective (Hambrick et Schecter, 1983 ; Harrigan, 1981 ; Oster, 1982). Il apparaît aussi que les perspectives et attitudes managériales peuvent être plus importantes que la structure pour comprendre les différences entre changements de stratégie (Cook, 1975).
4. Les changements révolutionnaires de perspective stratégique ne se produisent que rarement (Miller et Friesen, 1980 ; Mintzberg et Waters, 1982 ; Tushman et Romanelli, 1985).
5. En matière d'effet des changements de stratégie sur la performance, il semble qu'il y a peu de conclusions généralisables, mais on peut dire que (Singh et autres, 1986) les changements concernant le « noyau » de l'organisation peuvent mettre en danger la survie de l'organisation, même si l'intention est l'amélioration ; en revanche, les changements à la périphérie peuvent avoir un effet positif sur la capacité de l'organisation à survivre. Par ailleurs, les changements de stratégie ont plus d'effet, positif ou négatif, sur la survie de l'organisation lorsqu'ils surviennent tôt dans le cycle de vie de l'organisation.

Enfin, un changement incrémental peut donner plus de résultat qu'un changement révolutionnaire lorsque la firme entre dans un environnement peu prévisible ou lorsque l'union structurelle est lâche. L'inverse est vrai lorsqu'on pénètre un environnement stable ou lorsque l'union structurelle est très adaptée (Miller et Friesen, 1984).

8.4 LES THÉORIES ÉCLECTIQUES

Dans cette partie, nous décrivons les théories qui se sont inspirées de plusieurs courants différents et qui ont tenté de combiner ces derniers pour en arriver à une compréhension du phénomène de changement. Beaucoup de recherches théoriques pourraient être mentionnées. Nous n'avons retenu que trois études qui nous paraissent être représentatives de ces courants.

D'abord, A. Levy (1984) suggère que la structure du changement de « second ordre ou morphostasis », par opposition à « premier ordre ou morphogenesis », est de même nature que les « revitalisations culturelles » de Wallace (1953), les « révolutions scientifiques » de Kuhn (1970), les « structures dispersées » de Prigogine et Stengers (1984), le « déterminisme historique » de Marx ou le « processus de création » de Adams (1972). Il y distingue quatre grandes parties :

1. Les forces sous-jacentes, ou événements, permettent, facilitent, précipitent et déclenchent le changement de second ordre.
2. Le processus de changement a une structure régulière. Il commence avec le déclin de la performance ou la détérioration de la situation; il est suivi de la transformation, c'est-à-dire d'une période de transition dans laquelle le changement prend progressivement le dessus et il se termine avec une période de stabilisation et de développement secondaire. C'est notamment à ce niveau que les comparaisons avec Wallace, Kuhn, Prigogine, Marx et Adams sont les plus pertinentes.
3. Il peut aussi arriver, Levy ne l'exclut pas, que le changement soit favorisé ou géré par des stratégies, des interventions et des modifications technologiques.
4. On change quatre éléments importants : les processus fondamentaux (*core processes*), la culture, la mission et le paradigme.

Par ailleurs, Gersick (1991) aussi examine les théories de changement discontinu à travers six travaux importants : Levinson (1978) sur la vie des personnes, Gersick (1988) sur le fonctionnement des groupes, Tushman et Romanelli (1985) sur le changement organisationnel, Kuhn (1970) sur les changements paradigmatiques dans les sciences, Gould (1980) sur l'évolution des espèces biologiques et la théorie générale de Prigogine et Stengers (1984). Elle découvre que les systèmes évoluent par alternance entre des périodes d'équilibre, dans lesquelles les structures sous-jacentes rémanentes ne permettent que des changements incrémentaux, et des périodes de révolution, dans lesquelles ces structures sous-jacentes, « les structures profondes », sont fondamentalement transformées.

Les structures profondes sont un réseau de « choix » fondamentaux, de la configuration de base qui est constituée par les unités d'un système et des activités qui maintiennent à la fois cette configuration et les échanges du système avec l'environnement. Dans les systèmes humains, la structure profonde est pour l'essentiel implicite.

Pendant les périodes d'équilibre, les systèmes maintiennent et mettent en pratique les choix de leur structure profonde. Les systèmes font les ajustements qui ont tendance à protéger la structure profonde contre les perturbations intérieures et extérieures, et se déplacent de manière progressive le long de chemins qui sont tracés dans la structure profonde. Le maintien d'une structure profonde stable peut résulter en des choix qui donnent des comportements turbulents en surface.

Les révolutions sont des périodes relativement brèves qui apparaissent lorsque la structure profonde se désagrège, laissant le système désorienté jusqu'à ce que la période se termine par des choix qui vont former le noyau d'une nouvelle structure profonde. Les résultats d'une révolution, basés sur les interactions des ressources historiques du système avec les événements actuels, ne sont pas prévisibles. Ils peuvent faire progresser le système ou le faire régresser. L'envergure d'une révolution peut varier de manière considérable.

La dynamique du changement révolutionnaire, d'après les différents modèles, est décrite en trois temps :

La période révolutionnaire est souvent déclenchée par une crise de performance. Elle peut aussi être déclenchée par l'arrivée de nouveaux dirigeants qui ont des références différentes ou par des échéances préétablies.

En période de révolution, les émotions positives (soutien, enthousiasme) ou négatives (désarroi, inquiétude) jouent un rôle important dans la détermination du comportement du système. Le contact avec l'extérieur peut aussi jouer un rôle important dans la phase de transition. Le sentiment d'urgence ou l'optimisme augmentent le besoin de faire appel à l'extérieur :

> *The cognitive confusion and emotional distress of revolutionary periods may propel systems to seek outside help or to be especially receptive to outside influence at that time*[52]...

En particulier, le rôle des étrangers peut être important pour stimuler le développement de l'intuition et de la créativité en matière de résolution de problèmes, par l'apport de connaissances et de perspectives différentes. Un dernier aspect mentionné est celui de l'importance de l'explosion progressive de la révolution par la multiplication des foyers de changement.

La période révolutionnaire s'achève lorsque la transition prend normalement fin par une modification du comportement fondamental du système. Cependant, le résultat de la révolution peut ne pas être « révolutionnaire ». En d'autres termes, le changement à la structure profonde peut n'être que modéré, lorsque le système n'a pas besoin d'être bouleversé pour atteindre les résultats souhaités. Dans tous les cas, un système peut sortir renforcé ou affaibli de la période révolutionnaire. Ainsi, tout peut se produire après une transition révolutionnaire :

> *When system members back away from change « because of resignation, inertia, passivity, or despair » (Levinson, 1978), the*

52. La confusion cognitive et la détresse émotive des périodes révolutionnaires peuvent alors pousser les systèmes à obtenir de l'aide à l'extérieur ou à être particulièrement réceptifs à l'influence extérieure.

> *closing of the transitional opportunity often brings a sense of failure or stagnation. This emotional tone, and the absence of needed alterations, are likely to result in a period of persisting decline, lasting until the next transition or beyond*[53] *(Gersick, 1988; Levinson, 1978).*

Finalement, Dutton et Duncan (1987*a*, *b*), après une revue extensive de la littérature, proposent une vision du changement basée sur le diagnostic des questions stratégiques (DQS) ou encore *strategic issue diagnosis*, dont une partie a été décrite plus haut. Leur approche est aussi prescriptive. Ils donnent une grande importance à la gestion du changement par DQS.

Dans un deuxième article, consacré à l'influence du processus de planification stratégique sur le changement stratégique, ces auteurs mentionnent que la conception du processus de planification a un effet important sur l'apparition et le succès du changement stratégique, précisément parce que cela modifie le contenu et le format de la panoplie des questions stratégiques qui sont considérées. La gestion du changement doit donc accorder une importance particulière à la conception et à la construction du processus de planification.

Ces théories nous mènent directement aux théories prescriptives qui sont elles-mêmes éclectiques bien qu'orientées vers l'action.

8.5 LES THÉORIES PRESCRIPTIVES

Le domaine de la gestion stratégique, à cause de la difficulté qu'il y a à comprendre les relations de cause à effet et de la dispersion du pouvoir dans les organisations, ouvre la voie aux expérimentations et à la théorisation à partir de données partielles ou à partir de cadres normatifs que favorisent les auteurs. C'est ainsi que, par contraste avec les autres disciplines, les théories prescriptives non seulement sont nombreuses mais

53. Quand les membres d'un système évitent de changer « par suite de résignation, d'inertie, de passivité ou de désespoir » (Levinson, 1978), la clôture de l'occasion temporaire laisse alors un goût d'échec et de stagnation. Ce climat émotif et l'absence d'altérations nécessaires peuvent mener à une période de déclin persistant, qui va durer jusqu'à la prochaine transition et même au-delà (Gersick, 1988 ; Levinson, 1978).

ont aussi un statut souvent plus élevé que celui des études empiriques, surtout celles qui mettent l'accent sur les effets d'un nombre limité de variables. Nous allons maintenant mentionner les études les plus courantes mais qui gardent un niveau d'actualité acceptable.

Tichy (1983), dont la consultation auprès de grandes entreprises américaines a été très riche, propose une approche du changement qu'il qualifie de « Théorie TPC ». Cette appellation suggère la nécessité, dans le cadre de changements stratégiques, de tenir compte de trois perspectives : techniques, politiques et culturelles.

À cet égard, Tichy observe que beaucoup de gestionnaires et de consultants tendent à limiter leurs approches de changement soit aux dimensions techniques (systèmes de production et de contrôle), soit aux dimensions politiques (remplacements de personnes et restructuration), soit encore aux dimensions culturelles (communications et relations interpersonnelles). Pourtant, l'observation empirique démontre qu'une concentration indue sur une seule dimension risque de provoquer de sérieux blocages organisationnels. Il en va ainsi, semble-t-il, dans le secteur bancaire où l'on déciderait de considérer principalement la dimension technologique de la révolution informationnelle. On risquerait ainsi de s'exposer à des problèmes d'ordre politique et social prenant notamment la forme de résistance chez les employés et les clients au moment de l'implantation de guichets automatiques.

Comme le montre la figure 8.3, Tichy conçoit les organisations comme des systèmes ouverts soumis à l'influence de l'environnement sous la forme de forces économiques, politiques et culturelles. Quant aux organisations elle-mêmes, elles intègrent des systèmes technique, politique et culturel. Le système technique sert à résoudre les problèmes de production, à savoir comment allouer les ressources financières, techniques et sociales pour produire les extrants désirés. Il inclut ici les questions relatives à la fixation d'objectifs, la formulation stratégique et la structuration organisationnelle, questions nécessaires à la résolution des problèmes de production.

Figure 8.3
Le tryptique de Tichy (1983)

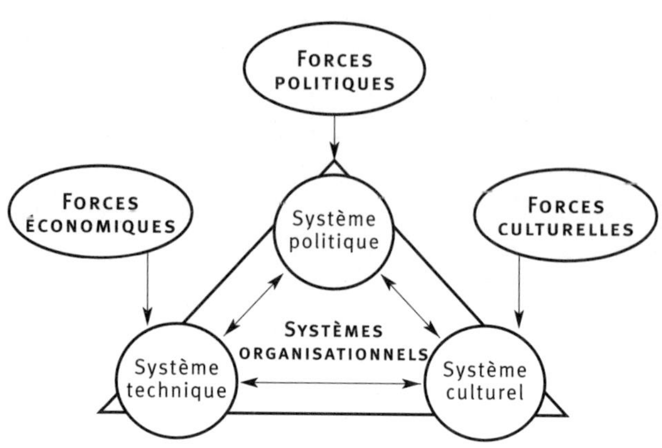

Pour sa part, le système politique concerne les problèmes d'allocation, c'est-à-dire la façon de distribuer les ressources et le pouvoir dans l'organisation. Ce système se concrétise à travers les programmes de rémunération, les décisions relatives aux carrières, la planification budgétaire et la structure du pouvoir de l'organisation. Finalement, le système culturel s'adresse aux problèmes de valeurs et de croyances, à savoir l'établissement des valeurs qui devraient être partagées par les employés, les objectifs qui devraient être poursuivis, les croyances auxquelles on devrait s'accrocher ainsi que les interprétations que l'on devrait donner aux événements organisationnels passés et présents.

Encore ici, on reprend l'idée de la cohérence ou de la compatibilité dans la mesure où Tichy avance que la gestion du changement stratégique consiste à maintenir un équilibre et une cohérence entre ces trois systèmes. Pour illustrer son propos, Tichy (1983) a recours à l'image du câble stratégique constitué des trois fils entrelacés que sont les trois systèmes organisationnels mentionnés. Il se sert de cette image pour montrer comment ces trois fils peuvent s'avérer individuellement indiscernables à première vue, et comment le câble peut se dénouer et perdre sa force lorsque les fils se détachent. Pour Tichy donc, la gestion stratégique consiste à empêcher le câble de se dénouer sous l'effet des changements techniques, politiques et culturels. Le changement stratégique renoue de nouveau les trois fils.

Dans cette perspective, Tichy (1983) propose trois ensembles d'outils de base pour la gestion des trois systèmes organisationnels : (1) la mission et la stratégie de l'organisation, (2) la structure organisationnelle, y compris ses règles administratives, et (3) les pratiques de gestion des ressources humaines. La résultante opérationnelle de cette proposition est présentée au tableau 8.1.

Tableau 8.1
Gestion stratégique : domaines et instruments (Tichy, 1983)

	INSTRUMENTS DE GESTION		
DOMAINE DE GESTION	**Mission et stratégie**	**Structure de l'organisation**	**Gestion des ressources humaines**
Système technique	▸ Évaluation de l'environnement ▸ Évaluation de l'organisation ▸ Définition de la mission et des ressources qui conviennent	▸ Différenciation ▸ Intégration ▸ Réajustement de la structure à la stratégie	▸ Ajustement des personnes aux rôles ▸ Détermination des critères de performance ▸ Mesure de rendement ▸ Nomination et développement du personnel
Système politique	▸ Détermination des postes qui définissent la mission et la stratégie ▸ Gestion des comportements de coalition qui touchent les décisions stratégiques	▸ Répartition des pouvoirs ▸ Équilibration du pouvoir entre les groupes de rôles	▸ Gestion de la politique de relève ▸ Conception et gestion du système de rémunération ▸ Gestion de la politique d'évaluation
Système culturel	▸ Gestion de l'influence des valeurs et de la politique générale sur la mission et la stratégie ▸ Élaboration d'une culture favorable à la mission et à la stratégie.	▸ Élaboration d'un style de gestion adapté à la structure ▸ Élaboration des sous-cultures d'appui aux rôles ▸ Intégration des sous-cultures dans une culture organisationnelle commune.	▸ Sélection des personnes affectées à l'établissement et au renforcement de la culture de l'organisation.

Ce tableau précise les tâches directoriales dans la gestion des systèmes technique, politique et culturel. Il présente l'ensemble des tâches stratégiques auxquelles la haute direction fait face dans la plupart des grandes organisations, ensemble qui constitue l'essentiel de la théorie TPC. Étant donné que ce tableau semble suffisamment explicite, et pour des raisons de concision, nous ne le commenterons pas plus longuement.

Toutefois, la théorie de Tichy (1983) englobe un concept potentiellement fort éclairant pour la recherche et l'action : celui des cycles organisationnels. À cet effet, il avance que les organisations sont perpétuellement soumises à des fluctuations, à des influences et à des changements, aucun de ces trois problèmes n'étant jamais résolu de façon définitive. Ce sont trois questions permanentes. À un moment quelconque, l'une des trois, ou une combinaison d'entre elles, peut devoir être réajustée, et ce, par le recours à une série de stratégies. Ces stratégies comprennent l'autocorrection d'un système qu'on laisse à lui-même pour un temps, tacitement ou de façon explicite ; une intervention concertée de changement de mission et de stratégie de l'organisation ; la restructuration de l'organisation ; des modifications opérées dans la gestion des systèmes de ressources humaines. On peut se représenter les réajustements dans chacun de ces domaines-problèmes comme cycliques. Ainsi, il y a, dans la vie des organisations, des cycles de réajustements techniques, politiques et culturels. Les organisations peuvent varier en ce qui concerne le temps et la quantité d'énergie qu'elles consacrent au réajustement de ces cycles.

Ces manifestations cycliques se chevauchent et s'influencent les unes les autres. Ces interactions peuvent être bénéfiques, ou au contraire occasionner des problèmes à l'organisation. La figure 8.4 montre les cycles faits de sommets et de dépressions. Les sommets représentent des moments de forte tension et d'un fort besoin de réajustement, dans un des trois domaines-problèmes. Les dépressions indiquent les périodes sans problème de ce cycle.

Figure 8.4
Cycles organisationnels (Tichy, 1983)

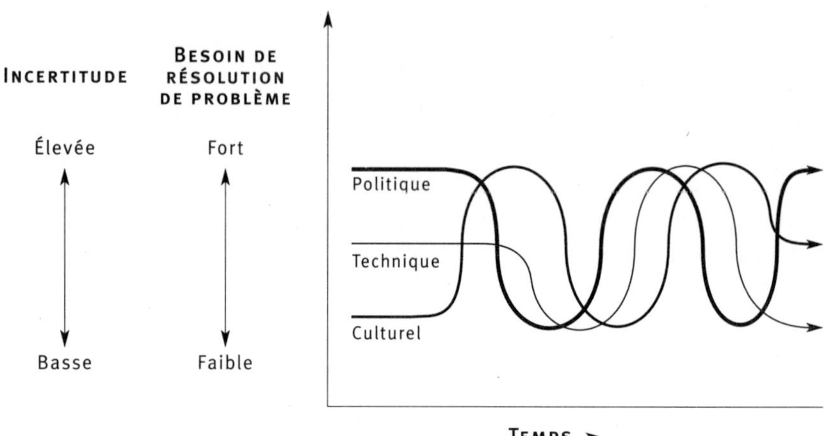

Motivée par la tension élevée et par un fort besoin d'ajustement, la direction tente de résoudre l'un ou plusieurs de ces problèmes en recourant à des systèmes. Il y a des systèmes techniques pour résoudre les problèmes de production, des systèmes politiques pour résoudre les problèmes de répartition de pouvoir, et des systèmes culturels pour l'expression, le renforcement, la mise à l'épreuve et le changement des valeurs organisationnelles. Chacun de ces systèmes a sa propre logique interne. Tous les trois sont interdépendants et, lorsque l'organisation est stratégiquement bien administrée, cohérents.

Si l'on voulait représenter graphiquement un exemple comme celui de GM à Lordstown, il faudrait partir d'un sommet technique. À l'époque, toute l'attention se concentrait sur le projet d'usine d'assemblage très avancée techniquement. Mais le cycle technique a déclenché des tensions élevées dans les cycles politique et culturel, lorsque les travailleurs ont opposé une résistance aux installations extrêmement mécanisées et rationalisées. Le cycle politique a culminé dans la grève spontanée. Le cycle culturel a culminé avec les demandes ouvrières d'une culture de travail plus intéressante et plus enrichissante. Il est évident que les cycles politique et culturel requéraient des approches différentes de celles du cycle technique. La gestion du changement implique des décisions techniques, politiques et culturelles, qui tentent de produire les nouveaux états organisationnels désirés, l'évaluation objective des compromis nécessaires et la mise en œuvre de ces décisions.

Ces considérations nous amènent à la conception qu'a Tichy (1983) du changement stratégique. Pour cet auteur, ce type de changement implique essentiellement la modification des neuf cellules du tableau 8.1. Sa théorie s'appuie en bonne partie sur le modèle de gestion des transitions proposées par Beckhard et Harris (1977). Le changement est déclenché par l'apparition d'un danger ou d'une occasion exceptionnelle, d'une amplitude telle que les membres de l'organisation doivent y porter leur attention. C'est le temps A, tel qu'il est représenté dans la figure 8.5. L'organisation entre alors dans une période de déséquilibre, qui est le temps B. Le temps B représente la période au cours de laquelle un changement s'opère, vers un état désiré quelconque.

Figure 8.5
La gestion stratégique du changement selon Tichy

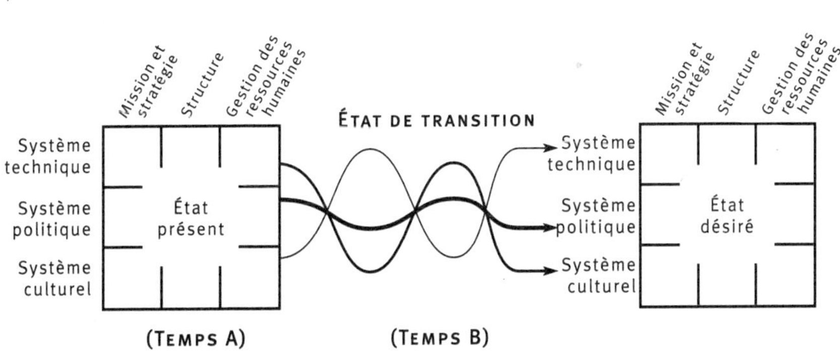

Le cas d'AT&T fournit un bon exemple; en effet, dans cette organisation, on a pris conscience simultanément de la menace présente dans l'environnement et de l'occasion qui était offerte. D'un côté, sa position privilégiée dans le domaine de la communication était en péril si la société continuait à se limiter au domaine du téléphone, alors que les nouveaux systèmes d'information et de communication électroniques s'ouvraient, ou promettaient de s'ouvrir, à la concurrence. Ces nouveaux systèmes (la télévision interactive bilatérale par câble, les réseaux d'ordinateurs, les systèmes de satellites) constituaient la menace. D'un autre côté, AT&T disposait de tous les moyens, techniques et financiers, pour tirer profit de ces nouveaux développements. Ce sont ces forces qui ont déclenché l'action. Au temps A, le cycle technique est entré en action. La direction d'AT&T a élaboré un plan stratégique pour transformer l'entreprise, de monopole réglementé du téléphone en une société de traitement de l'information. C'est ce qui a conduit à la restructuration d'AT&T et à des changements dans sa stratégie des ressources humaines.

La tâche de gestion stratégique du changement consiste donc à maintenir l'alignement interne de l'organisation et son alignement par rapport à l'environnement externe. Pour les membres de l'organisation, ce réajustement peut s'effectuer très inconsciemment. Il peut par ailleurs être envisagé comme un processus évolutif, comme diraient les partisans de l'écologie organisationnelle, ou résulter d'une planification délibérée, comme dans le cas d'AT&T. Que le réajustement soit ou non opéré explicitement et consciemment, l'efficacité de l'organisation demeure fonction d'un alignement interne de chacun des trois systèmes (technique, politique, et culturel) et de l'ensemble que constituent les trois. Selon Tichy, la matrice des tâches stratégiques, illustrée au tableau 8.1, montre les faiblesses d'un grand nombre de modèles de changement organisationnel qui limitent leurs évaluations au seul système technique alors qu'ils devraient viser une harmonisation des trois systèmes.

Sur la base de ses recherches, D.G. Anderson (1986) propose une démarche pour revitaliser les grandes entreprises. Il mentionne que quatre grands types de changement stratégique peuvent redonner un nouveau souffle de vie à une organisation en crise : (1) la revitalisation, (2) la consolidation du développement, (3) le retournement de situation, (4) le redressement.

Dans chacun de ces changements importants, Anderson pense que le processus suit le chemin suivant :

i. Il faut qu'il y ait une volonté de changement partagée par l'ensemble de la direction et de préférence aussi par les autres membres de l'organisation.
ii. Le changement doit aussi être guidé par une vision de l'avenir qui soit globale, simple, évocatrice et qui soit capable de concilier le passé avec l'avenir. La vision doit aussi préciser comment de bons résultats peuvent être obtenus. En général, la vision est un ingrédient nécessaire à tout grand changement. Il faut que le changement promette un avenir qui justifie les peines du moment.
iii. Le changement est souvent animé voire stimulé par des champions, qui sont des avocats crédibles pour convaincre de la nécessité et de l'importance des ajustements à faire. Très souvent, les champions agissent de façon à définir pour leur secteur les objectifs qui sont compatibles avec la vision d'ensemble. Ils travaillent aussi, un peu comme les gestionnaires intermédiaires de Bower (1970), à la mise en place d'un cadre favorisant le changement.
iv. Finalement, le changement est dynamisé par des actions qui activent les modifications envisagées. Anderson compare le changement au basket-ball et suggère que les tactiques employées dans ce sport sont aussi applicables à la gestion du changement. Le rythme rapide des propositions doit maintenir la pression sur tout le terrain. De même, on peut faire des acquisitions ou entreprendre des actions spectaculaires qui maintiennent l'intérêt pour le changement. Par ailleurs, des actions de socialisation, comme des fêtes, concours de slogan, etc., peuvent être mises au service de l'animation du changement. La dynamisation est importante parce que le temps est l'ennemi de la revitalisation.

D. Kilmann (1989) propose un programme intégré pour le changement des organisations qui est plus détaillé, voire plus systématique que le précédent, et qui comprend notamment :

i. Une initiation
ii. Le diagnostic

iii. La programmation
iv. La mise en application
v. L'évaluation des résultats

Le diagnostic est une dimension importante du processus. Il est guidé par des éléments comme la culture, les hypothèses fondamentales, le psychisme. Il comprend quatre parties : (1) l'organisation, notamment sa stratégie, sa structure et le système de récompenses; (2) l'environnement, son dynamisme, sa complexité et l'attitude des investisseurs (*stakeholders*) principaux; (3) le dirigeant, son savoir-faire, les problèmes de gestion auxquels il doit faire face; (4) le groupe, son processus de décision, son orientation et sa capacité d'action. Tous ces éléments ont bien sûr des conséquences sur le moral des troupes et la performance de l'organisation.

La programmation et la mise en application se font généralement selon des modèles (*tracks*) bien précis. On distingue cinq modèles dominants construits chacun sur l'accent particulier qui est mis sur l'instrument de base utilisé pour réaliser le changement envisagé : (1) le modèle de la culture, (2) le modèle des savoir-faire de direction, (3) le modèle de développement de l'équipe (*team building*), (4) le modèle stratégie-structure et (5) le modèle du système de récompenses.

Lorange et Nelson (1987) se sont intéressés au déclin et ont expliqué comment on pouvait le reconnaître et l'éviter. Ils ont proposé cinq raisons importantes qui peuvent mener au déclin de l'organisation :

1. Un piège qu'on ne voit pas, notamment en faisant l'erreur d'assimiler la situation actuelle à des situations qu'on a déjà expérimentées;
2. L'évolution vers une orientation hiérarchique, dans laquelle l'accent est mis plutôt sur le fonctionnement de l'organisation que sur le marché;
3. La rigidité culturelle, qui apparaît notamment lorsqu'on passe d'une situation où l'emphase est mise sur l'innovation à une situation où l'emphase est mise sur l'administration et la réduction des coûts;

4. Le désir d'être accepté, qui se présente lorsque les dirigeants semblent résister à la critique ou au changement ;
5. Trop de consensus ou de compromis, surtout lorsque des entreprises, comme les multinationales, essaient de créer des synergies entre les différentes fonctions. Le personnel fonctionnel a tendance à augmenter et on passe beaucoup de temps en rencontres de planification.

Le déclin est souvent annoncé par des signaux auxquels on ne prête pas suffisamment attention. En particulier on pourrait citer :

- Un personnel trop nombreux
- La tolérance envers l'incompétence
- Des procédures administratives de plus en plus lourdes
- Un personnel fonctionnel central ayant un pouvoir démesuré
- Une domination progressive de la forme sur la substance
- L'absence ou la raréfaction d'objectifs clairs et de référence
- La peur du conflit et de situations embarrassantes
- La perte d'efficacité en matière de communication
- Une structure organisationnelle dépassée

Les auteurs proposent une procédure d'intervention dont la structure en trois temps est bien connue : dégeler (*unfreeze*), opérer le changement, recongeler (*refreeze*).

On dégèle en établissant la possibilité du déclin. Il faut alors reconnaître les problèmes potentiels, sensibiliser l'ensemble de l'organisation à la situation et établir un système d'examen, ou de vérification, avec des avertisseurs pour chaque activité. Le changement doit en particulier reconnaître les effets des problèmes organisationnels sur les plans des centres d'activités stratégiques.

On recongèle en mettant en place un système de communication qui permette de faire face aux difficultés organisationnelles et aux besoins du développement et du suivi stratégique des activités, tout en continuant à évaluer la validité des systèmes d'avertissement.

Allaire et Firsirotu (1985) se sont intéressés en particulier au changement stratégique et proposent une méthodologie pour mettre en pratique une stratégie radicale dans des organisations complexes. Ils affirment que le changement radical est un acte délibéré, donc qui ne peut prendre place sans une volonté claire de la part des dirigeants.

Le changement radical constitue une réponse à des situations qui le justifient. Quatre situations peuvent se présenter. Il peut y avoir harmonie et continuité lorsque la performance est convenable et doit se maintenir dans un avenir qui se présente sans rupture. Lorsque la performance est perçue comme non satisfaisante, même si l'entreprise n'est pas en danger, alors que l'avenir est vu comme devant changer de manière importante, on peut entreprendre des ajustements préventifs ou bien on peut considérer que la mésadaptation n'est que temporaire.

Lorsque la performance est stable mais que l'avenir semble présenter des discontinuités, on peut envisager des transformations importantes ou des réorientations. Finalement, lorsque la performance est en déclin important, peu importe comment s'annonce l'avenir, il faut penser à un redressement ou à une revitalisation.

C'est sur cette base que les auteurs proposent une typologie de changements dit radicaux. On y trouve les phases suivantes :

1. La réorientation, qui est essentiellement une sorte de repositionnement qui ne nécessite pas de changement fondamental de culture. S'il y a changement de culture, celui-ci est compatible avec la culture existante.
2. Le retournement (*turnaround*), qui est entrepris lorsque l'organisation est en situation de crise. Il faut alors à la fois trouver une nouvelle stratégie de produits/marchés et des modes de fonctionnement qui assurent la sauvegarde.
3. La revitalisation, qui est entreprise lorsqu'il n'y a pas d'indication qu'il y a crise. Le blâme d'une performance, souvent médiocre, est rejeté sur des facteurs externes. Pour pouvoir agir, il faut justifier auprès des membres de l'organisation les changements qu'on veut introduire. Il faut alors créer un sentiment de crise.

4. La transformation, qui est le plus révolutionnaire des changements radicaux. On change en particulier la culture de l'organisation et sa façon d'être. Ce genre de changement peut être entrepris même si la performance est, selon les standards habituels, satisfaisante.

Allaire et Firsirotu recommandent aussi six étapes à suivre dans la conduite d'un changement radical :

i. Établir un diagnostic convenable;
ii. Formuler une méta-stratégie (une stratégie pour modifier la stratégie) pour entreprendre le changement radical envisagé;
iii. Évaluer la culture et la structure actuelles de l'organisation;
iv. Définir les buts d'une culture et d'une structure nouvelles;
v. Proposer et mettre en pratique un programme global pour le changement radical;
vi. Stabiliser l'organisation.

8.6 CONCLUSION

Les trois premiers types de théories permettent de décrire à la fois les déterminants du changement stratégique et le processus par lequel il prend place. Nous pourrions retenir en particulier que le changement stratégique se déroule selon un cycle ou plutôt une série de cycles qui sont prévisibles. Dans chaque cas, il faut apprécier la nature spécifique du cycle et prendre en considération la nature de l'industrie et des activités de l'organisation ainsi que les conditions qui ont présidé à sa création. Néanmoins, les cycles et révolutions décrits par Chandler et par Greiner peuvent être considérés comme génériques et servir de base à un effort de détermination plus précis.

Le déroulement d'un cycle est globalement prévisible. Comme l'ont démontré tous les théoriciens du changement, on peut s'attendre à ce que le changement soit évolutif à l'intérieur d'un cadre établi, d'un paradigme accepté, puis occasionnellement à ce qu'il prenne une forme révolutionnaire dont l'objet est de changer le cadre, le paradigme lui-même. C'est pourquoi Chandler a en fait décrit plusieurs cycles plutôt qu'un seul et n'a en fait révélé qu'une partie d'un processus qui pourrait se dérouler sans fin.

Le passage d'une situation à une autre peut être éclairé par l'idée de configuration. Une situation, ou une phase si on se rattache au concept de cycle, est nécessairement remplacée par une autre configuration. On peut affirmer que les organisations évoluent d'une configuration à une autre. Les travaux de Chandler, comme ceux de Greiner, ont mis en évidence les premières configurations convaincantes. Mintzberg (1978) et plus tard Miller (1996) ont démontré que les configurations représentaient en général les patterns observables de comportement stratégique des organisations. Cette idée de configuration est alors essentielle lorsqu'on parle de changement stratégique, puisqu'on change toujours d'une configuration à une autre.

Le changement, surtout lorsqu'il est important, disons stratégique au sens de Ginsberg, est déclenché et déterminé en fonction des règles de l'organisation et des caractéristiques des dirigeants. Ainsi, des dirigeants jeunes et inexpérimentés auraient tendance à entreprendre des changements stratégiques plus facilement que d'autres plus âgés et ayant plus d'expérience. De même, la centralisation défavorise le changement stratégique, surtout dans des environnements dynamiques. Le changement est aussi déterminé dans une large mesure par le contexte et en particulier par la performance relative de l'organisation. Plus la performance est mauvaise, sans être catastrophique, plus le changement a de chances d'être envisagé.

Finalement, la gestion du changement implique une conscience claire de la manière dont il se déroule habituellement. Il faut comprendre ce qui doit être fait (*sensemaking*) avant de partager cette compréhension avec les membres de l'organisation (*sensegiving*); ensuite, il faut agir. Les typologies proposées par divers auteurs sont utiles et les observations à l'effet que le changement peut bénéficier de la présence de champions partout à travers l'organisation sont confirmées par de nombreux auteurs.

C'est sur ces bases que nous allons à présent, dans le chapitre qui suit, proposer et expliquer un modèle complet du changement stratégique, en le reliant au modèle préliminaire du chapitre 4 et aux enseignements que nous avons tirés de la revue de la littérature qui a suivi.

{ Chapitre 9 }

Un modèle global du potentiel de changement organisationnel d'ordre stratégique

Nous arrivons à présent au bout de notre cheminement. Ce chapitre est consacré à l'explication d'un modèle qui permet de faire la synthèse des recherches décrites dans les chapitres précédents, en particulier aux chapitres 4 à 8. Dans ce qui suit, lorsque nous parlons de changement, nous entendons changement organisationnel d'ordre stratégique.

Le modèle que nous proposons maintenant tente de tenir compte des enseignements qui ont été dégagés dans les chapitres précédents, mais, pour qu'il soit facile à comprendre, il ne les prend pas tous en considération. Le modèle proposé décrit le processus de changement organisationnel, mais il met surtout l'accent sur le déclenchement du changement et le potentiel de difficulté (donc de résistance) ou mieux sur l'inverse : « la capacité de changement ». De plus, nous privilégions dans l'élaboration du modèle les facteurs pour lesquels existent des justifications empiriques, lorsque ces justifications ont été mise en évidence dans les chapitres qui précèdent.

Des quatre ensembles de variables, que nous avons introduites au chapitre 1, soit structure, culture et leadership, contexte et processus, nous ne verrons apparaître dans le modèle proposé que les trois premières. En effet, le modèle étant lui-même un modèle de processus, il nous permet de construire la charpente servant à comprendre ce qui se passe lorsqu'un changement prend place. Nous traiterons toutefois séparément les indications sur la façon de mener le changement lorsque la charpente est établie.

Le modèle peut alors être considéré comme un modèle explicatif du passage d'une étape du cycle de vie d'une organisation à une autre étape ou, selon la terminologie de l'école des configurations, du passage d'une configuration à une autre. Le modèle est donc par nécessité un modèle de processus et en ce sens est proche des préoccupations concrètes de gestion du changement. Il révèle surtout ce qui se fait avant que le changement proprement dit ne prenne place et il ne mentionne que d'une manière très générale la gestion de la phase de changement elle-même. Dans ce qui suit, nous allons d'abord expliquer le modèle, puis rappeler dans leurs grandes lignes les éléments de gestion du changement qui ont été mentionnés dans les chapitres qui précèdent.

9.1 UNE EXPLICATION DU MODÈLE DU CHANGEMENT STRATÉGIQUE

Le modèle proposé a été dessiné dans ses grandes lignes au premier chapitre. Nous allons à présent utiliser les résultats des chapitres précédents pour l'expliquer de manière détaillée. Le modèle repose sur trois grands ensembles de variables :

1. Des variables de structure (au sens large du terme)
2. Des variables de culture et de leadership
3. Des variables de contexte

Dans ce qui suit, nous allons étudier les variables retenues et préciser leurs relations avec le changement stratégique. Il est entendu que les relations ne sont vraiment intéressantes que si on les considère comme des tendances plutôt que comme des effets inévitables et précis. En effet, le résultat global peut venir d'un effet plus grand ou plus petit que celui qui était attendu de l'une ou l'autre des variables. Le poids que les variables vont avoir dans le résultat global n'est pas connu a priori, mais nous proposerons aussi dans le cadre du modèle un moyen de le prévoir.

Avant d'aborder les effets des variables sur le changement, il est cependant approprié d'énoncer quelques propositions générales qui ont été mises en évidence notamment dans le chapitre 8. Ces propositions portent surtout sur les formes et les manifestations du changement stratégique :

Proposition 1

Le changement stratégique a tendance à être cyclique. Un cycle complet comprend des adaptations incrémentales ponctuées par des transformations révolutionnaires rapides.

Proposition 2

Le passage d'un cycle à un autre implique le passage d'une configuration stratégique à une autre. Les adaptations incrémentales (changement de degré) ont tendance à affiner la configuration existante, tandis que les transformations révolutionnaires (changement de nature) ont tendance à la rejeter pour la remplacer.

Proposition 3

Le changement de configuration est contrôlé par l'accumulation de stress et d'inertie. Il est déclenché lorsque le degré de stress est relativement élevé et le degré d'inertie, relativement faible.

9.1.1 Les variables de structure

Dans la littérature, le terme structure recouvre des réalités différentes selon les auteurs. Les chercheurs qui se rattachent à la théorie de l'écologie des populations des organisations (Hannan et Freeman, 1984) ont tendance à parler de « structure profonde », incluant ainsi à la fois les questions traditionnelles de structure organisationnelle, les questions de stratégie et de finalité, ainsi que certains éléments durables qui donnent sa personnalité à l'organisation. Les théoriciens de la théorie de la contingence ont plutôt tendance à n'inclure que les aspects « différenciation et intégration ».

Malgré ces imperfections, les liens qui existent entre les résultats des recherches empiriques nous paraissent suffisamment forts pour qu'il soit possible de négliger les effets de l'imprécision du recouvrement des définitions. En fait, les recherches empiriques ont eu tendance à ne prendre en considération que ce qui est facilement mesurable, c'est-à-dire les éléments traditionnels de structure : ceux qui mettent en place la différenciation et ceux qui déterminent la coordination ou l'intégration.

Dans le modèle qui sera présenté plus loin, les variables retenues sont les suivantes :

i. La spécialisation, c'est-à-dire la décomposition des tâches en éléments simples de façon qu'elles puissent être réparties entre les personnes et coordonnées au moyen de standards. Cette définition est souvent appelée spécialisation horizontale. On parle aussi de spécialisation verticale lorsqu'on sépare la réalisation du travail de son administration (Mintzberg, 1979). Le degré de spécialisation correspondra au niveau de décomposition des tâches, à la fois sur le plan horizontal et sur le plan vertical.

Dans les recherches examinées, la spécialisation est souvent définie par le nombre de spécialités qu'on trouve dans l'organisation. On appelle cela aussi la « complexité » (Hage et Aiken, 1967) ou la « spécialisation des rôles » (Aiken et autres, 1980). L'instrument de mesure communément utilisé est le nombre de types ou de dénominations d'emplois dans une organisation.

ii. La différenciation fonctionnelle. C'est là une forme de spécialisation, mais il peut être intéressant de la préciser. L'idée de différenciation fonctionnelle vient directement du travail de Chandler (1962). Chandler avait en effet montré que lorsque les organisations grandissent elles passent par une étape où la spécialisation par fonction (par exemple, ventes, production, administration) prend place. Le degré de différenciation fonctionnelle exprime l'importance de cette décomposition en métiers de base. La mesure souvent utilisée est le nombre d'unités sous la responsabilité de la haute direction.

iii. La professionnalisation. Il s'agit surtout de l'importance du nombre de professionnels et du rôle joué par ces derniers.

iv. L'intensité administrative, c'est-à-dire l'importance des règles de fonctionnement de l'organisation et de l'encadrement administratif. Dans le cas des recherches réalisées, on mesurait cela souvent par le nombre de personnes affectées à des tâches de nature administrative.

v. La centralisation. On inclut dans l'idée de centralisation l'importance du pouvoir de décision qui est confié au cœur de l'organisation. Ainsi, une structure très centralisée ne laisse que peu d'initiative aux membres qui travaillent sur le terrain, tout étant fixé de manière standard ou précise par la haute direction.

On peut aussi inclure quelques caractéristiques de fonctionnement de la haute direction :

vi. Le taux de roulement des présidents, c'est-à-dire le nombre de présidents qui se sont succédé pendant une période de temps déterminée ;

vii. Le degré d'homogénéité de la haute direction, soit les similarités (ou les différences) en matière d'expérience et de formation des dirigeants ;

viii. Les connaissances techniques de la direction. Cette variable cherche à mettre en évidence la relation qui existe entre le travail à réaliser et l'expérience ou les connaissances théoriques des dirigeants.

Les effets de ces variables peuvent être exprimés sous la forme des deux propositions suivantes :

Proposition 4

La spécialisation, la différenciation fonctionnelle, la professionnalisation, l'intensité administrative, le taux de roulement des dirigeants, l'hétérogénéité de la haute direction et les connaissances techniques dont elle dispose accroissent le niveau de tension qui stimule le changement (accroissement du soutien au changement).

Proposition 5

La centralisation accroît le degré d'inertie (accroissement de la résistance au changement).

Par ailleurs, les autres résultats des recherches évoqués au chapitre 7 mènent aux propositions suivantes :

Proposition 6

Plus le niveau de *fit* des éléments de structure, entre eux, et entre les éléments de structure et la nature de l'environnement, est élevé, plus l'augmentation du niveau de stress est ralentie.

Dans cette proposition on exprime l'idée que le niveau de *fit* intervient comme une sorte de régulateur des effets des variables de structure. Plus il est élevé, plus il s'oppose aux effets des variables qui ont tendance à encourager le changement.

Proposition 7

Les configurations de structure plus organiques facilitent l'augmentation du stress. Inversement, les configurations plus mécanistes ralentissent l'augmentation du stress.

Là aussi la configuration existante agit comme une sorte de vanne. Elle est plus ou moins ouverte selon l'espace qui est laissé aux acteurs. Bien entendu, cet effet est fortement relié à la centralisation, mais il est plus général et concerne l'ensemble de la configuration au sens que lui donnent Miller et Friesen (1984) et Mintzberg (1978).

9.1.2 LES VARIABLES DE CULTURE ET DE LEADERSHIP

Nous avons inclus dans cette catégorie des groupes de variables qui sont sensiblement différents, même s'ils sont très apparentés. On retrouvera notamment :

1. Les caractéristiques culturelles générales (communications internes, communications externes, philosophie de gestion, nature ou style du leadership);

2. Les caractéristiques psychologiques des dirigeants (attitude face au changement, internalisation, complexité cognitive, besoin d'accomplissement);
3. Les caractéristiques démographiques des dirigeants (âge, origines sociales, éducation, variété de l'expérience, ancienneté dans le poste, ancienneté organisationnelle, expérience du changement, origine organisationnelle — interne, externe).

Ces variables sont définies comme suit :

i. *Communications internes.* On s'intéresse ici à l'existence d'un mécanisme ou d'un système de transmission et d'échange de renseignements, reliés ou non à la tâche, entre les différents échelons de l'organisation. La fréquence des contacts (face à face ou autres) entre les personnes d'un même échelon et d'échelons différents et le degré de partage dans la prise de décision sont des éléments représentatifs de la qualité des communications internes.
ii. *Communications externes.* Il s'agit là aussi de mécanismes ou de systèmes d'information générale, destinés à accroître la compréhension par l'environnement des préoccupations de l'organisation et inversement à accroître la compréhension par l'organisation des besoins et des exigences de l'environnement. On inclut aussi dans cette catégorie les actions des membres de l'organisation au service de l'environnement pertinent de celle-ci.
iii. *Philosophie de gestion.* Il est ici question de chercher principalement à déterminer dans quelle mesure la direction d'une organisation favorise la participation des subordonnés à la prise de décision.
iv. *Style de leadership.* Il s'agit de déterminer si les cadres supérieurs d'une organisation présentent les caractéristiques et adoptent les comportements individuels de gestion associés au leadership transformationnel (Bass et Avolio, 1990).
v. *Attitude face au changement.* Il s'agit ici de déterminer si le groupe de direction est favorable au changement ou au contraire s'il a tendance à être conservateur.
vi. *Internalisation.* L'internalisation est une caractéristique psychologique aujourd'hui bien connue dont l'objet est de déterminer les racines (pouvoir et compréhension) des dirigeants

principaux. Un dirigeant dont l'internalisation est élevée est un dirigeant qui a le sentiment d'être en contrôle des événements de sa vie, tandis qu'une internalisation faible est associée au fatalisme et à un sentiment d'impuissance (Rotter, 1966).

vii. *Complexité cognitive.* Le dirigeant ayant une complexité cognitive élevée est plus « intuitif ». Son esprit a la capacité de découvrir les patterns et d'organiser en un ensemble cohérent des données et des signaux apparemment non reliés. Une telle personne, ayant une bonne vue d'ensemble et étant capable d'un haut degré d'abstraction, peut faire face à une grande somme de renseignements et être discrète longtemps (Jaques, 1976). À l'opposé, un dirigeant ayant une complexité cognitive faible est une personne plus terre-à-terre, qui est à l'aise avec des événements et des détails tangibles (Slocum et Hellrieger, 1983).

viii. *Besoin d'accomplissement.* Le besoin d'accomplissement a été popularisé et précisé par McClelland (1961). Ce besoin correspond au désir de réaliser des choses importantes, qui vont survivre à celui qui les a accomplies. Dans la pyramide de Maslow, ce besoin fait partie des besoins considérés comme supérieurs.

Il y a aussi les variables démographiques rattachées aux dirigeants ; leur définition ne pose pas de problèmes. On retiendra ici surtout :

ix. *L'âge*
x. *L'origine sociale* (classe sociale des parents)
xi. *L'éducation* (universitaire ou non, nombre d'années d'études)
xii. *La variété des expériences*
xiii. *L'ancienneté dans le poste*
xiv. *L'ancienneté dans l'organisation*
xv. *L'expérience avec le changement*
xvi. *L'origine organisationnelle* (interne ou externe)

Les effets de ces variables, que nous regroupons ici sous le vocable de variables de culture et de leadership, peuvent être exprimés dans les propositions suivantes :

Proposition 8

Plus les communications internes et externes sont exploitées, plus l'augmentation du degré d'inertie est faible, ce qui est favorable au changement.

Proposition 9

Un leadership transformationnel et une philosophie de gestion participative freinent l'augmentation du degré d'inertie et facilitent celle du niveau de stress, ce qui est favorable au changement.

Proposition 10

Lorsque les dirigeants présentent une attitude positive face au changement, une internalisation du lieu de contrôle, une grande complexité cognitive et un grand besoin d'accomplissement, l'augmentation du degré d'inertie est freinée et celle du niveau de stress est facilitée, ce qui favorise le changement.

Proposition 11

Lorsque les dirigeants ont eu une expérience de gestion variée, comprenant notamment la direction de changements réussis ou la participation à ceux-ci, et lorsqu'ils arrivent de l'extérieur de l'organisation, l'accroissement du niveau de stress est facilité et l'accroissement du degré d'inertie est freiné, ce qui favorise le changement.

Proposition 12

Lorsque les dirigeants sont jeunes, et que leurs origines sociales, leur niveau d'instruction, leur ancienneté dans le poste et dans l'organisation sont faibles, l'augmentation du niveau de stress est facilitée et celle du degré d'inertie est freinée, ce qui favorise le changement.

9.1.3 Les variables de contexte

Les recherches reliées à la théorie de la contingence (Lawrence et Lorsch, 1967, Lawrence, 1990), ainsi qu'une grande partie de la recherche en stratégie (Ginsberg, 1988), ont fait ressortir l'importance de la relation entre l'organisation et l'environnement. Il est alors clair que l'environnement influe de manière décisive sur la capacité d'une organisation à survivre à long terme (Andrews, 1987 ; Miller, 1990). Cependant, malgré l'importance des données qualitatives disponibles et la certitude de la relation qui en résulte, nous ne connaissons pas avec suffisamment de précision les différentes variables d'environnement qui agissent sur l'organisation, ni leurs effets en situation de changement.

Les études qui ont été consultées dans le cadre de cette recherche n'ont systématiquement mis en évidence que l'effet des trois variables suivantes sur le changement :

- La disponibilité de ressources (pour l'organisation);
- La performance (de l'organisation);
- Les changements dans l'environnement (qui ont une pertinence pour l'organisation). Cela permet de montrer la turbulence de l'environnement.

Chacune de ces variables est assez claire pour ne pas nécessiter d'explication. On peut en résumer les effets dans les propositions suivantes :

Proposition 13
Lorsque l'organisation dispose de peu de ressources ou lorsque sa performance, notamment par rapport à ses concurrents ou à défaut par rapport à sa performance passée, est mauvaise, l'accumulation de stress est accélérée et le degré d'inertie est ralenti, ce qui favorise le changement.

Proposition 14
Lorsque l'environnement change de manière importante, ou lorsqu'il est turbulent, l'accroissement de tension (stress) est accéléré et le degré d'inertie est freiné. Le changement est donc facilité.

9.1.4 La combinaison de ces variables

Les variables de contexte, de structure, de culture et leadership ne se combinent pas de manière aléatoire. Il est permis de penser qu'il y a des patterns qui sont prévisibles. Nous avons déjà indiqué que les théories évolutionnistes, configurationnelles et prescriptives suggèrent les regroupements ou configurations les plus communs. Nous allons à présent revenir aux enseignements du modèle préliminaire pour mentionner des utilisations opérationnelles de ce qu'on a appris.

D'abord, il faut noter que les efforts des gestionnaires auront généralement tendance à maintenir en cohérence ces variables, en une sorte de configuration, pour donner des résultats qui soient prévisibles. On peut ainsi mentionner qu'il y a deux types de cohérence qui seraient poursuivies (Andrews, 1987) :

1. Une cohérence interne, entre les variables de structure et les variables de culture et leadership. Ainsi, il est difficile d'imaginer qu'une culture de participation et d'ouverture est associée à une structure très centralisée.
2. Une cohérence externe, entre les variables internes (culture, structure et leadership) et la situation contextuelle. Ainsi, si l'environnement est particulièrement turbulent, on peut s'attendre à ce que les gestionnaires élaborent des mécanismes de structure qui soient les plus organiques possibles avec un minimum de bureaucratisation. De même, la culture et le leadership auraient tendance à encourager l'initiative et l'adaptabilité.

Par ailleurs, nous avons noté que, pour beaucoup d'auteurs, les variables mentionnées n'agissent pas directement sur la capacité de changement. Elles sont influencées par des variables modératrices, comme le type d'organisation, l'envergure de l'innovation (ou du changement) organisationnelle, l'âge, la taille et le degré de complexité de l'organisation.

Les types d'organisations généralement retenus font les distinctions suivantes :

- Fabrication et service
- À but lucratif ou non

Ainsi, le fait qu'on ait affaire à une organisation qui s'occupe de fabrication contre une autre qui offre des services a un effet très significatif sur l'effet de variables comme la spécialisation, la formalisation et la différenciation verticale. Dans certaines des recherches effectuées, on a même eu des effets opposés pour la différenciation verticale.

Le fait qu'une organisation soit à but lucratif ou non a un effet significatif sur la différenciation fonctionnelle, la formalisation et la centralisation. La formalisation et la différenciation verticale ne figurent pas dans notre modèle parce que les recherches empiriques examinées ne révèlent pas d'effet significatif.

L'âge, la taille et la complexité de l'organisation ont tendance à aggraver les tendances à la résistance ou à modérer les tendances au changement. Par ailleurs, l'envergure du changement semble jouer un rôle modérateur très significatif sur toutes les variables retenues.

Finalement, comme nous l'avons affirmé dans la proposition 3, en suivant des auteurs comme Ginsberg (1988) et Huff et Huff (1991), nous avons retenu l'idée qu'il existe pour les organisations les mêmes phénomènes que chez les personnes. D'une part, il y a des effets qui ont tendance à accroître le stress et donc à pousser vers le changement et, d'autre part, des effets qui ont tendance à accroître l'inertie, ou la résistance au changement. Stress et inertie ont été représentés comme des concepts intermédiaires avant la détermination du potentiel ou de la capacité de changement.

En d'autres termes, il est pratique de parler de stress et d'inertie comme déterminants de la capacité de changement organisationnel d'ordre stratégique, parce que cela laisse une place nécessaire au jugement lorsqu'on essaie d'interpréter les résultats des analyses qui pourraient être faites pour guider l'action.

Cela nous mène au modèle qui est décrit à la figure 9.1 et qui doit être considéré comme un modèle descriptif du processus par lequel on passe d'une configuration à une autre ou, si l'on préfère, du processus qui permet de décrire le déroulement d'un des cycles étudiés par Chandler et Greiner. Ce modèle, qui constitue une élaboration du modèle proposé dans le premier chapitre, schématise les variables et leurs effets. Nous avons inclus les variables modératrices seulement à titre indicatif, étant donné que la nature de leur intervention et leurs effets sont beaucoup moins compris.

Un dernier problème à prendre en considération est celui de la pondération qu'il faut donner à chacune des variables ou groupes de variables pour apprécier le potentiel de changement. Cette pondération est tellement situationnelle et spécifique que nous ne sommes pas en mesure de la préciser dans le cadre de cet ouvrage. Cependant, dans ce cas-là, le modèle préliminaire que nous avons proposé au chapitre 4 peut vraiment être utile. Ce modèle nous suggère quelques éléments de réponse qu'on peut décrire sous la forme de la dernière proposition du modèle :

Figure 9.1
Modèle du potentiel de changement organisationnel d'ordre stratégique (Fabi et Hafsi, 1992)

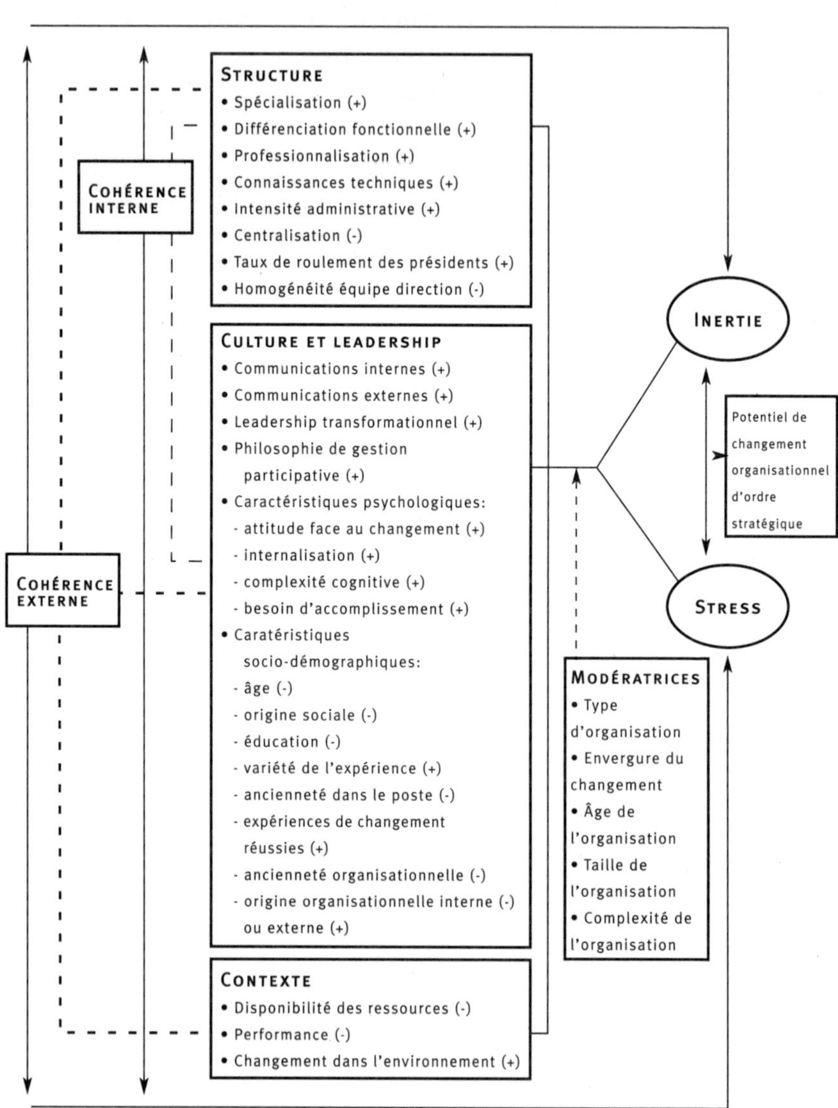

NOTE : Le signe (+) apposé à la variable indique un effet favorable au changement tandis que le signe (-) indique un effet défavorable.

Proposition 15

La pondération des trois grands groupes de variables devrait obéir aux règles émises dans le cadre du modèle préliminaire.

En d'autres termes, les variables de culture et de leadership doivent être considérées comme dominantes lorsque l'organisation est simple. Les variables de structure doivent être considérées comme dominantes lorsque l'organisation est d'une complexité moyenne. Finalement, lorsque l'organisation est très complexe, tous les types de variables jouent un rôle important, mais les variables de culture et de leadership jouent un rôle critique. Les variables de contexte doivent être, en général, vues comme des variables d'appoint.

9.2 LE CHANGEMENT RADICAL ET LE CHANGEMENT ÉVOLUTIF

Jusqu'ici dans ce chapitre, nous n'avons pas parlé de changement radical ou de changement évolutif, parce qu'il est très difficile de les intégrer dans le modèle proposé. Nous pouvons cependant proposer les commentaires suivants :

D'abord, les études nous indiquent que, toutes choses étant égales par ailleurs :

Proposition 16

Les organisations évoluent par alternance de périodes d'équilibre, marquées par des changements secondaires, évolutifs, et de périodes de révolution.

Cette proposition reprend, dans une formulation différente, la proposition 1, laquelle était notamment basée sur les travaux de l'école évolutionniste décrits au chapitre précédent. Dans ce même chapitre, on avait montré que :

Proposition 17

Les changements radicaux ne sont pas vraiment souhaitables, sauf en cas d'extrême nécessité, parce qu'ils accroissent les risques de mortalité. Certains auteurs, notamment ceux dans la lignée de Cyert et March, mentionnent que de toute façon le changement radical ne peut apporter les résultats souhaités.

Proposition 18

La période de révolution, lorsqu'elle apparaît, est souvent déclenchée par une crise de performance ou par l'arrivée de nouveaux dirigeants.

Dans ce cas, d'une part, les émotions et les contacts avec l'extérieur jouent un rôle important dans la réalisation du changement radical et, d'autre part, l'explosion révolutionnaire est facilitée par la multiplication des foyers.

Par ailleurs, les chapitres 5, 6, 7 et 8 nous permettent d'affirmer que :

Proposition 19

Les dirigeants jeunes, d'origine sociale modeste, qui ont un degré de complexité cognitive élevé ou qui n'ont pas eu d'expérience avec le changement ont plus tendance que les autres à entreprendre un changement radical.

Proposition 20

Les petites entreprises entreprennent rarement un changement radical.

Proposition 21

Lorsque l'environnement est stable, que la relation structurelle est bien ajustée et que les systèmes de contrôle et de planification sont formels, le changement qui peut être entrepris a tendance à être radical.

De même :

Proposition 22

Lorsque le diagnostic des questions stratégiques (Dutton et Duncan, 1984) fait ressortir qu'il y a urgence et faisabilité, le changement radical est probable.

Proposition 23

Les changements radicaux ne donnent des résultats satisfaisants que lorsqu'il y a des symptômes généralisés de déclin de l'organisation et qu'en même temps les dirigeants disposent d'une grande latitude de décision.

Ces éléments sont schématisés dans la figure 9.2.

Figure 9.2
Tendances au changement radical

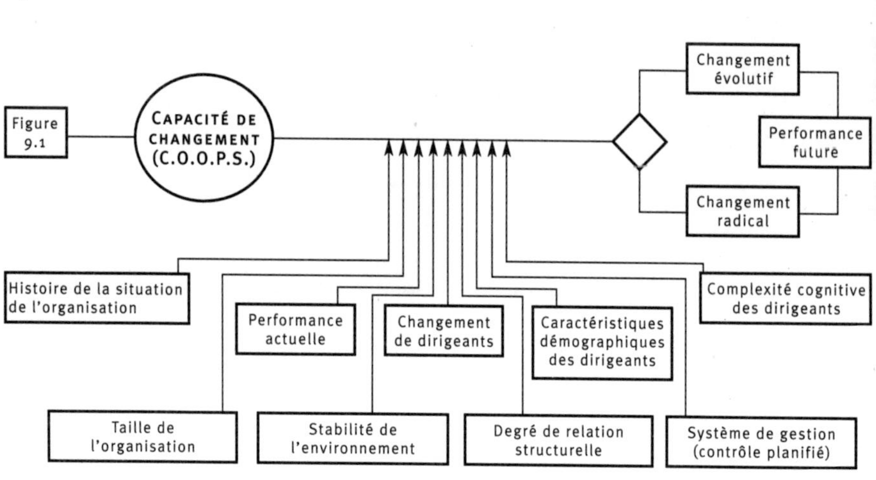

Finalement, nous pouvons affirmer que la survie d'une organisation dépend de sa capacité à changer. Les chances de survie sont donc presque nulles lorsque l'organisation n'est pas capable de changer. Elles sont plus grandes mais relativement faibles lorsque l'organisation entreprend des changements qui sont surtout révolutionnaires. Elles sont les plus grandes lorsque les ajustements peuvent se faire de manière évolutive, à un coût qui est acceptable pour les membres et pour la société environnante. Cela nous amène à proposer le continuum indiqué dans la figure 9.3.

Figure 9.3
Continuum de survie organisationnelle

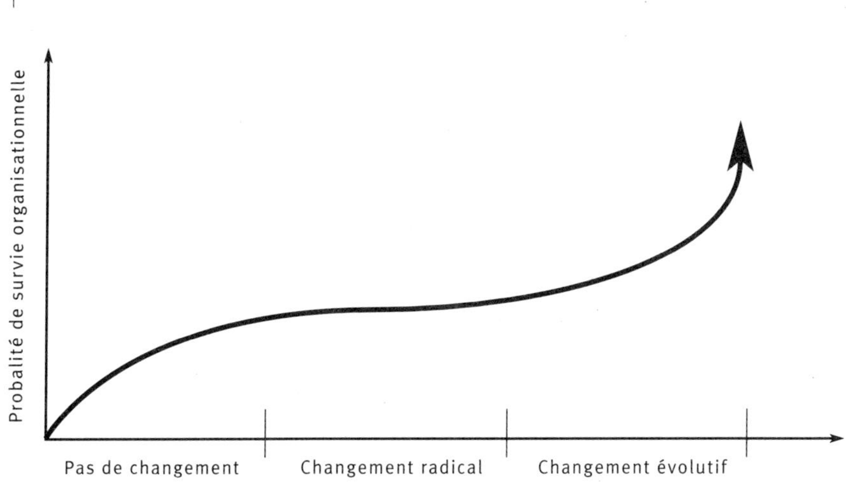

La figure 9.4, qui est un corollaire de la figure précédente, montre que plus le potentiel de changement est grand, plus l'organisation a tendance à entreprendre des changements qui vont maximiser sa capacité de survie. Donc, lorsque le potentiel est le plus fort, l'organisation aurait tendance à entreprendre des changements évolutifs. À l'autre extrémité, un faible potentiel de changement n'engendrerait pas de changement. Un potentiel moyen produirait un changement radical.

Figure 9.4
Capacité de changement et nature du changement

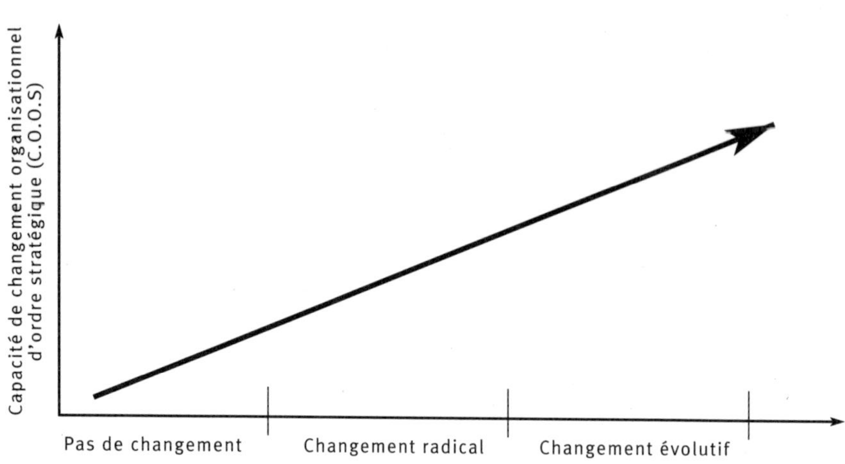

9.3 CONCLUSION

Le changement est une aventure risquée. Il occasionne chez les personnes des blessures qui peuvent contribuer à détruire l'organisation. C'est pour cela qu'il faut l'aborder avec précaution. Le modèle qui est proposé ici permet de faire le lien entre un nombre important de variables et la capacité de changement d'une organisation. Ce modèle est générique. Cela veut dire qu'il est valable quelle que soit l'étape de développement de l'organisation et son degré de complexité. Cependant, il faut aussi faire une analyse préalable et user de jugement pour que les utilisations du modèle soient adéquates. En d'autres termes, notre modèle ne donne pas de réponse directe. Il sert surtout à guider la réflexion lorsque vient le moment de décider si un changement est approprié ou non. Par ailleurs, ce modèle ne dit pas comment il faut réaliser le changement ni s'il doit être radical ou évolutif, bien que, avec l'aide des éléments mentionnés dans les chapitres précédents, il offre le cadre dans lequel des réponses à ces questions peuvent être conçues.

Nous avons ainsi suggéré le fait que certains des facteurs liés aux structures ou aux dirigeants peuvent permettre de déterminer si le changement a plus de chance d'être radical ou évolutif. Finalement, nous avons mentionné que les chances de survie de l'organisation étaient plus grandes lorsque celle-ci entreprenait de changer pour s'adapter à l'environnement ou pour répondre à des besoins d'équilibre interne (Hafsi et Demers, 1989), et plus faible lorsqu'elle ne changeait pas.

Ces chances de survie sont cependant plus grandes lorsque les dirigeants sont capables de résister à l'idée qu'un changement radical apporte un règlement définitif de la situation et procèdent de manière prudente, même si déterminée, de façon que le changement permette les ajustements sans produire les traumatismes porteurs de comportements destructifs.

Malgré les sirènes des gourous modernes et autres apprentis sorciers de la réingénierie et de la re-création, il n'existe pas encore de solution miracle. Nous ne savons pas encore, par exemple, comment faire pour que le changement total soit constructif ni comment apporter un changement évolutif en évitant les bouleversements révolutionnaires auxquels on n'est pas sûr de survivre. Peut être que le changement radical est historiquement inévitable, mais si l'on peut s'abstenir de le réaliser, cela vaut mieux. Il n'est justifié que lorsqu'on est capable de montrer qu'il est plus coûteux de ne pas le faire que de le faire.

{ Chapitre 10 }

Le changement : une nécessité et une façon d'être

Making change, it's the only way to stay the same[54]

Brendan Gill (*The New Yorker*)

10.1 IL FAUT CHANGER... POUR RESTER LE MÊME

Le *New Yorker* est un magazine particulièrement populaire parmi les intellectuels américains. Lorsque la nouvelle directrice fut nommée en 1994, elle voulut savoir ce que les lecteurs pensaient de « leur magazine » avant d'introduire des changements. Les réponses qu'elle recevait semblaient toutes converger sur un point : « Ce qui est remarquable avec le *New Yorker*, c'est qu'il ait réussi à rester le même ; c'est à la fois rassurant et réconfortant. » Harold Ross, le fondateur et premier directeur, tout comme William Shawn, son successeur, recevaient d'ailleurs souvent des lettres qui les félicitaient « de préserver l'inaltérable identité du *New Yorker* ».

Surprise et incrédule, la directrice entreprit de faire faire recherches et articles sur l'histoire du magazine, qui par ailleurs tombaient à point pour le 70e anniversaire qui arrivait bientôt. Elle découvrit, ce qui ne la surprit pas du tout, que le magazine, malgré la perception qu'en avaient ses lecteurs, n'avait pas arrêté de changer. Shawn avait déjà été stupéfait par cette perception qu'il attribuait à une illusion d'optique — un produit des attributs physiques (typographie, arrangements et autres) qui faisait du magazine qu'il était facile à reconnaître par tout le monde et qui, du fait de son remarquable succès, ne nécessitait que des ajustements mineurs.

Mais en fait, le *New Yorker* n'a pas arrêté de changer et c'est tout à fait approprié pour un leader d'opinion. Longtemps avant son opposition passionnée à la guerre du Viêtnam et aux péripéties politiques du Watergate, il fut à l'origine de véritables révolutions d'opinion, notamment lorsque furent publiés des articles comme « Hiroshima » de John Hersey, qui mettait les Américains face à l'atrocité de la bombe qui fut lancée par leurs avions, « Silent Spring » de Rachel Carson, qui a donné une légitimité et une grande force au mouvement environnemental,

54. Faire des changements, c'est le seul moyen de rester le même

« The Fire Next Time » de James Baldwin, qui révélait la colère des Noirs américains et les risques de révolution sociale.

Cependant, les lecteurs n'avaient pas tort et ce n'était pas seulement une illusion d'optique. En fait, ils exprimaient la véritable nature de la permanence ou de la stabilité : sa dynamique, c'est-à-dire la multitude de rapports qu'une personne ou une organisation entretiennent avec les acteurs importants pour elles. Pour une organisation, il s'agit des rapports avec ses concurrents, avec ses clients, etc. Or, ces rapports sont toujours perçus de manière relative. En d'autres termes, ce que font ses concurrents s'impose à une organisation, même si cela a un caractère déraisonnable.

Ainsi, si nous prenons les grandes manœuvres de restructuration et de réduction de coûts, que la mondialisation des marchés a déclenchées, on pourrait y voir un comportement discutable pour une organisation dont les préoccupations sont la survie. Toutes les études (Cascio, 1993) indiquent que les transformations organisationnelles ont tendance à affaiblir les organisations qui les entreprennent. Pourtant, les entreprises continuent à les accomplir et, pour les épauler ou les inciter, les experts mettent au point des instruments tous supposés aussi magiques les uns que les autres, allant de la réingénierie des processus à celle du management, en passant par le renouvellement permanent, le chaos management et bien d'autres. Pourquoi cela ?

Parmi les actions les plus importantes, il y a la réduction des coûts. Diminuer les coûts s'est fait notamment en automatisant, en réduisant le nombre d'échelons hiérarchiques, en éliminant les cadres intermédiaires, en forçant la relation directe sommet-base. Cette façon de faire peut faire du mal à long terme, mais à court terme elle peut être commode et permettre de réduire les prix, d'accroître les profits, d'attirer le capital d'investissement et finalement de détruire quiconque ne serait pas capable de faire la même chose. Ainsi, tout le monde est forcé de suivre, pour survivre à court terme, quelles que soient les conséquences à long terme.

Pour une organisation engagée dans un jeu pareil, changer est nécessaire pour garder la même position à l'égard des concurrents. Il en est ainsi de toutes les actions qui concernent la vie des organisations : elles doivent changer pour garder relativement stables les rapports que ces dernières entretiennent avec l'environnement. C'est en ce sens-là qu'on peut dire qu'il faut changer pour rester le même.

10.2 IL FAUT CHANGER... POUR NE PAS PERDRE L'ÉQUILIBRE

Même sans les concurrents, le changement n'en serait pas moins nécessaire. Chandler a raconté l'histoire remarquable du développement de la société DuPont, qui était un fabricant d'explosifs jusqu'au début des années 1920 et qui a subi des bouleversements considérables en raison de la Deuxième Guerre mondiale. En effet, en raison de la croissance considérable de la demande en explosifs, était apparu un problème compliqué d'utilisation, voire d'élimination, des sous-produits et autres « déchets ».

Le problème était surtout un problème de fonctionnement interne. Il n'y avait pas vraiment de pression venant de l'extérieur. La pression interne venait du fait qu'il y avait des ressources (les sous-produits) non utilisées qui, de plus, posaient un problème de stockage et d'élimination ; cela empêchait les autres installations de fonctionner sans accroc. Les besoins de l'équilibre interne nécessitaient des transformations. Il fallait valoriser les sous-produits. C'est ainsi que furent créés une série de produits nouveaux, allant des colorants au cuir synthétique, qui bientôt firent de DuPont la plus créative et la plus performante des entreprises de l'industrie chimique dans le monde.

La transformation de DuPont fut fondamentale. Cette entreprise, à l'origine une entreprise de production ayant essentiellement une seule ligne de produits, devint progressivement une entreprise dont la raison d'être était le développement (avec le marketing et la recherche et développement comme fondements), et qui était engagée dans une vaste gamme de produits. Cette transformation a été déclenchée par un déséquilibre interne, qui bien sûr s'est étendu à l'externe, engendrant encore d'autres changements importants pendant plus de dix ans.

Le cas de DuPont est intéressant à étudier parce qu'il représente bien les situations de multiples organisations. Toutes les organisations en croissance, nous le savons à présent, sont constamment confrontées à ces déséquilibres inévitables provoqués par la croissance inégale des éléments constitutifs de l'organisation et aux efforts qu'il est nécessaire de faire pour les rééquilibrer.

Le domaine de la stratégie des organisations a ainsi révélé le grand nombre de situations dans lesquelles l'organisation est en déséquilibre et forcée de se réajuster. Il est évident que la réponse au déséquilibre ne se fait que lorsque celui-ci devient insupportable. L'organisation fait des ajustements mineurs qui permettent de vivre avec l'équilibre imparfait qui existe jusqu'à ce que ce ne soit plus possible, entraînant une transformation plus substantielle.

C'est pour cela qu'on peut dire sans risquer de se tromper que la gestion stratégique est essentiellement la gestion du changement. Elle décrit les mécanismes qui font que l'organisation, comme organisme, arrive à s'adapter aux changements de l'environnement, mais sans réaction exagérée et sans grands écarts, sauf là où, compte tenu de nos connaissances, on ne peut faire autrement. Les ajustements ne peuvent se faire que si on a à l'esprit une idée de ce qu'on cherche à préserver, à maintenir, à réaliser.

10.3 IL FAUT CHANGER... PARCE QUE C'EST NOTRE DESTIN

Il arrive souvent que l'organisation, quel que soit son degré de complexité, soit déjà dénaturée et en déséquilibre. Dans ce cas, comme lorsqu'une personne est atteinte d'une maladie grave, il faut s'en remettre aux guides, aux médecins : les dirigeants qui ont la légitimité et la responsabilité du traitement. Curieusement, c'est le seul moment d'une action purement volontariste, avec un rôle plus grand pour les dirigeants. C'est une action plus créative mais aussi plus incertaine.

Lorsque la situation de la firme est bonne au départ, on a tendance à donner aux dirigeants plus de crédit sur les changements qui suivent qu'ils n'en méritent. Peut-être célèbre-t-on surtout la sagesse qui fait que ceux qui réussissent n'entreprennent que des changements incrémentaux. C'est le cas de Jack Welch. Il a certes focalisé l'attention des gestionnaires sur les profits, ce qui a permis à cette remarquable entreprise, GE, de montrer tout le potentiel dont elle est capable. Mais tous les changements qu'on pourrait qualifier de majeurs, comme sa participation substantielle au domaine de la télédiffusion, ont été réalisés par des acquisitions. Dans son livre sur le changement, Pascale (1990) a d'ailleurs suggéré que GE n'était pas capable de créer des activités de l'intérieur et nous affirmons que cela est dû au fait que cela exigerait des transformations trop grandes que même Welch ne s'est pas senti capable d'entreprendre.

En fait, lorsque la situation de la firme est bonne, les interventions radicales peuvent être dommageables. Hafsi et Demers (1989) ont décrit le changement radical qui fut entrepris par Guy Coulombe à Hydro-Québec, de 1982 à 1987, alors que la firme semblait en très bonne santé financière et opérationnelle, et ont montré que le changement a été loin d'apporter le succès attendu. On peut même affirmer que les problèmes que la firme a connus jusqu'en 1996 sont directement reliés aux problèmes qui ont surgi à la suite de ce changement. Comme nous l'avons mentionné, le changement lorsque la situation de la firme est bonne devrait être fait surtout pour maintenir la position de la firme, relative à ses concurrents, et pour maintenir l'équilibre interne. Pour l'essentiel, ces changements sont meilleurs lorsqu'ils sont destinés à garder la « même » organisation, comme l'exprimait si bien Brendan Gill du *New Yorker*. Dans ce cas, le rôle du dirigeant est, dirons-nous, plutôt effacé.

Lorsque la situation de l'organisation est mauvaise, voire dangereuse pour sa survie, alors les dirigeants ont un rôle critique. Ils ont toute la légitimité pour agir et leurs actions ont plus de chance d'être suivies de résultats positifs. Prenons quelques exemples.

Lorsque Alfred P. Sloan est arrivé à la tête de General Motors, la société était en quasi-faillite et sa position concurrentielle était catastrophique face à Ford et à plusieurs autres entreprises généralement mieux positionnées. Sloan pouvait alors à sa guise, mais avec l'aide de gestionnaires talentueux, réinventer l'entreprise, ce qu'il fit (Sloan, 1963). Nous savons maintenant qu'il a été capable de démarquer l'entreprise de manière à arracher le leadership à la puissante Ford. Dans ce cas, on peut dire que Sloan a été le destin de GM. Il est vrai que ce destin s'est accompagné des ressources de la famille DuPont et a été précipité par les errements du patriarche Ford, mais c'est la rencontre entre ce grand dirigeant et la situation qui a donné naissance au leader mondial de l'automobile.

De la même manière, plus proche de nous, on peut affirmer que Iaccoca a été le destin de Chrysler. Avant lui, la firme était moribonde. Elle avait agonisé pendant au moins deux décennies et plus rien ne semblait en mesure de la sauver. Même le Congrès américain avait fini par se rallier à l'idée qu'il fallait la laisser mourir, malgré les coûts sociaux que cela pouvait impliquer. L'expérience de Iaccoca, l'équipe de gestionnaires de qualité qu'il a assemblée et l'importance des conséquences qu'une faillite entraînait ont permis à l'entreprise de renaître.

Bien que Iaccoca n'ait pas fait le miracle qu'il proclamait, il a créé les conditions qui permettaient la transformation profonde de l'entreprise. Les actions qu'il a entreprises étaient difficiles, certains diraient impossibles à réaliser en temps normal, mais la situation rendait toute action légitime. Il a fermé de nombreuses usines, remplacé la plupart des dirigeants, mais surtout il a changé la culture et la façon de se comporter de l'entreprise. Les résultats parlent d'eux-mêmes. En 1996, presque 20 ans après l'arrivée de Iaccoca chez Chrysler, l'entreprise est un leader dans des secteurs très importants de l'automobile, comme celui des fourgonnettes, et sa position est bonne dans les autres secteurs. Plus important, les dirigeants et le personnel ont une grande confiance en eux-mêmes et prétendent être capables d'aller prendre la position des leaders actuels (*Fortune*, 9 décembre 1996).

Même lorsque la situation de l'entreprise est mauvaise, les dirigeants ne réussissent pas toujours aussi bien que Sloan ou Iaccoca. L'histoire du *Saturday Evening Post* est à cet effet intéressante. Lorsque, après la guerre, l'organisation a commencé le long déclin et surtout lorsque sa situation financière est devenue critique, les présidents qui se sont succédé à sa tête n'ont fait qu'empirer la situation. Venant tous de l'intérieur et insensibles à la situation environnementale, ils ont été aveuglés par les enjeux internes et se sont laissés aller au jeu politique destructeur, ce qui a fait dire à l'un des petits-enfants du créateur de ce grand journal que « l'histoire aurait dû être écrite par un psychiatre ». De même, les dirigeants qui se sont succédé à la direction du journal *Le Devoir*, depuis le milieu des années 1980, n'ont pas réussi à le transformer et sa survie est toujours en question. Seule la générosité des amis du journal et de bienfaiteurs permet encore sa parution.

Dans un autre domaine, on pourrait mentionner la disparition de l'entreprise Miracle Mart, qui était devenue Les magasins M, malgré les efforts du nouveau président M. Kershaw. Miracle Mart avait été laissée sans direction pendant longtemps, menant l'organisation à la situation paradoxale où personne ne savait qui elle était, ni qui étaient ses clients et ses concurrents. Les transformations de Kershaw ont été peut-être trop timides, peut-être trop tardives. C'est ce qui explique que le redressement n'a pu être réalisé avant la crise qui a emporté son propriétaire Steinberg.

Quoi qu'il en soit, il est clair que le rôle du dirigeant est crucial dans des situations difficiles. Il doit guider un groupe généralement désemparé à travers les méandres d'un changement dont les résultats sont souvent incertains. C'est en ce sens que le dirigeant devient le destin de l'organisation. Il est tellement important pour la survie de l'organisation que ses succès ou ses errements sont aussi ceux de l'organisation.

Pourtant, c'est souvent dans les situations difficiles que les choix des dirigeants sont faits avec le plus de légèreté. On a trop souvent tendance à faire des choix simplistes, préférant mettre l'accent sur une dimension, comme faire des suppressions de postes ou des diminutions de personne pour réduire rapidement les coûts, plutôt que sur un ensemble de facteurs qui font qu'un dirigeant comprend ce qui se produit et utilise sagement ses pouvoirs afin de relever l'organisation. Cela peut, bien entendu, nécessiter des réductions d'activités, mais cela ne peut être qu'un des multiples changements que requiert un redressement. Le plus important est de s'assurer, comme l'affirmait Barnard, qu'on construit un nouveau système de coopération plus adapté à la nouvelle situation de l'organisation.

10.4 LE CHANGEMENT... C'EST LA VIE

Que ce soit pour s'adapter aux changements qui viennent de l'environnement, comme réagir à l'évolution de la société dans le cas du magazine *The New Yorker* ou réagir à la concurrence dans la plupart des grandes industries, que ce soit pour s'adapter aux changements provoqués par l'action interne, comme réagir aux perturbations des systèmes de production et de distribution dans le cas de la société DuPont, que ce soit pour mener les transformations nécessaires pour soigner une maladie grave, comme c'est le cas de toutes les organisations en grande difficulté, le changement est éternel et constant.

Il faut donc non pas le craindre mais l'apprivoiser. Cela ne signifie pas, comme beaucoup en rêvent, de construire les mécanismes qui font qu'une organisation devient « naturellement » capable de changer, sans que cela lui coûte. Cela veut plutôt dire de reconnaître que le changement apporte l'occasion d'apprendre et d'affûter la capacité à survivre aux agressions futures, internes ou externes. En fait, malgré les résultats des recherches mentionnés dans cet ouvrage, nous croyons que la capacité à changer n'a que peu à voir directement avec les mécanismes que nous construisons. Elle a surtout à voir avec la structure de notre pensée. Mais malheureusement, la structure de notre pensée est affectée de manière spectaculaire par les arrangements structurels qui sont mis en place. Cela est d'autant plus vrai lorsque l'organisation est complexe et que ses dirigeants ont du mal à comprendre les relations de cause à effet. Seule la compréhension de ce qui se passe lorsqu'on change peut amener les personnes à surmonter les effets des arrangements structurels et à reconnaître les limites qui les empêchent de réaliser les changements les plus appropriés pour la survie de leur action collective.

Pour mieux illustrer cette idée, il est utile de penser à l'organisation comme au corps humain malgré les difficultés conceptuelles que crée une telle image. L'organisme humain est bâti de telle sorte qu'il peut se défendre des agressions qu'il subit en permanence soit de la part de l'environnement, soit en raison de défaillances internes. Comme un organisme, l'organisation est soumise aux agressions externes et aux déséquilibres internes, mais comme lui elle devrait être capable d'y faire face en situation normale. Il faut inclure aussi dans notre image la situation où la « tête » prend le dessus, comme dans toutes les situations, relativement fréquentes, où maladies et guérisons proviennent de notre esprit (l'esprit étant à l'origine de notre capacité à penser, à ressentir des émotions et à raisonner).

En utilisant cette image et les résultats les plus récents de la science médicale, on peut dire que, comme pour le corps humain, la meilleure des organisations serait celle qui fait confiance à la capacité des cellules à résoudre les problèmes constants de la vie mais qui admettrait qu'il faut leur fournir une aide, surtout lorsque le problème a dépassé les capacités des cellules à réagir. Cette organisation devrait aussi reconnaître que lorsqu'un problème a été, comme un virus agressif, non détecté à temps, il pourrait requérir des actions chirurgicales. Elle se rendrait par ailleurs compte que les cellules ne sont pas toujours capables de découvrir par elles-mêmes les problèmes qui peuvent les affecter. Enfin, elle reconnaîtrait que la « tête », donc la haute direction elle-même, peut être aussi bien à l'origine des guérisons les plus miraculeuses, en intervenant au moment où il faut sur des situations bien comprises, que la source des problèmes les plus dangereux.

Pour pouvoir agir, les dirigeants d'une telle organisation doivent alors disposer d'un système de détection aussi raffiné que possible et de mécanismes d'intervention aussi élaborés que possible. La science peut aider dans la mise au point du système de détection et les résultats du présent ouvrage peuvent mener à des instruments de mesure utiles. L'utilisation la plus judicieuse d'un système de détection est, comme dans le corps humain, permanente. Elle requiert donc un système automatisé, un peu comme l'est le système comptable. Le lecteur intéressé pourrait jeter un coup d'œil sur la proposition de mesure de la capacité de changement de Hafsi et Demers (1997).

La science peut aussi aider dans la mise en place de mécanismes d'intervention. Cependant, ces mécanismes ne peuvent être automatisés. En effet, l'intervention doit être unique chaque fois. Elle fait appel au génie de ceux qui interviennent. La science ne peut suggérer la solution à leur problème spécifique ; elle ne peut que les préparer à réagir au mieux.

Cela implique une compréhension convenable de ce qu'est le changement stratégique, de la nature des mécanismes créés par les êtres humains pour l'action collective et de leurs effets, voire de leurs limites.

En somme, la mise au point de l'intervention qui permet le changement le plus approprié correspond surtout à la préparation des personnes qui jouent un rôle important dans le fonctionnement de l'organisation. Cette préparation passe par l'acceptation du changement comme un fait inévitable et peut-être même souhaitable, malgré les souffrances qu'il engendre pour les membres de l'organisation, parce qu'il fournit aussi les apprentissages qui permettent l'adaptation et la survie future. Nous espérons que cet ouvrage contribuera, même modestement, à aider théoriciens et praticiens à réaliser cela.

Bibliographie sélective

ACKERMAN, L., « Transition management: An in-depth look at managing complex change », *Organizational Dynamics*, 11, 3, 1982, p. 46-66.

AIKEN, M, BACHARACH S. B. et J. L. FRENCH, « Organizational structure, work process and proposal making in administrative bureaucracies », *Academy of Management Journal*, 23, 1980, p. 631-652.

AIKEN, M. et J. HAGE, « The organic organization and innovation », Sociology, 5, 1971, p. 63-82.

ALDERFER, C. P., « Organization development », *Annual Review of Psychology*, 28, 1977, p. 197-223.

ALDRICH, H. E., *Organizations and environments*, Englewood Cliffs, NJ, Prentice-Hall, 1979.

ALLAIRE, Y., BEAUDOIN, G., TOULOUSE, J.-M. et G. VALENCE, Évaluation du système coopératif, Vol. III., Université de Sherbrooke, Bureau de développement institutionnel, 1975.

ALLAIRE, Y. et M. E. FIRSIROTU, « Theories of organizational culture », *Organization Studies*, 5, 3, 1984, p. 193-226.

ALLAIRE, Y. et M. FIRSIROTU, « How to implement radical strategies in large organizations », *Sloan Management Review*, 26(3), 1985, p. 19-34.

ALLAIRE, Y. et T. HAFSI, Préface : collection, le changement stratégique dans les organisations, Gaétan Morin, 1989.

ALLISON, G., *The Essence of Decision*, Little, Brown, Boston, MA, 1971.

ALLEN, T.D., FREEMAN, D. M., « Just another transaction ? Examining Survivors' attitudes over time », Best papers proceedings, *Academy of Management*, 55 th annual meeting, Vancouver, BC, August 6-9, 1995.

AMBURGEY, T.L., DACIN, T., *Evolutionary Development of Credit Unions*, Madison Wis, Filene Research Institute, 1993, 44 p.

ANDERSON, D.G., « Une démarche pour revitaliser les grandes entreprises », *Gestion*, septembre 1985.

ANDREWS, K.R., *The Concept of Corporate Strategy*, Irwin, Homewood, IL.

ANDREWS, K., Corporate Strategy, Irwin, Homewood, IL, 1987.

ANSOFF, H.I., Corporate Strategy, McGraw-Hill, New York, 1965.

ANSOFF, H. I., *Implanting strategic management*, Englewood Cliffs, NJ, Prentice-Hall, 1984.

ARGYRIS, C., *Intervention theory and method: A behavioral science view*, Reading, Addison-Wesley, 1970.

ARGYRIS, C. et D. SCHON, *Organizational Learning: A Theory of Action Perspective*, Reading, Addison-Wesley, 1978.

ARMENAKIS, A., FREDENBERGER, W., CHERONES, L., FIELD H. et autres, « Symbolic actions used by business turnaround change agents », *Academy of Management Journal*, 1995, p. 229-233.

BARNARD, C. H., *The Functions of the Executive*, Harvard University Press, Cambridge, MA, 1938.

BARNEY, J., « Organizational Culture: Can It Be a Source of Sustained Competitive Advantage? », *The Academy of Management Review*, II, 1986, p. 656-665.

BARR, P., STIMPERT, J.L. et A. HUFF, « Cognitive Change, Strategic Action and Organizational Renewal », The Minnesota Conference on Strategy Process Research, October 20-22, 1991.

BARR, P., STIMPERT, J.L. et A. HUFF., « Cognitive Change, Strategic Action and Organization Renewal », *Strategic Management Journal*, 13, Numéro spécial, été 1992, p. 15-36.

BARTLETT, J. B. (1983). *Success and Failure in Quality Circles: A Study of 25 Companies*, Cambridge, Employment Relations Resource Center.

BARTLETT, C.A. et S. GHOSHAL, « Global Strategic Management: Impact on the New Frontiers of Strategy Research », *Strategic Management Journal*, Vol. 12, Numéro spécial, été 1991.

BARTLETT, C.A. et S. GHOSHAL, « Beyond the M-Form: Toward a Managerial Theory of the Firm », *Strategic Management Journal*, Vol. 14, Numéro spécial, hiver 1993, p. 23-46.

BARTLETT, C.A. et S. GHOSHAL., « Linking Organizational Context and Managerial Action: The Dimensions of Quality of Management », *Strategic Management Journal*, 15, Numéro spécial, été 1994, p. 91-112.

BASS, B. M., *Stogdill's Handbook of Leadership*, New York, Free Press, 1981.

BASS, B. M., *Leadership and Performance Beyond Expectations*, New York, Free Press, 1985.

BASS, B. and B. J. AVOLIO, « The implications of transactional and transformational leadership for individual, team, and organizational development » in R. Woodman et W. Pasmore (eds.), Research in Organizational Change and Development, 4, Greenwich, JAI Press, 1990, p. 231-272.

BASS, B. M., VALENZI, E. R. et D. L. FARRO, « External Environment Related to Managerial Style », U. S. Army Research Institute for the Behavioral and Social Sciences, Technical Report no. 77-2, 1977.

BASS, B. M., D. A. WALDMAN, B. J. AVOLIO, and M. BEBB, « Transformational Leadership and the Falling Dominos Effect », Group & Organization Studies, 12, 1987, p. 73-87.

BECKHARD, R., « The Executive Amendment of Transformational Change », dans R. Kilmann et T. Covin (eds.), *Corporate Transformation: Revitalizing Organizations for a Competitive World*, San Francisco, Jossey-Bass, 1988, p. 89-101.

BECKHARD, R. et R. HARRIS, *Organizational Transitions*, Reading, Addison-Wesley, 1977.

BEER, M., *Organizational Change and Development: A System View*, Santa Monica, CA, Goodyear Publishing, 1980.

BENNIS, W. G., *Changing Organizations: Essays on the Development and Evolution of Human Organizations*, New York, McGraw-Hill, 1966.

BHAMBRI, A. et L. GREINER, « Toward a contextual and processual theory of CEO intervention and strategic change », Forthcoming Academy of Management, critique, 1991.

BLAKE, R. R. et J. S. MOUTON, *The Managerial Grid*, Gulf Publishing, Houston, Texas, 1964.

BLAKE, R.R., MOUTON, J. S., BARNES, L. B. et L. E. GREINER, « Breakthrough in Organization Development », *Harvard Business Review*, 42, 133-135, 1964.

BOEKER, « Organizational Strategy: An Ecological Prospective », *Administrative Management Journal*, 34(3), 1991, p. 613-635.

BOURGEOIS, L. J., « Strategy and Environment: a Conceptual Integration », *Academy of Management Review*, 5, 1980, p. 25-39.

BOURGEOIS et EISENHARDT, « Strategic Decision Processes in High Velocity Environment: Four Cases in the Microcomputer Industry »; *Management Science*, 34(7), 1988.

BOWER, J. L., *Managing the Resource Allocation Process*, Irwin, Homestead, IL, 1970.

BOYATSIS, R. E., *The Competent Manager*, New York, Wiley, 1982.

BRANNEN, K. C. et J. Hranac (1983), « Quality Control Circles for Small Business », *Journal of Small Business Management*, 21 (1), 21-27.

BRAYBROOKE, D. et C. E. LINDBLOM, *A Strategy of Decision*, Free Press, New York, 1963.

BURAWOY, M., *Manufacturing Consent: Changes in the Labor Process under Monopoly Capitalism*, University of Chicago Press, Chicago, IL, 1979.

BURGELMAN, R.A., « Fading memories: A process theory of strategy business exit in dynamic environment », *Adminitrative Science Quaterly*, 39, 1994, p. 24-56.

BURKE, W. W, *Organization Development: A Normative View*, Reading, Addison-Wesley, 1987.

BURKE, W., CLARK, L. and C. KOOPMAN, « Improve your OD Project's Chance for Success », *Training and Development Journal*, 38, 1984, p. 62-68.

BURNES, B., « Barriers to Organizational Change: the Role of Cculture », *Management Research News*, 14, 1, 1991, p. 24-29.

CALORI, P., « How successful companies manage diverse business », *Long Range Planning*, 21, 3, 1988, p. 80-89.

CALORI, R. et T. ATAMER, « How French Managers Deal with Radical Change », *Long Range Planning*, Vol. 23, N° 6, décembre 1990, p. 44-55.

CALORI, R., LIVIAN, Y-F et P. SARNIN, « Pour une théorie des relations entre culture d'entreprise et performance économique », *Revue Française de Gestion*, été 1989, p. 39-50.

CAMILLUS et VANKATRAMAN, « Dimensions of Strategic Choice », *Planning Review*, 12(1), 1984, p. 26-31.

CAMPBELL, J. P. et M. D. DUNNETTE, M. D., « Effectiveness of T-group experiences in Managerial Training and Development », *Psychological Bulletin*, 70, 1968, p. 73-104.

CARROLL, G.R., « Dynamics of Publisher Succession in Newspaper Organizations », *Administrative Science Quarterly*, 29, 1984, p. 93-113.

CARTER et autres, « New Venture Strategies: Theory Development with an Empirical Base », *Strategic Management Journal*, 15(1), January 1994, p. 21-41.

CHAFFEE, E. E., « Three Models of Strategy », *Academy of Management Review*, 10, 1985, p. 89-98.

CHAMPY, J., « Reengineering Management: The Mandate for New Leadership », *Industry Week*, vol 244, N° 4, 20 février 1995, p. 32-42.

CHANDLER, A. D., *Strategy and Structure*, Doubleday, Garden City NJ, 1962.

CHANDLER, A. D., *The Visible Hand*, Cambridge, MA, 1977.

CHANDLER, A. D., « The Functions of the HQ Unit in the Multibusiness Firm », *Strategic Management Journal*, 12, Numéro spécial, hiver 1991, p. 31-50.

CHANNON, D. F., *The Strategy and Structure of British Enterprise*, Graduate School of Business Administration, Havard University; Boston, 1973.

CHILD, J., « Managerial and Organizational Factors associated with Company Performance », *Journal of Management Studies*, 11, 1974, p. 13-27.

CHIN, R., « Research approaches to the problem of civic training », dans F. Patterson (ed.), *The Adolescent Citizen*, Free Press, New York, NY, 1960.

CHIN, R et K. D. BENNE, « General strategies for affecting changes in human systems » dans W. Bennis, K. D. Benne et R. Chin, *The Planning of Change*, 3rd Edition, Holt, Riverhart & Winston, New York, chapitre 1, p. 32-59.

COHEN, A., *Belle du seigneur*, Gallimard, Paris, 1968.

COHEN, J., « Multiple Regression as a General Data Analytic System », *Psychological Bulletin*, 1970, p. 426- 443.

COLE, R. E. et D. S. TACHIKI (1984). « Forging intitutional links: Making quality circles work in the U.S. », *National Productivity Review*, 3 (4), 417-429.

COLLINS, O., D. G. MOORE, *The Organizations Makers*, New York, Appleton-Century-Crofts, 1970.

CONGER, J. A. et R. N. KANUNGO, « Towards a Behavioral Theory of Charis-matic Leadership in Organizational Settings », *Academy of Management Review*, 12, 1987, p. 637-647.

COOK, C. W., *Corporate Change Contigencies*, Academy of Management Proceedings, 1975, p. 14-18.

COOL, K. et D. SCHENDEL, « Performance Differences among Strategic Group Members », *Strategic Management Journal*, 9(3), mai-juin 1988, p. 207-223.

CÔTÉ, M. et D. MILLER, *Caractérisation des organisations*, projet CEFRIO, février 1992.

COVIN, T. J. et R. H. KILMAN, « Participant Perceptions of Positive and Nega-tive Influences on Large-scale Change », *Group and Organization Studies*, 15, 2, 1990, p. 233-248.

CROZIER, M., *Le phénomène bureaucratique : essai sur les tendances bureaucratiques des systèmes d'organisation modernes et sur leurs relations en France avec le système social et culturel*, Paris-Seuil, 1963, 328 p.

CUMMINGS, T. G. and E. F. HUSE, E. F., *Organization Development and Change*, St. Paul, West, 1989.

CYERT, R. M., J. G. MARCH, *A Behavioral Theory of the Firm*, Englewood Cliffs, J., Prentice-Hall, 1963.

DALTON, G. W., « Influence and Organizational Change », dans G. W. Dalton, P. Lawrence et L. Greiner (eds), Organizational Change and Development, Irwin, Homewood, IL, 1970.

DAMANPOUR, F., « Organizational Innovation: A Meta-Analysis of Effects of Determinants and Moderators », *Academy of Management Journal*, 34(3), 1991, p. 555-590.

DEAL, T. et A. A. KENNEDY, *Corporate Cultures*, Reading, Addison-Wesley, 1982.

DEARBORN, D. C. et H. A. SIMON, « Selective Perceptions: A Note on the Departmental Identification of Executives », Sociometry, 21, 1958, p. 140-144.

DENISON, D. R. et A. K. MISHRA, « Organizational Cultures and Organizational Effectiveness: A Theory and some preliminary empirical evidence », *Academy of Management Proceedings*, 1989.

DESPHANDE R. et F E. Webster, « Organizational Culture and Marketing: Defining the Research Agenda », *Journal of Marketing*, Vol. 53, N° 1, janvier 1989, p. 3-15.

DEWAR, R. D. et J. E. DUTTON, « The Adoption of Radical and Incremental Innovations: An empirical analysis », *Management Science*, 32, 1986, p. 1422-1433.

DIMAGGIO, P. J. et W. W. POWELL, « The Iron Cage Revisited », *American Sociological Review*, 48, 1983, p. 147-160.

DONALDSON, G. et J. W. Lorsch., *Decision Making at the Top: The Shaping of Strategic Direction*, Basic Books, 1983, New York.

DOUGHERTY, D., « A Practice-centered Model of Organizational Renewal through Product Innovation », *Strategic Management Journal*, 13, Numéro spécial, été 1992, p. 72- 92.

DOZ, Y., *National Policy and Multinational Management*, thèse de doctorat, Harvard University, Cambridge, MA, 1976.

DOZ, Y., *Strategic Management in Multinational Companies*, Pergamon Press, Oxford, 1986.

DOZ, Y., et C. K. PRAHALAD, « Managing DMNcs: A search for a New Paradigm », *Strategic Management Journal*, 12, Numéro spécial, été 1991, p. 145- 164.

DRAKE, B. et E. DRAKE, « Ethical and Legal Aspects of Managing Corporate Cultures », California Management Review, hiver 1988, p. 107-23.

DRAGO, R., « Quality circle survival: An exploratory analysis », *Industrial Relations*, 27 (30), 1988, p. 336-351.

DRUCKER, P., *The Practice of Management*, Harper & Row, New York, NY, 1954.

DRUCKER, P., « New Templates for Today's Organizations », *Harvard Business Review*, Vol. 52, N° 1, janvier-février 1974.

DUTTON, J. E. et R. B. DUNCAN, « The Creation of Momentum for Change through the Process of Strategic Issues Diagnosis », *Strategic Management Journal*, 8, 1987, p. 279-298.

DYAS, G. P., *Strategy and Structure of French Firms*, thèse de doctorat, Harvard University, Cambridge, MA, 1978.

EDWARDS, R., *Contested Terrain: The Transformation of the Workplace in the Twentieth Century*, Basic Books, NY, 1979.

FABI, B., « A concurrent validity study of the Learning Ability Profile against College Grade Point Average: some Canadian Data », Educational and Psychological Measurement, 43 (3), 1983, p. 859- 863.

FABI, B., « Le *Learning Ability Profile:* un nouvel instrument psychométrique au potentiel intéressant », *Revue québécoise de psychologie*, 4 (3), p. 3-11.

FABI, B., « Privé vs Public : choix et transfert de secteur organisationnel », Relations Industrielles, 39, 1984, p. 313-334.

FABI, B., « Les cercles de qualité : leçons de l'expérience internationale », *Gestion*, 16(1), 1991a, p. 50-58.

FABI, B., « Les facteurs de contingence des cercles de qualité : une synthèse de la documentation empirique », *Canadian Journal of Administrative Science*, 8(3), 1991b, p. 161-174.

FABI, B., « Success Factors in Quality Circles: A Review of Empirical Evidence », *International Journal of Quality and Reliability Management*, 9(2), 1992, p. 16-31.

FABI, B. et T. HAFSI, *Potentiel de changement stratégique des organisations*, étude réalisée dans le cadre du Macroscope informatique, École des HEC, Montréal, 1992.

FABI, B. et L. MAILLET, « A Predictive Validity Study of the Learning Ability Profile with collegiate-level Officer Cadets: some Canadian Data », *Psychological Reports*, 60, 1987, p. 431-439.

FAYOL, H., Administration générale et industrielle, Dunod, Paris, France, 1979.

FEATHERMAN, D. L., « The socioeconomic achievement of white religioethnic subgroups: Social and psychological explanations », *American Sociological Review*, 36, 1971, p. 207-222.

FLOYD, S. W. et B. WOOLDRIDGE, «Middle Management Involvement in Strategy and its Association with Strategic Type: A Research Note», *Strategic Management Journal*, 13, Numéro spécial, été 1992, p. 153-167.

FODOR, E. M., « Group stress, Authoritarian Style of Control and Use of Power », *Journal of Applied Psychology*, 61, 1976, p. 313-318.

FOMBRUN, C. J. et A. GINSBERG, « Enabling and Disabling Forces on Resource Deployment », Proceedings of the Decision Sciences Institute Annual Meeting, Hawai, 1986, p. 1249-1251.

FREDERICKSON, J. W., « The Comprehensiveness of Strategic Decision Processes: Extension, Observations, Future Directions », *Academy of Management Journal*, 27, 1984, p. 445-466.

FREDERICKSON, J. W. et T. R. MITCHELL, « Strategic Decision Processes: Comprehensiveness and Performance in an Industry with an Unstable Environment », *Academy of Management Journal*, 27, 1984, p. 399-423.

FREDERICKSON, J. W. et L. IAQUINTO, « Inertia and Creeping Rationality in Strategic Decision Processes », *Academy of Management Journal*, 32, 1989.

FRENCH, W. et C. BELL, *Organization Development: Behavioral Science Interventions for Organization Improvement*, Englewood Cliffs, Prentice-Hall, 1984.

FRENCH, W. L. et C. H. BELL Jr., *Organization Development* (2nd ed.), Englewood Cliffs, Prentice-Hall, 1978.

FRIEDLANDER, F. et L. D. BROWN, « Organization Development », Annual Review of Psychology, 25, 1974, p. 313-341.

FROST, P., MOORE, L., LOUIS, M., LUNDBERG C. et J. MARTIN, *Organizational Culture*, Beverly Hills, Sage, 1985.

GABARRO, J. J., *The Dynamics of Taking Charge*, Boston, Harvard Business School Press, 1987.

GALBRAITH, J. K., « Ideology and Economic Reality », *Challenge*, vol 32 N° 6, novembre/décembre 1989, p. 4-9.

GEERTZ, C., *The Interpretation of Cultures*, Basic Books, New York, 1973.

GERSICK, C. J. G., « Revolutionary Change Theories: A Multilevel Exploration of the Punctuated Equilibrium Paradigm », *Academy of Management Review*, Vol. 16 (1), p. 10-36, 1991.

GERSICK, C. J. G., « Time and Transition in Work Teams: Toward a new model of group development », *Academy of Management Journal*, 31: 9-41, 1988.

GILMOUR, S. C., *The Divestment Decision Process*, Unpublished doctoral dissertation, Harvard, Cambridge, MA, 1973.

GINSBERG, A., « Do External Consultants Influence Strategic Adaptation? An Empirical Investigation », consultation, 5(2), 1986, p. 93-102.

GINSBERG, A., « Measuring and Modeling Changes in Strategy: Theoretical Foundations and Empirical Directions », *Strategic Management Journal*, 9, 1988, p. 559-575.

GIOIA, D. A. et P. P. Poole, « Scripts in Organizational Behavior », *Academy of Management Review*, 9(3), 1984, p. 449-459.

GIOIA, D. A. et K. CHITTIPEDDI, « Sense-making and Sense-giving in Strategic Change Initiation », *Strategic Management Journal*, Vol. 12, 1991, p. 433-448.

GOES, J. B., *Reconfiguring Strategy: Longitudinal Processes et Performance Outcomes of Strategic Renewal*, présenté à la Strategic Management Society Conference, Toronto, 23 au 26 octobre 1991.

GOODMAN, P. S. et J. W. Dean Jr., « Creating long-term Organizational Change » in P. S. Goodman and Associates (eds.), Change in organizations, San Francisco, Jossey-Bass, 1982.

GOODMAN, P. S. et Kurke, J., Change in Organizations, San-Francisco, Jossey-Bass, 1982.

GOOSTEIN, GAUTAN et BOEKER, « The Effects of Board Size and Diversity on Strategic Change », *Strategic Management Journal*, 15, 1994, p. 241- 250 .

GRAHAM, K. R. et M. D. Richards, « Relative Performance Deterioration: Management and Strategic Change in rail-based holding companies », *Academy of Management Proceedings*, 1979, p. 108-112.

GREENWOOD, R. et C. R. HINNING, « Understanding Strategic Change: the Contribution of Archetypes », *Academy of Management Journal*, Vol. 36, N° 5, October 1993, p. 1052-1081.

GREGORY, K., « Native-View Paradigms: Multiple Culture and Culture Conflicts in Organizations », *Administrative Science Quarterly*, 28, 1983, p. 359-376.

GREINER, L. E., « Patterns of Organization Change », *Harvard Business Review*, mai-juin 1967, p. 119-130.

GREINER, L. E., « Evolution and Revolution as Organizations Grow », *Harvard Business Review*, 50, 1972, p. 37-46.

GREINER, L. et A. BHAMBRI, « New CEO intervention and Dynamics of deliberate Strategic Change », *Strategic Management Journal*, dans D. Hambrick (ed.), numéro spécial sur les leaders stratégiques et le leadership, 1989.

GRINYER, P. et J. SPENDER, Turnaround, London, Associated Business Press, 1979.

GUSTAFSON, L. T. et R. K. REGER, « Using Oganizational Identity to Achieve Stability and Change in High Velocity Environments », *Academy of Management Journal*, 1995, p. 464-468.

HABIB et VICTOR, « Strategy, Structure and Performance of US manufacturing and service M.N.Cs: A Comparative Analysis »; *Strategic Management Journal*, 12, 1991, p. 589-606.

HAFSI, T., The Strategic Decision-Making Process in State-Owned Enterprises, Unpublished Doctoral Dissertation, Harvard, Cambridge, MA, 1981.

HAFSI, T. et C. DEMERS, *Le changement radical dans les organisations complexes*, Montréal, Gaétan Morin, 1989.

HAFSI, T. et J.-M. TOULOUSE, « Les acquisitions et les fusions : les choix stratégiques en conflit avec leur mise en œuvre », *Gestion*, février 1994, p. 75-86.

HAGE, J. et M. AIKEN, « Program Change and Organizational Pproperties: A comparative analysis », *American Journal of Sociology*, 72, 1967, p. 503-519.

HAKAYAMA, S.I., *Language in Thought and Action*, Harcourt, Brace & World, New York, NY, 1941

HAMBRICK, D. C., « Environment, Strategy, and Power within Top Management Teams », *Administrative Science Quarterly*, 26, 1981a, p. 253-275.

HAMBRICK, D. C., « Strategic Awareness within Top Management Teams », *Strategic Management Journal*, 2, 1981b, p. 263-280.

HAMBRICK, D. C. et S. M. SCHECTER, « Turnaround Strategies for Mature Industrial-Product Business Units », *Academy of Management Journal*, 26, 1983, p. 231-248.

HAMBRICK, D. C. et S. FINKELSTEIN, « Managerial Discretion: A Bridge Between Polar Views of Organizational Outcomes », *Research in Organizational Behavior*, 9, JA Press, 1987, p. 369-406.

HAMBRICK, D. C. et P. A. MASON, « Upper Echelons: The Organization as a Reflection of its Top Managers », *Academy of Management Review*, 9(2), 1984, p. 193-206.

HAMBRICK, D. C., GELEKANYCZ, M. A. et J. W. FREDERICKSON., « Top Executive Commitment to the Status Quo: Some Test of its Determinants », *Strategic Management Journal*, 14 (6), septembre 1993, p. 401- 418.

HAMEL, G. et C. K. PRAHALAD, *Competing for the Future. Breakthrough Strategies for Seizing Control of your Industry and Creating the Markets of Tomorrow*, Cambridge, Mass., Harvard Business School Press, édition française, (1995), La conquête du futur, Paris, Inter Éditions.

HAMMER, M. et J. CHAMPY, « Rengineering the Corporation », *Small Business Reports*, Vol. 18, N° 11, novembre 1993, p. 65-68.

HAMERMESH, R. C., *The Corporate Response to Divisional Profit Crises*, thèse de doctorat non publiée, Harvard, Cambridge, MA, 1976.

HANNAN, M. T., J. H. Freeman, « Structural Inertia and Organizational Change », *American Sociological Review*, 49, 1984, p. 149-164.

HARRIGAN, K. R., « Deterrents to divestiture », *Academy of Management Journal*, 21, 1981, p. 306-323.

HART, P. et J. MELLONS, « Management youth and company growth: A correlation? », *Management Decision*, 4(2), 1970, p. 50-53.

HATTEN, K. J. et M. L. HATTEN, « Strategic Groups, Asymmetrical Mobility Barriers and Contestability », *Strategic Management Journal*, 8(4), juillet-août 1987, p. 329 -342.

HAVEMAN, « Between a Rock and a Hard Place: Organizational Change and Performance Under Conditions of Fundamental and Environmental Transformation », *Administrative Science Quarterly*, 37, 1992, p. 48-75.

HAY, D. A. et D. J. MORRIS, *Industrial Economics: Theory and Evidence*, Oxford, Oxford University Press, 1979.

HELLER, F. A. et G. YULK, « Participation, Managerial Decision-Making, and Situational Variables », *Organization Behavior and Human Performance*, 4, 1969, p. 227-241.

HELMICH, D. L. et W. B. Brown, « Succession Type and Organizational Change in the Corporate Enterprise », *Administrative Science Quarterly*, 17, 1972, p. 371-381.

HENNING, M., *Learning Ability Profile*, Research and Development, Denver Co., 1976.

HILLS, J., « Social science, ideology and the purposes of educational administration », *Education Administration Quarterly I*, 23-40, automne 1965

HININGS, C. R. et R. GREENWOOD, *The Dynamics of Strategic Change*, Basil Blackwell, Oxford, 1988.

HOFSTEDE, G., *Culture's Consequences: International Differences in Work-Related Values*, Beverly Hills, Sage, 1980.

HOFSTEDE, G., NEUIJEN, B., OHAYV, D. et G. SANDERS, « Measuring Organizational Cultures: A Qualitatives and Quantitative Study Across Twenty Cases », *Administrative Science Quarterly*, 35, 1990, p. 286-316.

HOUSE, R. J., *Management Development*, Ann Arbor, University of Michigan, 1967.

HOWELL, J. M. et B. J. AVOLIO, *Transformational Versus Transactional Leadership: How They Impact Innovation, Risk-Taking, Organizational Structure and Performance*, document présenté au National Meeting of the Academy of Management, Washington, D.C., 1989.

HOWELL, J. M. et C. A. HIGGINGS, *Organizational Champions and Technological Innovations*, document de travail, School of Business Administration, The University of Southern Ontario, London, Canada, 1987.

HUFF, A. S., « Industry Influences as Strategy Reformulation », *Strategic Management Journal*, 3, 1982, p. 119-131.

HUFF, A. S. et J. O. HUFF, *Industry Evolution: Patterns and Processes of Strategic Change*, document présenté au colloque de l'Academy of Management Meetings, Miami, 1991.

HUFF, J. O. et A. S. HUFF, « Strategic Renewal and the Interaction of Cumulative Stress and Inertia », *Strategic Management Journal*, 13, Numéro spécial, été 1992, p. 55- 75.

HUFF, J. O. et A. S. HUFF, « Stress, Inertia, Opportunity and Competitive Position: A SIOP Model of Strategic Change in the Pharmaceuticals Industry », *Academy of Management Journal*, 1995, p. 22-26.

HULL, F. et J. HAGE, « Organizing for innovation: Beyond Burns and Stalker's Organic Type », *Sociology*, 16, 1982, p. 564-577.

HUNT, J., « Alienation Among Managers: The New Epidemic or a Social Scientists' invention », critique, Vol. 20, N° 3, 1991, p. 30-40.

HUNTER, J. E., Schmidt, F. L. et G. B. Jackson, *Meta-analysis*, Beverly Hills, CA, Sage, 1982.

IOTO, K. et E.L. ROSE, « The Genealogical Structure of Japanese Firms: Parent-Subsidiary Relationships », *Strategic Management Journal*, été 1994, numéro spécial, 15, p. 35-52.

JAEGER, A. M. et B. M. BALIGA, « Control systems and strategic adaptation: Lessons from the Japanese experience », *Strategic Management Journal*, 6, 1985, p. 115-134.

JAQUES, E., *A General Theory of Bureaucracy*, London, U.K., Heinemann, 1976.

JAMES, L. R. et J. M. BRETT, « Mediators, Moderators, and Test for Mediation », Journal of Applied Psychology, 69, 1984, p. 307- 321.

JANIS, I. L. et L. MANN, *Decision-Making: A Psychological Analysis of Conflict*, The Free Press, New York, 1977.

JENNINGS et SEAMAN, « High and Low Levels of Organizational Adaptation: An Empirical Analysis of Strategy, Structure and Performace », *Strategic Management Journal*, 15, 1994, p. 459- 475.

KANTER, R. M., *The Change Masters: Innovation and Entrepreneurship in the American Corporation*, New York, Simon and Shuster, 1983.

KATZ, D. et R. L. KAHN, *The Social Psychology of Organizations*, New York, Wiley, 1978.

KELLY et AMBURGY, « Organization Inertia and Momentum : A Dynamic Model of Strategic Change », *Academy of Management Journal*, 34(3), p. 591- 612.

KETS DE VRIES et D. MILLER, *The Neurotic Organization*, Jossey-Bass, San Francisco, C.A. 1984.

KIKULIS, L.M., SLACK, T. et C. R. HININGS, « Sector-Specific Patterns of Organization Design Change », *Journal of Management Studies*, Vol. 32, N° 1, 1993, p. 67-100.

KILMANN, R. et M. SAXTON, The Kilmann-Saxton Culture-Gap Survey, Pittsburgh, Organizational Design Consultants, 1983.

KILMANN, R. et T. COVIN, T., *Corporate Transformation: Revitalizing Organizations for a Competitive World*, San Francisco, Jossey-Bass, 1988.

KILMANN, R. H., SAXTON, H., M. J. SERPA, ROY et autres, *Gaining Control of the Corporate Culture*, Jossey-Bass, San Francisco, CA, 1985.

KIM, L., « Organizational and Structure», *Journal of Business Research*, 8, 1980, p. 225-245.

KIMBERLY, J. R., « Issues in the Design of Longitudinal Organizational Research », Sociological Methods and Research, 4, 1976, p. 321-347.

KILMANN, D., « A completely integrated program for organizational change», dans Mohrman et autres, *Large-Scale Organizational Change*, Jossey-Bass, San Francisco, 1989.

KONO, T., « Corporate Culture and Long-Range Planning», Long Range Planning, 23, 2, 1990, p. 9-19.

KORNHAUSER, A. W., *Mental Health of the Industrial Worker*, Wiley, New York, 1965.

KORZYBSKI, A., *Science and Sanity, International non-aristotelian library*, 3e edition, 1948

KUHN, T. S., *The Structure of Scientific Revolutions*, The University of Chicago Press, Chicago, 1970.

LANT, T.K., et S. J. MEZIAS, « Managing Discontinuous Change: A Simulation Study of Organizational Learning and Entrepreneurship », *Strategic Management Journal*, 11:147-179, 1990.

LANT, T.K. et S. J. MEZIAS, « An organizational learning model of convergence and reorientation », *Organization Science*, forthcoming 1991.

LANT, T. K., MILLIKEN, F. J. et B. BATRA, « The Role of managerial Learning and Interpretation in Strategic Persistence and Reorientation: An Empirical Exploration », The Minnesota Conference on Strategy Process Research, 20-22 octobre, 1991.

LANT, T.K., MILLIKEN, F. J. et B. BATRA, « The Role of Managerial Learning and Interpretation in Strategic Persistence and Reorientation : An Empirical Exploration », *Strategic Management Journal*, 13(8), novembre 1992, p. 585-608.

LAPIERRE, L., *Imaginaire et Leadership*, Tome I, II, III, Montréal, Éditions Québec/Amérique, 1993.

LAWLER, E. E., *High-Involvement Management*, San Francisco, Jossey-Bass, 1986.

LAWLER, E. E., « Increasing worker involvement to enhance organizational effectiveness » in P. S. Goodman and Associates, *Change in Organizations*, San Francisco, Jossey-Bass, 1982.

LAWLER E. E. et MOHRMAN, S.A., « Quality Circles after the Fact », HBR, Vol. 63, N° 1, 1985, p. 64-72.

LAWRENCE, A.T., « Charles C.Heckscher: The New Unionism: Employee Involvement in the Changing Corporation », Administative Science Quaterly, Vol. 35, 1990, p. 552-554.

LAWRENCE, P. R. et J. W. LORSCH, *Organization and Environment*, Homewood, III, Irwin, 1967.

LAWRENCE, P. R. et J. W. LORSCH, *Organization and Environment: Managing Differentiation and Integration*, Cambridge, MA, Harvard University Press, 1967.

LEARNED, E. P., CHRISTENSEN, C. R., ANDREWS, K. R. et W. D. GUTH, *Business Policy*, Irwin, Homewood, IL, 1965.

LEDFORD et autres, Conference paper in Mohrman A., E. LAWLER, G. LEDFORD, S. MOHRMAN et T. CUMMINGS, *Large-Scale Organization Change*, San Francisco, Jossey-Bass, 1989.

LEFCOURT, H.M., *Locus of Control: Current Trends in Theory and Research*, New York, Wiley, 1976.

LEVINSON, H., « The Abrasive Personality », HBR, Vol. 56, N° 1, 1978.

LEVINTHAL, D.A. et J.G. MARCH, « A model of adaptive organizational search », 1981, réimprimé dans J.G. MARCH, *Decisions and Organizations*, Basil Blackwell, NY, 187-218, 1988.

LÉVI-STRAUSS,C., *Anthopologie structurale*, Plon, Paris, 1958.

LEVITT, B. et J. G. MARCH, « Organizational Learning », Annual review of sociology, 14: 319-340, 1988.

LEVY, A., *Second order planned change: definition and conceptual framework*, 1984.

LEVY, A., *Organizational Transformation: Approaches, Strategies, Theories*, New York, Praeger, 1986.

LEVY, A., « Second Order Planned Change: Definition and Conceptualization », *Organizational Dynamics*, 15, 1986, p. 5-20.

LEWIN, K., « Group Decisions and Social Change », dans J.E. MACCOBY, T.W. NEWCOMB et E. HARLEY (eds), Readings in Social Psychology, Holt, Rinehart and Winston, NY, 1947.

LEWIN, K., *Field Theory in Social Science*, New York, Harper & Row, 1951.

LICHTENSTEIN, B. M., « Evolution or Transformation: A Critique and Alternative to Punctuated Equilibrium », *Academy of Management Journal*, Issue of the Best papers proceedings, 1995, p. 291-295

LIKERT, R., *New Patterns of Management*, New York, McGraw-Hill, 1961.

LIKERT, R., *The Human Organization*, New York, McGraw- Hill, 1967.

LORANGE, P. et R. T. NELSON, « How to recognize, and avoid, organizational decline », *Sloan Management Review*, 41-48, printemps 1987.

LORD, R.G et M. C. KERNAN, « Scripts as determinants of purposeful behavior in organizations », *Academy of Management Review*, Vol. 12, N° 2, avril 1987, p. 265-277.

MACCOBY, M., « Different Teams for Different Folks », *Research Technology Management*, Vol. 32, N° 3, mai-juin 1989, p. 42-49.

MALINOWSKI, B., Argonants of the Western Pacific, London, Routledge, 1961.

MARCH, J. G., « Footnotes to Organizational Change », Administrative Science Quaterly, 26, 1991, p563-577.

MARCH, J.G. et J. P. OLSEN, *Ambiguity and Choice in Organizations*, Universitetsforlaget, Bergen, Norway, 1976.

MARCH, J. G. et J. P. OLSEN, *Rediscoverng Institutions: The Organizational Basis of Politics*, Free Press, New York, 1989.

MARCH, J. G. et H. A. SIMON, *Organizations*, Wiley, New York, 1958.

MARTIN, J. et K. SIEHL, « Organizational Culture and Counter-Culture : an Uneasy Symbiosism », *Organizational Dynamics*, 12, 2, 1983, p. 52-64.

MASLOW, A. H., *Motivation and Personality*, New York, Harper, 1954.

MASSON, R., « Executive Motivation, Earnings and Consequent Equity Performance », *Journal of Political Economy*, 79, 1971, p. 1278-1292.

MCCLELLAND, D. C., *The Achieving Society*, Princeton, NJ, Van Nostrand, 1961.

MCEWEN, N., CARMICHAEL, C., SHORT, D. et A. STEEL, « Managing Organizational Change — A Strategic Approach », Long Range Planning, 21, 6, 1988, p. 71-78.

MCGEE et H. THOMAS., « Strategic Groups: Theory Research and Taxonomy », *Strategic Management Journal*, 7(2), 1986, p. 141-160.

MCGREGOR, D., *The Human Side of Enterprise*, New York, McGraw-Hill, 1960.

MCKINSEY, « Report on the Excellent Canadian Companies », *Financial Post*, September 1, 1981.

MCNULTY, T. et WHIPP, « Marketdriven change in professional services: Problems and processes », Journal of Management Studies, vol 31, N° 6, November 1994, 829-845.

MEEK, V. L., « Organizational Culture: Origins and Weaknesses », *Organization Studies*, 9, 9, 4, 1988, p. 453-473.

MEYER, J. W. et B. ROWAN, « Institutionalized Organizations: Formal Structure as Myth and Ceremony », *American Journal of Sociology*, 83, 1977, p. 240-263.

MEYER, A. D., G. R. BROOKS et J. B. GOES, « Environmental Industry Revolutions: Organizational Responses to Discontinuous Change », *Strategic Management Journal*, Vol. 11, Numéro spécial, été 1990, p. 93-110.

MEZIAS, S. J. et M.-A. GLYNN, *The Three Faces of Corporate Renewal: Institution, revolution, and evolution*, Présentation de la Strategic management society conference, Toronto, 23-26 octobre 1991.

MEZIAS, S.J. et M.A. GLYNN, The three faces of corporate renewal: Institution, Révolution, and Evolution, 14(2), Fevrier 93, p. 77-101.

MILES, R. E. et C. C. SNOW, Organization Strategy, Structure and Process, New York, McGraw-Hill, 1978.

MILLER, D., Strategy-Making in Context: Ten Empirical Archetypes, Ph.D. dissertation, McGill University, 1976.

MILLER. D., « Toward a New Contingency Approach: The Search for Organizational Gestalts », *Journal of Management Studies*, 18, 1981, p. 1- 26.

MILLER, D., « The Correlates of Entrepreneurship in Three Types of Firms », *Management Science*, 29, 1983, p. 770 - 791.

MILLER, D., « Configurations of Strategy and Structure: Toward a Synthesis », *Strategic Management Journal*, 7, 1986, p. 233-250.

MILLER, D., *The Icarus Paradox*, Harper, New York, NY, 1990.

MILLER, D., « Stale in the Saddle: CEO Tenure and the Match Between Organization and Environment », *Management Science*, Vol. 37, N° 1, janvier 1991.

MILLER., D, « The Architecture of Simplicity », *Academy of Management Review*, 18, 1993, 116- 138.

MILLER., D., « What Happens after Success: The Perils of Excellence », *Journal of Management Studies*, 31, 1994, p. 325- 358.

MILLER, D., « Configurations Revisited », *Strategic Management Journal*, 17, 1996, p. 501-512.

MILLER, D et P. H. FRIESEN, « Strategy-making in context: Ten Empirical archetypes », *The Journal of Management Studies*, 14, 1977, p. 251- 260.

MILLER, D. et P. H. FRIESEN, « Archetypes of Strategy Formulation », *Management Science*, 24, p. 921 - 933.

MILLER, D. et P. H. FRIESEN, « Archetypes of Organizational Transition », *Administrative Science Quarterly*, 25, 1980a, p. 268-299.

MILLER, D. et P. H. FRIESEN, « Momentum and Revolution in Organizational Adaptation », *Academy of Management Journal*, 23, 1980b, p. 591-614.

MILLER, D. et P. H. FRIESEN, « The Longitudinal Analysis of Organizations: A Methodological Perspective », *Management Science*, 28, 1982, p. 1013-1034.

MILLER, D. et P. H. FRIESEN, *Organizations: A Quantum View*, Prentice-Hall, Englewood Cliffs, NJ, 1984.

MILLER, D. et P. H. FRIESEN, « A Mathematical Model of the Adaptative Behavior of Organizations », *Journal of Management Studies*, Vol. 23, N° 1, janvier 1986, p. 1-25.

MILLER, D., KETS DE VRIES, M. F. R. et J.-M. TOULOUSE, « Top executive locus of control and its relationship to strategy-making structure, and environment », *Academy of Management Journal*, 25, 1982, p. 237-253.

MILLER, D. et H. MINTZBERG, *The case for configuration in Beyond method: Strategies for social research*, G. Morgan (ed.), Sage, Beverly Hills, CA, 1983.

MILLER et TOULOUSE, « Chief executive personality and corporate strategy and structure in small firms », *Management Science*, 32 (11), 1986, p. 1389 - 1409.

MINTZBERG, H., *The Nature of Managerial Work*, Harper and Row, New York, 1973.

MINTZBERG, H., *The Structuring of Organizations*, Englewood Cliffs, NJ, Prentice-Hall, 1979.

MINTZBERG, H., « Patterns in Strategy Formation », *Management Science*, 24, 1978, p. 934-948.

MINTZBERG, H., *Structures in Five: Designing Effective Organizations*, Englewood Cliffs, NJ, Prentice-Hall, 1983.

MINTZBERG, H., « The Strategy Concept: Five Ps for Strategy », *California Management Review*, 30(1), 1987, p. 11-24.

MINTZBERG, H., « Opening up the definition of strategy », dans H. K, et J.B. Quinn (eds), The Strategy Process: Concepts, Contexts, and Cases, 2e édition, Prentice-Hall, Englewood Cliffs, NJ, 1991.

MINTZBERG, H. et J. A. WATERS, « Tracking strategy in an entrepreneurial firm », *Academy of Management Journal*, 25, 1982, p. 465-499.

MINTZBERG, H. et F.R. WESTLEY., « Cycles of Organizational Change », *Strategic Management Journal*, 13, Numéro spécial, hiver 1992, p. 39-59.

MIRVIS, P., « Organization development. An evolutionary perspective » dans R. Woodman et W. Pasmore (eds.), *Research in Organizational Change and Development*, 2, Greenwich, JAI Press, 1988, p. 1-57.

MIRVIS, P. H. et D. N. BERG, *Failures in organization development and change*, New York, Wiley-Inters-cience, 1977.

MITCHELL, T.R., C. M. SMYSER et S. E. WEED, « Locus of control: Supervision and Work Satisfaction », *Academy of Management Journal*, 18, 1975, p. 623-630.

MOHRMAN A., LAWLER, E., LEDFORD G., MOHRMAN S. et T. CUMMINGS, T., Large-S-cale Organization Change, San Francisco, Jossey-Bass, 1989.

MOHRMAN, S. A., LEDFORD, G. E. Jr., LAWLER, E. E. III et A. M. MOHRMAN Sr., « Quality of Worklife and Employee Involvement », dans C. L. Cooper and I. Robertson (eds.), *International Review of Industrial and Organizational Psychology*, New York, Wily, 1986.

MURSTEIN, B. I., *Theory and research in projective techniques*, New York, John Wiley & Sons, 1963.

NADLER, D. et M. TUSHMAN, *Managing Strategic Organizational Change: Frame Bending and Frame Breaking*, New York, Delta Consulting Group, 1986.

NADLER, D. A. et M. L. TUSHMAN, « A Diagnostic Model for Organization Behavior », dans J. R. Hackman, E. E. Lawler et L. W. Porter (eds.), *Perspectives on Behavior in Organizations*, New York, McGraw-Hill, 1977.

NADLER, D. A. et M. L. TUSHMAN, « A Model for Diagnosing Organizational Behavior », *Organizational Dynamics*, 1980, 9, 35-51.

NEAL, S., *Values and Interests in Social Change*, Englewood Cliffs, NJ, Prentice-Hall, 1965.

NOËL, A., « Strategic core and magnificent obsessions: Discovering strategy formation through daily activities of CEOs », *Strategic Management Journal*, Vol. 10, Numéro spécial, été 1989, p. 33-49.

NOHRIA, N. et S. GHOSHAL, « Differentiated Fit and Shared Values: Alternatives for Managing Headquaerters-subsidiary Relations », *Strategic Management Journal*, 15(6), juillet 1994, p. 491- 502.

NUTT, P. C., « Identifying and appraising how managers install strategy », *Strategic Management Journal*, Vol. 8, 1-14, 1987.

OBERG, W., « Charisma, commitment, and contemporary organization theory », *Business Topics*, 20, 1972, p. 18-32.

OUCHI, W. et A. WILKINS, « Organizational culture », *Annual Review of Sociology*, 11, 1985, p. 457-483.

OUCHI, W. G., *Theory Z*, Reading, Addison-Wesley, 1981.

OSTER, S, « Intraindustrial structure and the case of strategic change », *Review of Economics and Statistics*, 64, 1982, p. 376-383.

OTT, J. S., *The Organization Culture Perspective*, Pacific Grove, California, Brooks/Cole, 1989.

PARKER, M. M. et R. J. BENSON, *Information Economics*, Prentice-Hall, Englewood Cliff, New Jersey, 1988.

PASCALE, R. T. et A. G. ATHOS, *The Art of Japanese Management*, Simon & Schuster, New York, 1981.

PASCALE, R. T., et A. G. ATHOS, *The Art of Japanese Management*, Pingouin Books, 1983.

PETERS, T., *Thriving on Chaos: Handbook for a Management Revolution*, New York, Alfred A. Knopf, 1987. Version française en 1988.

PETERS, T. et N. AUSTIN, *A Passion for Excellence*, New York, Random House, 1985.

PETERS, T. J. et R. H. WATERMAN jr., *In search of excellence*, New York, Harper & Row, 1982.

PFEFFER, J., *Power in Organizations*, Pitman, Boston, 1982.

PFEFFER, J. et G. R. SALANCIK, *The External Control of Organizations*, New York, Harper and Row, 1978.

PHARES, E. J., *Locus of control in personality*, New Jersey, General Learning Press, 1976.

PINDER, C., PINTO, P. R. et G. W. ENGLAND, *Behavioral style and personal characteristics of managers*, Minneapolis, University of Minnesota, Center for the Study of Organizational Performance and Human Effectiveness, Technical Report, 1973.

PITCHER, P., *Artistes, artisans et technocrates dans nos organisations : Rêves, réalités et illusions du leadership*, Montréal, Québec/Amérique/ Presses HEC, 1994.

PORRAS, J. et P. ROBERTSON, « Organizational Development Theory : A Typology and Evaluation », dans R. Woodman and W. Pasmore (eds.), *Research in Organizational Change and Development*, 1, Greenwich, JAI Press, 1987.

PORRAS, J. I. et P. O. BERG, « The impact of organization development », *Academy of Management Review*, 3, 1978, p. 249-266.

PORTER, M. E., *Competitive Strategy*, New York, Free Press, 1980.

PORTER, M.E., « Toward a Dynamic Theory of Strategy », *Strategic Management Journal*, 12, hiver 1991, Numéro spécial, p. 95-117.

PRAHALAD, C. K., *The Strategic Process in a Multinational Corporation*, Thèse de doctorat, Havard University, Cambridge, MA, 1975.

PRAHALAD, C. K. et G. HAMEL, « Strategy as a field of study: Why search for a new paradigm? », *Strategic Management Journal*, 15, Numéro spécial, été 1994, p. 5-16.

PRIEM, R.L., *Strategy-Making Process, Chief Executive Configural Decision Rules and Firm Performance*, The Minnesota Conference on Strategy Process Research, October 20-22, 1991.

PRIGOGINE, I et I. STENGERS, *Order Out of Chaos: Man's New Dialogue with Nature*, Bantam Books, New York, NY, 1984.

QUINN, J. B., *Strategies for Change: Logical Incrementalism*, Homewood, IL, Richard D. Irwin, 1980.

REYNOLDS, P. D., « Organizational culture as related fo industry, position, performance », *Journal of Management Studies*, 23, 3, 1986, p. 333-346.

ROETHLISBERGER, F.J., *The Elusive Phenomena*, édité par G.F.F.Lombard, Cambridge, Havard University, 1977.

ROMANELLI, E. et M. L. TUSHMAN, « Organizational Transformation as Punctuated Equilibrium: An Empirical Test », *Academy of Management Journal*, Vol. 37, N° 5, octobre 1994, p. 1141-1166.

ROTTER, J., « Generalized expectancies for internal versus external control of reinforcement », *Psychological Monographs*, 80, 1966, p. 609.

RUMELT, R. P., *Strategy, Structure and Economic Performance*, Havard Business School Press, Cambridge, 1974, M.A.

RUMELT, R. P., « Towards a strategic theory of the firm », in R. Lamb (ed.), *Competitive Strategic Management*, Prentice-Hall, Englewood Cliffs, NJ, 1984.

SHAMSIE, J., *The Context of Dominance: A Cross Sectional Study*, Ph.D dissertation, McGill University, Montreal, 1991.

SALTER, M. S., « Stages of corporate development », Journal of Business Policy 1, 1970, 23-37.

SATHE, V., « Some action implications of corporate culture », *Organizational Dynamics*, 12, 2, 1983, p. 5-23.

SAWYER, O. O., « Environmental uncertainty and environmental scanning activities of Nigerian manufacturing executives: A comparative analysis », *Strategic Management Journal*, Vol. 14, 1993, p. 287-299.

SCHEIN, E., *Organizational Culture and Leadership*, San Francisco, Jossey-Bass, 1985.

SCHEIN, E., *Process Consultation: Its Rule in Organizational Development*, Addison-Wesley, Reading, MA, 1968.

SCHENDEL, D. E. et G. R. PATTON, « Corporate turnaround strategies: a study of profit decline and recovery », *Journal of General Management*, printemps 1976, p. 3-11.

SCHREUDER H., « Timely management changes as an element of organizational strategy », *Journal of Management Studies*, Vol. 30, N° 5, septembre 93, p. 723-738

SCHWARTZ, J.J., *The decision to innovate*, Unpublished doctoral dissertation, Harvard, Cambridge, MA, 1973.

SCHWARTZ, H. et S. DAVIS, « Matching Corporate Culture and Business Strategy », *Organizational Dynamics*, été 1981, p. 30-48.

SELZNICK, P., *Leadership in Administration*, Row, Peterson, Evanston IL, 1957.

SHERIF, M. et C. W. SHERIF, *Groups in Harmony and Tension*, New York, Harper, 1953.

SIMON, H. A., *Administrative Behavior*, MacMillan Press, New York, 1945.

SIMONS, R., « How New Top Managers Use Control Systems as Levels of Strategic Renewal », *Strategic Management Journal*, 15 (3), 1994, p. 169- 189.

SINGH, J. V., « Performance, slack, and risk taking in organizational decision making », *Academy of Management Journal*, 29, 1986, p. 562-585.

SINGH, J. V., R. J. HOUSE, et D. J. TUCKER, « Organizational Change and Organizational Mortality », *Administrative Science Quaterly*, 31, 1986, p. 587-611.

SLOCUM, J. W. jr. et D. HELLRIEGEL, « A look at how managers' minds work », *Business Horizons*, juillet-août 1983, p. 58-68.

SMITH, K. G. et C. M. GRIMM, « Environmental variation, strategic change and firm performance: a study of railroad deregulation », *Strategic Management Journal*, 8, 1987, p. 363-376.

SNOW, C. C. et D. C. HAMBRICK, « Measuring organizational strategies: some theoretical and methodological problems », *Academy of Management Review*, 5, 1980, p. 527-538.

STURDIVANT, F. D., J. L. GINTER et A. G. SAWYER, « Managers' conservatism and corporate performance », *Strategic Management Journal*, Vol. 6, 1985, p. 17-38.

TAYLOR, F.W., *Principe d'organisation scientifique des usines*, traduction de Jean Roger, Paris, Dunod et Pinat, 1911.

TELLIER, L.N., « Equilateral trainagle vs Hexagon: A most simple demonstration », *Journal of Regional Science*, Vol. 32, N° 2, mai 1992, p. 233-236.

THANHEISER, H., *Strategy and Structure of German Firms*, thèse de doctorat, Havard University, 1976.

THOMPSON, J. D., *Organizations in Action*, New York, McGraw-Hill, 1967.

TICHY, N. M., *Managing Strategic Change: Technical, Political, and Cultural Dynamics*, New York, Wiley, 1983.

TICHY, N. M. et M. DEVANNA, *The Transformational Leader*, New York, Wiley, 1986.

TOULOUSE, J.-M. et G. BRENNER, « Immigrants entrepreneurs: In search of a theoretical model », Research report, Maclean-Hunter chair in entrepreneurship, École des HEC, Montréal, 1988.

TRIST, E., « The Evolution of Sociotechnical Systems », dans A. Van de Ven et W. Joyce (eds.), *Perspectives on Organizational Design and Behavior*, New York, Wiley-Interscience, 1981.

TUSHMAN, M. L. et P. ANDERSON, « Technological discontinuities and organizational environments », *Administrative Science Quarterly*, 31, 1986, p. 439-465.

TUSHMAN, M. L. et P. ANDERSON, « Technological discontinuities and organizational environments », *Administrative Science Quarterly*, 31, 1986, p. 439-465.

TUSHMAN, M. L. et E. ROMANELLI, « Organizational evolution: A metamorphosis model of convergence and reorientation », *Research in Organizational Behavior*, JAI Press, 7, 1985, p. 171-222.

TUSHMAN, M. L. et E. ROMANELLI, « Organizational Evolution: Interactions Between External and Emergent Processes and Strategic Choice », dans B. M. Staw et L. L. Cummings (eds), *Research in Organizational Behavior*, Vol. 8, JAI Press, Greenwich, CT, 1985.

TUSHMAN, M. L., B. VIRANY et E. ROMANELLI, « Executive succession, strategic reorientations, and organizational evolution: the minicomputer industry as a case in point », *Technology in Society*, 7, 1985, p. 297-313.

TUSHMAN, M.L., VIRANY, B., « Top Management Teams and Corporate Success in an Emerging Industry », *Journal of Business Venturing*, Vol. 1, N° 3, automne 1986, p. 261-274.

TUSHMAN, M., W. NEWMAN et D. NADLER, « Executive leadership and organizational evolution: managing incremental and discontinuous change » dans R. H. Kilman et T. J. Covin (eds), *Corporate Transformation: Revitalizing Organizations for a Competitive World*, San Francisoco, Jossey-Bass, 1988.

TYRE, M.J.; W. ORLIKOWSKI., « Windows of opportunity: temporal patterns of technological adaptation inorganizations », *Organization Science*, Vol. 15, N° 1, février 1994, p. 98-118.

UTTAL, B., *The Corporate Culture Vultures*, Fortune, octobre 1983, p. 66-72.

VAN MAANEN, J. et S. R. BARLEY, *Cultural Organization: Fragments of a Theory*, dans P. J. Frost, L. L. Moore, M. R. Louis, C. C. Lundberg et J. Martin (eds.), Organizational culture, Newbury Park, Sage, 1985, p. 31-53.

WADE, J., « Dynamics of Organizational Communities and Technological Band-Wagons: an Empirical Investigation of Community Evolution in the Microprocesses Market », *Strategic Management Review*, 16, 1995, p. 117- 133.

WALLACE, D. H., *Economics Controls and Defense: with a Chapter on Basic Problems and Policies*, by J. M. Clark, NY: Twentieth Century Fund, 1953, 260 p.

WALTON, C., *Corporate Social Responsabilities*, Belmont California,Wadsworth Pub Co, 1967.

WEICK, K. E., « Educational Organizations as Loosely Coupled Systems », *Administrative Science Quaterly*, 21, 1976, p. 1-19.

WEICK, K. E., *The Social Psychology of Organizing*, 1979, 2e édition, Addison-Wesley, Reading, M.A.

WERNERFELT, B., A Resource-Based View of the Firm, *Strategic Management Journal*, 5(2), 1984, p. 171-180.

WESTLEY, F. R., « The eye of the needle: cultural and personal transformation in a traditional organization », *Human Relations*, 43, 3, 1990, p. 273-293.

WILKINS, A., « The Culture Audit: A Tool for Understanding Organization », *Organizational Dynamics*, automne 1983, p. 24-38.

WOODWARD, J., *Industrial Organization: Theory and Practice*, Oxford London, 1965.

YASAI-ARDEKANI, « Structural adaptations to environments », *Academy of Management Review*, Vol. 11, N° 1, 1986, p. 9-21.

ZALEZNIK, A., « Power and Polics in Organizational Life », *Harvard Business Review*, mai-juin 1970.

ZEIRA, Y. et J. AVEDISIAN, « Organizational Planned Change: Assessing the Chances for Success », *Organizational Dynamics*, 17, 1989, p. 31-45.

ZYSMAN, S., *Top management and decentralized investment planning in diversified firms*, Unpublished doctoral dissertation, Harvard, Cambridge, MA, 1973.

AUTRES TITRES PARUS
UX ÉDITIONS TRANSCONTINENTAL

ollection Succès sans frontières

.e pouvoir mental illimité — 16,95 $
brahim Elfiky — 112 pages, 1997

.es 10 clés de la réussite — 16,95 $
brahim Elfiky — 112 pages, 1997

ollection Ressources humaines
(sous la direction de Jacques Lalanne)

Adieu patron! Bonjour coach! — 24,95 $
Dennis C. Kinlaw — 200 pages, 1997

Collection principale

Le nouveau management selon Harrington
Gérer l'amélioration totale — 59,95 $
H. James Harrington et James S. Harrington — 600 pages, 1997

Top vendeur — 27,95 $
Ibrahim Elfiky — 260 pages, 1997

Comprendre et mesurer
la capacité de changement des organisations — 36,95 $
Taïeb Hafsi et Christiane Demers — 328 pages, 1997

DMR : la fin d'un rêve — 27,95 $
Serge Meilleur — 308 pages, 1997

L'entreprise et ses salariés — 44,95 $
Desjardins Ducharme Stein Monast — 408 pages, 1996

Comment réduire vos impôts (9e édition) — 16,95 $
Samson Bélair/Deloitte & Touche — 276 pages, 1996

Rebondir après une rupture de carrière — 29,95 $
Georges Vigny — 300 pages, 1996

La stratégie des organisations
Une synthèse — 39,95 $
Taïeb Hafsi, Jean-Marie Toulouse et leurs collaborateurs — 630 pages, 1996

La création de produits stratégiques
Une approche gagnante qui vous distinguera de la concurrence — **24,95 $**
Charles Handy — 240 pages, 1996

Le Québec économique
Panorama de l'actualité dans le monde des affaires — **27,95 $**
Jean-François Garneau et Richard Déry — 420 pages, 1996

L'âge de déraison
Un impératif pour l'entreprise — **39,95 $**
Charles Handy — 240 pages, 1996

Croître
Un impératif pour l'entreprise — **39,95 $**
Dwight Gertz et João Baptista — 210 pages, 1996

Du mécanique au vivant
L'entreprise en transformation — **49,95 $**
Francis Gouillart et James Kelly — 280 pages, 1996

Top manager
12 réalités incontournables pour une gestion supérieure — **34,95 $**
Ibrahim Elfiky — 328 pages, 1996

Ouvrez vite !
Faites la bonne offre, au bon client, au bon moment — **29,95 $**
Alain Samson — 258 pages, 1996

Évaluez la gestion de la qualité dans votre entreprise (logiciel) — **119,95 $**
Howard Heuser — 1996

La conquête du travail — **39,95 $**
William Bridges — 295 pages, 1995

Le choc des structures
L'organisation transformée — **26,95 $**
Pierre Beaudoin — 194 pages, 1995

L'offre irrésistible
Faites du marketing direct l'outil de votre succès — **26,95 $**
Georges Vigny — 176 pages, 1995

Le temps des paradoxes — **39,95 $**
Charles Handy — 271 pages, 1995

L'état des affaires — **27,95 $**
Richard Déry et Jean-François Garneau — 352 pages, 1995

.a guerre contre Meubli-Mart .lain Samson	**24,95 $** 256 pages, 1995
.a fiscalité de l'entreprise agricole ;amson Bélair/Deloitte & Touche	**19,95 $** 224 pages, 1995
100 % tonus *'our une organisation mobilisée* 'ierre-Marc Meunier	**19,95 $** 192 pages, 1995
)-1-1 CA$H *Une aventure financière dont vous êtes le héros* Alain Samson	**24,95 $** 256 pages, 1995
Redéfinir la fonction finance-contrôle en vue du XXIe siècle Hugues Boisvert, Marie-Andrée Caron	**24,95 $** 188 pages, 1995
Le guide des franchises et du partenariat au Québec (3e édition) Institut national sur le franchisage et le partenariat	**36,95 $** 464 pages, 1995
Planifier sa retraite pour mieux en profiter Samson Bélair/Deloitte & Touche, Danielle Brien et Bruce McCarley	**19,95 $** 336 pages, 1995
La stratégie du président Alain Samson	**24,95 $** 256 pages, 1995
Les fonds mutuels (2e édition) Nicole Lacombe et Linda Patterson	**14,95 $** 160 pages, 1994
Motiver et mobiliser ses employés Richard Pépin	**29,95 $** 320 pages, 1994
La réingénierie des processus d'affaires dans les organisations canadiennes François Bergeron et Jean Falardeau	**24,95 $** 104 pages, 1994
Survoltez votre entreprise ! Alain Samson	**19,95 $** 224 pages, 1994
La réingénierie des processus administratifs H. James Harrington	**44,95 $** 406 pages, 1994
La nouvelle Économie Nuala Beck	**24,95 $** 240 pages, 1994
Processus P.O.M. *Une analyse du rendement continu de l'équipement* Roger Lafleur	**34,95 $** 180 pages, 1994
La certification des fournisseurs Maass, Brown et Bossert	**39,95 $** 244 pages, 1994
Un plan d'affaires gagnant (3e édition) Paul Dell'Aniello	**27,95 $** 208 pages, 1994

1001 trucs publicitaires (2e édition) **36,95 $**
Luc Dupont 292 pages, 1993

Maître de son temps **24,95 $**
Marcel Côté 176 pages, 1993

Jazz leadership **24,95 $**
Max DePree 244 pages, 1993

Objectif qualité totale
Un processus d'amélioration continue **34,95 $**
H. James Harrington 326 pages, 1992

Comment faire sa publicité soi-même (3e édition) **24,95 $**
Claude Cossette 184 pages, 1989

COLLECTION ENTREPRENDRE

Des marchés à conquérir
Guatemala, Salvador, Costa Rica, Panama **44,95 $**
Pierre-R. Turcotte 364 pages, 1997

La gestion participative
Mobilisez vos employés **24,95 $**
Gérard Perron 208 pages, 1997

Comment rédiger son plan d'affaires
À l'aide d'un exemple de projet d'entreprise **24,95 $**
André Belley, Louis Dussault et Sylvie Laferté 200 pages, 1996

J'ouvre mon commerce de détail
24 activités destinées à mettre toutes les chances de votre côté **29,95 $**
Alain Samson 240 pages, 1996

Devenez entrepreneur (version sur cédérom)
Plan d'affaires **59,95 $**
Alain Samson, en collaboration avec Paul Dell'Aniello 1996

Devenez entrepreneur (version sur disquettes)
Plan d'affaires **34,95 $**
Alain Samson 3 disquettes, 1996

Communiquez ! Négociez ! Vendez !
Votre succès en dépend **24,95 $**
Alain Samson 276 pages, 1996

La PME dans tous ses états
Gérer les crises de l'entreprise **21,95 $**
Monique Dubuc et Pierre Levasseur 156 pages, 1996

a formation en entreprise
'n gage de performance **21,95 $**
.ndré Chamberland 152 pages, 1995

'rofession : vendeur
'endez plus... et mieux ! **19,95 $**
acques Lalande 140 pages, 1995

)es occasions d'affaires
01 idées pour entreprendre **19,95 $**
ean-Pierre Bégin et Danielle L'Heureux 184 pages, 1995

:omment gérer son fonds de roulement
'our maximiser sa rentabilité **24,95 $**
{égis Fortin 186 pages, 1995

)es marchés à conquérir
:hine, Hong Kong, Taiwan et Singapour **29,95 $**
'ierre R. Turcotte 300 pages, 1995

De l'idée à l'entreprise
La République du thé **29,95 $**
Mel Ziegler, Patricia Ziegler et Bill Rosenzweig 364 pages, 1995

Donnez du PEP à vos réunions
Pour une équipe performante **19,95 $**
Rémy Gagné et Jean-Louis Langevin 128 pages, 1995

Marketing gagnant
Pour petit budget **24,95 $**
Marc Chiasson 192 pages, 1995

Faites sonner la caisse !!!
Trucs et techniques pour la vente au détail **24,95 $**
Alain Samson 216 pages, 1995

En affaires à la maison
Le patron, c'est vous ! **26,95 $**
Yvan Dubuc et Brigitte Van Coillie-Tremblay 344 pages, 1994

Le marketing et la PME
L'option gagnante **29,95 $**
Serge Carrier 346 pages, 1994

Votre PME et le droit (2e édition)
Enr. ou inc., raison sociale, marque de commerce...
et le nouveau Code Civil **19,95 $**
Michel A. Solis 136 pages, 1994

Profession : entrepreneur
Avez-vous le profil de l'emploi ? **19,95 $**
Yvon Gasse et Aline D'Amours 140 pages, 1993

La passion du client
Viser l'excellence du service **19,95 $**
Yvan Dubuc 210 pages, 1993

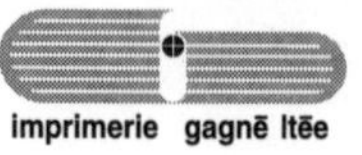
imprimerie gagné ltée

IMPRIMÉ AU CANADA